세계문학의 구조

세계문학의 구조

조영일

V
VIGO

차례

차례 5

서문 9

제1장 세계문학으로

제2장 국민작가의 기원

제3장 전후문학으로서의 근대문학

제4장 머나먼 세계문학

[보론] 세계문학전집의 구조

서문

지금 '문학이 무엇인지 다시 묻는 일'이 필요하다는 것은 자못 분명한 사실 같다. 최근 내 작업도 그와 무관하지 않기 때문이다. 하지만 정말로 필요한 것은 원론적인 물음이 아닐 것이다. 어느 철학자의 말처럼 우리는 자신이 대답할 수 있는 것만 질문할 수 있기 때문이다. 즉 문학(민족문학과 세계문학)이 무엇인지 정답을 제시하든 제시하지 못하든, 또는 아예 그런 물음 자체를 거부하든 문학가들이라면 이미 각자의 답을 가지고 있다 하겠다. 그러므로 문학이 무엇인지 '다시' 묻는 일이 '작품을 실제로 읽고 생각하는 작업의 필요성을 환기'시키는 수준에 머무는 것이라면, 그것은 문학에 대한 자신의 믿음을 확고히 하는 알리바이에 불과할 수 있다.

내가 문학이 무엇인지 '다시' 물으면서 그것의 구조에 주목한 것은 그 때문이다. 물론 이런 작업은 그리 문학적으로 보이지 않을 수도 있다. 뢴트겐선에 찍힌 인간에게서 휴머니즘을 찾기 힘든 것처럼 말이다. 그런데 '정말로' 문학이 무엇인지 궁금하다면, 문학 바깥으로 나가보는 것도 필요하다고 생각한다. 적어도 '문학 안에서 문학이 무엇인지 묻는 연극'에 질렸다면 말이다. 그래서 나는 이번에 스스로 제안한 바 있는 장편비평의 형태로 그것을 시도해 보았다.

이 책 『세계문학의 구조』는 개인적으로는 네 번째 책으로 기획된 것이다. 원래대로라면 『한국문학과 세계문학』으로 〈한국문학비판 3부작〉을 마무리 지은 후에 출간할 생각이었다. 하지만 이런저런 이유로 멋쩍지만 이 책을 세 번째 책으로 삼는다. 여기서 애써 '순서'를 운운하는 데에는 나름대로 이유가 있다. 일단 그것은 『한국문학과 세계문학』에 수록될 글들보다 나중에 쓰였기 때문이지만, 그보다는 『세계문학의 구조』의 문제의식이 〈한국문학비판 3부작〉 '이후'에 놓여있기 때문이다. 따라서 이 책은 실제 출간 순서와는 무관하게 '여전히' 나의 네 번째 책이다(『한국문학과 세계문학』은 조만간에 출간될 예정이다).

나는 『한국문학과 그 적들』(2009)에서 '장편비평'의 필요성을 역설했다. 한국에 읽을 만한 장편소설이 부재하는 이유가 그것을 뒷받침할 만한 장편비평이 부재하기 때문이라는 맥락에서였다. 돌이켜 보면 꼭 맞는 이야기는 아닌 것 같지만, 그렇다고 지금 와서 새삼스럽게 장편비평의 필요성을 철회하는 것은 아니다. 아이러니하지만 장편비평을 써가면서 비로소 한국에 제대로 된 장편소설이 부재하는 이유를 발견할(깨달을) 수 있었기 때문이다(바로 이 점이 〈한국문학비판 3부작〉과 『세계문학의 구조』가 결정적으로 다른 점이다).

그러나 이런 나의 경험과는 별개로 대부분의 비평가들은 '장편비평' 자체에 시큰둥한 것 같다. 한국에서는 '비평=단편비평'이라는 관념이 워낙 지배적이어서 생뚱맞은 소리처럼 들렸을지도 모르겠다. 어떤 사람은 "그렇게 필요하고 중요한 것이라면, 네가 먼저 해봐라!"라고 다그치기도 했다. 그것은 아마 나를 무책임하게 떠벌리기 좋아하는 사람 정도로 생각했기 때문일 것이다. 그런 의미에서 이 책은 장편소설의 필요성을 강조하든 단편소설의 의미를 과장하든 '장편비평'에 대해서만큼은 공통적으로 냉소적이었던 이들에 대한 내 나름의 응답이기도 하다.

『세계문학의 구조』에는 두 가지 큰 특징이 있다. 형식적으로는 일단 '장편'의 형태를 띠고 있다는 점이고, 내용적으로는 제목에서도 드러나 있는 것처럼 세계문학의 일부로서만 '한국문학'이 다루어지고 있다는 점이다. 따라서 여느 비평집과 비슷한 것을 기대한 독자라면 당혹스러워할지도 모른다. 하지만 무엇이든 처음은 어색하기 마련이다. 앞으로의 작업은 그런 당혹스러움을 자연스러움으로 바꾸는 일과 관련이 있을 것이다.

내용과 관련해서는 특별히 덧붙일 게 없다. 본문에 충분히 썼다고 생각하기 때문이다. 그럼에도 불구하고 굳이 몇 마디 보태자면, 우선 이 책의 제4장 중 일부(특히 시바 료타로와 관련하여)는 일본 와세다대학에서 열린 한 국제심포지엄에서 발표된 바 있다(2010년 11월 13일). 당시 나는 "한국에는 근대문학이라는 것 자체가 존재한 적이 없다"

는 다소 과격한 발언을 했는데, 패널로 참석한 역사학자 나리타 류이치成田龍一 씨가 뜻밖에도 큰 공감을 표해 주었다. "예리한 지적입니다." 물론 그는 다음과 같이 덧붙이는 것을 잊지 않았지만. "하지만 한국에는 시詩가 있지 않습니까?"[1]

그리고 「세계문학전집의 구조」(『작가세계』, 2010년 여름호)라는 글을 이 책의 보론으로 삼았다. 원래 이 글은 『한국문학과 세계문학』에 수록될 예정이었다. 하지만 아무래도 이쪽과 궁합이 맞을 것 같아서 계획을 수정했다. 그러자 몇 편이 더 눈에 띄었다. 예컨대 「무라카미 하루키와 세계문학」, 「차라리 셰익스피어를 포기하겠다」 등등의 글이. 하지만 보론이 너무 많으면 번잡스러울 것 같아서 더 이상의 추가는 하지 않기로 했다. 참고로 「세계문학전집의 구조」는 한국번역비평학회에서 축약된 형태로 발표되기도 했다(2010년 12월 18일).

이 책은 「세계문학으로」라는 제목으로 4회에 걸쳐 연재한 글이 바탕이 되었다. 지난 1년 동안(2010년 봄호에서 겨울호까지) 지면을 마련해준 『오늘의 문예비평』에 감사하고 싶다. 많은 글쟁이들이 그러하듯 나도 멍석이 깔려야 비로소 무언가를 하는 스타일이다. 만약 연재 제안이 없었다면 이 책은 몇 년 정도 더 늦어졌을지도 모른다.

---

[1] 일전에 나는 사석에서 가라타니 선생에게 "한국에는 애당초 근대문학이 존재하지 않았다"는 취지의 이야기를 한 적이 있는데, 선생은 흥미롭다는 반응을 보였다.

　마지막으로 백 씨는 최근 저서[2]에서 스스로를 문학비평
가로 내세우고 싶어 하는 이유로 '사람이 사람답게 사는
데 필요한 인문적 교양의 기본이 문학비평적 능력'이라 믿
기 때문이라고 말했는데, 내가 문학비평가이고자 하는 이
유는 '문학비평만이 유일하게 문학적인 것을 비판할 수 있
다'고 생각하기 때문이다. 이는 순전히 가라타니 선생에게
서 배운 것으로, 이런 의미에서 나는 최근에야 스스로를 문
학비평가라 부를 수 있게 되었다고 말하고 싶다. 『세계문
학의 구조』를 통해 비로소 '문학에 대한 강박관념'으로부
터 자유롭게 되었기 때문이다.

2011년 6월 6일

조영일

---

[2] 백낙청, 『문학이 무엇인지 다시 묻는 일』, 창비, 2011.

제1장 세계문학으로

"민족문학은 오늘날 더 이상 큰 의미가 없네. 세계문학의 시대가 왔으니까. 우리가 할 일은 이 도래를 촉진하는 것뿐이네."

- 괴테 -

1 소설의 종언과 소설의 정신

몇 년 전에 밀란 쿤데라의 에세이집 『커튼』이 출간되었는데, 저로서는 여러모로 반가운 책이었습니다. 그의 『소설의 기술』이나 『배반된 유언들』을 이미 읽은 독자분이라면 아마 비슷한 반응을 보였을 것입니다. 단 1초의 주저함도 없이 그 책을 손에 들었을 것입니다. 그러나 잠깐만 살펴봐도 아시겠지만, 『커튼』은 몇 가지 점에서 이전 책들과 조금 다릅니다. 제일 먼저 눈에 들어오는 것은 책의 구성 방식입니다. 기존에 발표한 글이나 대담을 묶은 이전 책들과 달리, 이번에는 짧은 조각글들이 모여 하나의 큰 그림을 드러내는 상당히 유기적인 방식을 취하고 있습니다. 하지만 노련한 분은 그보다 더 큰 차이를 감지했을 텐데, 그것은 『커튼』 전체에 스며들어 있는 어떤 '피로감'과 관련이 있을 것입니다.

사실 저와 같이 쿤데라의 애독자라면 아마 이번 책의 주장이 그리 새롭지는 않을 것입니다. 과거와 마찬가지로 그가 주장하는 것은 딱 두 가지입니다. 하나는 "소설이란 이제까지 알려지지 않은 어떤 실존의 단면을 발견하는 예술이다"라는 것(따라서 그렇지 않은 소설은 모두 비도덕적

제1장 세계문학으로

이라는 것)과 다른 하나는 "소설은 오로지 소설만이 할 수 있는 것을 표현함으로써만 스스로를 정당화할 수 있다"라는 것입니다. 이 두 주장은 사실 "소설이란 무엇인가?"라는 물음에 대한 그 나름의 답변이라 할 수 있는데, 거기에는 물론 근대예술의 중핵인 '소설'에 대한 옹호가 일종의 당위로서 전제되어 있습니다.

몇 년 전만 해도 우리는 이와 같은 주장에 아낌없이 손뼉을 칠 수 있었습니다. 문학과 조금이라도 관련이 있는 사람이라면 그의 이야기에 이의를 제기하기가 힘들었습니다. 아니 정확히 말하면, 애써 그럴 필요가 전혀 없었으며 그저 매료되는 것만으로 충분했다고 볼 수도 있습니다. 그러나 이미 '근대문학의 종언'이라는 테제를 통과한 우리로서는, 과거처럼 무턱대고 그에게 동의를 표하기가 어렵게 되었습니다. 주지하다시피 여기서 종언되었다고 이야기되는 '근대문학'이 바로 쿤데라가 그토록 옹호하고 싶어 하는 '(근대)소설'이기 때문입니다. 따라서 쿤데라의 주장을 그대로 받아들이는 것은 가라타니의 주장을 부정하는 것이 되고, 그 역도 마찬가지입니다. 따라서 우리는 좋든 싫든 둘 중 어느 하나를 선택해야 하는 고약한 입장에 놓여있다 하겠습니다.

그렇다면 이 두 사람은 영원히 화해할 수 없는 길을 가고 있는 것일까요? 결론부터 말하자면, 전혀 그렇지 않습니다. 우리가 '소설(근대문학)'과 관련하여 이야기할 때 결코 잊어서는 안 되는 것은, 여기서 문제가 되는 '소설'을 상품으로서 실체화하여 이해해서는 곤란하다는 것입니다.

최근 공지영, 황석영, 신경숙 등의 선전善戰으로 이루어진 한국문학의 점유율 상승을 들어, 그동안 제기된 '한국문학의 위기'가 어불성설이라는 주장이 제기되고 있습니다. 그러나 소수의 작가들에 과도하게 의존한다는 것 자체가 한국문학의 부흥은커녕 도리어 그것의 기형성을 드러내고 있다고 볼 수 있습니다. 사실 문학계만큼 '승자독식'이 첨예하게 이루어지는 분야도 없을 것입니다. 우리는 한국교회의 대형화가 불러온 폐해에 대해서는 쉽게 이야기하면서도, 정작 그보다 더 심한 작가의 대형화에는 무감각한데, 그것은 기묘한 문화주의와 관련이 있을 것입니다.

저는 가라타니가 '근대문학의 종언'과 관련하여 제기한 문제를 다음과 같이 이해합니다. "근대문학(소설)과 근대국가nation-state는 공생공존의 관계였다. 하지만 둘의 관계가 시종일관 무난했던 것은 아니다. 근대문학은 한편으로는 국민국가 형성에 이바지하면서도, 다른 한편으로 그것과의 불화(긴장)를 끊임없이 생산했는데, 언제부터인가 그 불화(긴장감)는 화해와 협력이라는 고상한 이름으로 변질되면서 오로지 자신의 생존과 관련해서만 긴장감을 가지게 되었다." 전 국민에게 부과된 국문학이라는 이념(국가의 지원이 정당화되는 것은 이와 관련이 있을 것입니다), 창작훈련소(문예창작과)라는 생산기구의 제도화, 그리고 문학산업(콘텐츠산업)이라는 소비구조에 2중, 3중으로 갇힌 소설에 '소설의 정신' 같은 것이 존재할 리 없는데, 이것은 '문학운동'의 종언을 의미하기도 합니다.

실제 오늘날의 젊은 작가들은 자신을 이해시키기 위해

제1장 세계문학으로

노력하고 유통공간을 직접 찾고 넓히는 데 힘쓰기보다 이미 주어져 있는 기존의 생산유통망에서 원활하게 유통될 수 있는 작품을 생산하는 데 열심인 것 같습니다. 따라서 거기에는 '목숨(자존심)을 건' 세대 간 문학이념의 대립이나 문학운동이 존재할 리 없습니다. 각자의 인격을 감추고 (또는 여러 가지 인격을 사용하여) '개성'을 효율적으로 발휘하는 데에만 집중하고 있는 것 같습니다. 하지만 이 과정에서 그들은 결국 '인격'을 상실하고 있습니다. 사정이 이러하니 그로테스크한 종말론적 상상력을 발휘하고, 전 지구적 자본주의를 비판하고 국경을 넘나드는 소설을 쓴다고 해서, 그것이 '소설의 종언'을 먼 미래로 미룰 수 있을지는 의문입니다.

2 사건의 역사와 가치의 역사

사정이 이러하니 쿤데라가 말하는 '소설의 정신'에 대한 강조가 오늘날 우리의 귀에는 시대착오적인 외침처럼 들릴 수 있습니다. 사실 그 자신도 그것을 어느 정도 예상하고 있었던 것 같습니다. 앞서 말한 어떤 '피로감'이 바로 그 증거입니다. 확실히 『커튼』(2005)에는 이전과 같은 단호한 세련됨보다는 묘한 절박함 같은 것이 담겨 있습니다. 여기서 우리는 잠시 『소설의 기술』(1986)이나 『배반된 유언들』(1992)이 일찍이 우리에게 주었던 쾌감을 음미해 볼 필요가 있습니다. 근대소설과 관련된 수많은 이론서가 있었지만, 솔직히 쿤데라만큼 명료하게 '소설의 정신'을 정리해 보여준 작가나 비평가는 없었는데, 이 때문에 그는 꽤 많은 한국문인을 자신의 팬으로 확보할 수 있었습니다. 쓸데없이 복잡하기만 한 아카데믹한 이론서보다는 훌륭한 소설가이기도 한 쿤데라의 문학에세이집 한 권에서 자신들의 존재이유를 발견했던 것입니다.[1]

---

[1] 이는 비단 우리만 그랬던 것은 아닌데, 가라타니 고진과 오에 겐자부로의 대담에서도 이를 엿볼 수 있습니다. 「世界と日本と日本人」, 『群像 特別編集 大江健三郎』, 講談社MOOK(1995年 4月 22日) 참조.

제1장 세계문학으로

그러나 지금의 관점에서 보면, 소설이라는 장르에 대한 그와 같은 '명료한 인식'은 그것의 완성 (end)과 무관하지 않다는 생각이 듭니다. 종언에 이르러서야 비로소 전체를 조망할 수 있는 시야확보가 가능하다면, 그가 강조하는 '세르반테스의 절하된 유산'으로서의 '소설의 정신'이란 역으로 '소설 (근대문학)의 종언'을 증거하고 있다고 해도 과언이 아닙니다. 이는 쿤데라가 '소설의 정신'으로 라블레나 세르반테스의 소설을 문제 삼은 것과 가라타니 고진이 『일본근대문학의 기원』(1980)에서 구니키다 돗포와 나쓰메 소세키를 통해 근대소설의 정신 (본질)을 문제 삼은 것은 의식했건 하지 않았건 궁극적으로 같은 문제의식에서 나왔다는 것을 의미합니다.[2]

이런 관점에 서게 되면, 우리는 같은 해(2005년)에 출간된 두 저작 『근대문학의 종언』과 『커튼』을 전혀 다른, 즉 대립적인 저작이라기보다는 상호보충적인 저작으로 볼 필요가 있습니다. 전자가 '근대소설의 종언'을 단적인 사실로 선언하고, 후자가 여전히 '소설의 정신'을 강조하고 있다고 해도 말입니다. 따라서 우리는 후자를 단순히 근대소설의 건재함을 증명하고 있는 책으로 이해하는 단순함은 피해야 합니다. 이는 쿤데라가 '소설의 정신'을 이야기할 때 항상 '역사'를 문제 삼고 있다는 점에 주의를 기울이는 것으로 충분합니다. 예컨대, 『커튼』은 다음과 같은 물음으로

---

[2] 가라타니 고진은 소세키를 19세기 리얼리즘이 아니라 라블레, 세르반테스, 그리고 18세기 영문학(스턴, 스위프트)과의 관계를 통해 이해하는데, 이는 쿤데라와 같은 맥락에서 소설을 보고 있다는 증거입니다.

시작하고 있습니다.

　형식이나 화성 그리고 선율이 베토벤과 비슷한 소나타를 쓴 현대 작곡가 한 사람을 상상해 보자. 심지어 이 소나타는 워낙 훌륭하게 작곡되어서 만약 그 곡이 진실로 베토벤의 것이었다면 걸작의 반열에 올랐으리라고 생각해 보자. 그러나 아무리 훌륭하다고 해도 현대 작곡가가 쓴 작품이라면 비웃음을 면치 못할 것이다. 그 작곡가는 잘해야 혼성 모방의 달인으로 찬사를 받을 것이다.
　어떻게 된 것인가! 사람들은 베토벤의 소나타 앞에서 미적 쾌락을 느낄 뿐, 똑같은 스타일과 똑같은 매력을 지녔다 해도 현대 작곡가가 만든 소나타 앞에서는 그것을 느끼지 못한다는 말인가? 이는 위선의 극치가 아닌가? 미적 감각은 본능적이며 감수성에 의해 자극되는 것이 아니라 날짜를 인지함으로써 결정되는 두뇌활동인가?[3]

　오늘날 최고의 음악교육을 받은 사람이라면, 베토벤의 그것과 비슷한 소나타를 작곡하여 (기술상 불가능하지 않습니다) 청중을 속이는 것은 그리 어려운 일이 아닙니다. 즉 '사실'만 잘 숨긴다면, 그들은 아마 베토벤의 소나타를 들었을 때와 비슷한 감동을 받을 것입니다. 그런데 만약

---

[3] 밀란 쿤데라, 『커튼』, 박성창 옮김, 민음사, 2008, 13쪽.

제1장 세계문학으로

그 곡이 현대 작곡가가 베토벤을 모방해서 만든 곡이라는 사실을 청중이 알게 된다면? 아마 대부분은 그것을 경멸하는 입장에 설 것입니다. 쿤데라는 바로 여기서 기묘한 물음을 던지고 있습니다. "미적 쾌락이란 본능과 감수성에 의한 것인가? 아니면 그것이 작곡된 날짜에 대한 기억에 의해서인가?" 다른 예를 들어보지요. 오늘날 웬만큼 문학수업을 받은 사람이라면, 이상의 오감도와 같은 시를 창작하는 것쯤은 식은 죽 먹기입니다. 그러나 만약 그것이 문예지에 발표된다면? 아마 모두의 비웃음을 살 것입니다.

그렇다면 쿤데라는 이런 골치 아픈 문제를 어떻게 해결하고 있을까요? 이것을 해결할 열쇠는 바로 연속성(역사)에 있습니다. 바꿔 말해 개별적인 것들은 오로지 전체(역사) 속에서만 인식가능하다는 이야기입니다. 여기서 주의할 점은 쿤데라가 말하는 '역사'는 우리가 일반적으로 이야기하는 '역사'와 조금(하지만 근본적으로) 다르다는 점입니다. 즉 그것은 '사건의 역사'가 아니라 '가치의 역사'를 가리킵니다.

역사의 개념이 예술에 적용되면 진보와는 아무런 관계가 없다. 그것은 완성, 개선, 향상을 함축하지 않으며, 미지의 땅을 탐험하고 그것을 지도에 그려 넣으려고 시도하는 어떤 여행에 가깝다. 소설가의 야심은 이전 선배들보다 나아지려는 데에 있는 것이 아니라, 그들이 보지 않았던 것을 보고 그들이 말하지 않았던 것을 말하는 데에 있다. (…) 만약 에디슨이 전구를 발명

하지 않았다면 다른 누군가가 발명했을 것이다. 그러
나 로렌스 스턴이 '스토리'가 없는 소설을 쓰겠다는 미
친 생각을 품지 않았다면, 어느 누구도 스턴 대신 그것
을 하지 않았을 것이며 소설의 역사는 우리가 지금 알
고 있는 것과는 달랐으리라.[4]

　여기서 우리가 주목할 점은 당연히 '사건의 역사'(일반역
사)와 '가치의 역사'(예술사/소설사)라는 문제적 구분입
니다. 물론 쿤데라의 주장처럼 완전히 구분하는 것은 불가
능합니다. 왜냐하면 어떻게 보면 '사건의 역사'도 어떤 가
치의 역사이고, '가치의 역사'도 결국 어떤 사건의 역사이기
때문입니다. 따라서 우리는 그와 같은 구분이 가진 '엄밀
성'에 집착할 것이 아니라 그런 '가치의 역사'가 궁극적으
로 지향하는 바가 무엇인지를 문제 삼아야 합니다. 그리고
바로 그랬을 때 우리가 만나게 되는 것이 '세계문학'이라
는, 어떻게 보면 매우 낡은 개념입니다. 주지하다시피 '세
계문학'은 괴테가 제시한 개념으로 인구에 회자되는 말인
데, 특히 다음과 같은 언급은 너무나 유명합니다.

　민족문학은 오늘날 더 이상 큰 의미가 없네. 세계문
학의 시대가 왔으니까. 우리가 할 일은 이 도래를 촉
진하는 것뿐이네.[5]

---

[4] 밀란 쿤데라, 『커튼』, 29-30쪽.
[5] 에커만, 『괴테와의 대화』, 곽복록 옮김, 동서문화사, 2007, 233쪽.

제1장 세계문학으로

여기서 중요한 점은 쿤데라가 바로 이것을 괴테의 '배반된 유언'으로 보고 있다는 점입니다. 그렇습니다. 그는 바로 이 책에 '배반된 유언'이라는 타이틀을 붙여야 했습니다. 근대문학의 여명기에 괴테가 제시한 이 개념은 근대문학의 발전과정 내내 부정되었기 때문입니다. 그리고 지금까지도 여전히 자신의 자리를 찾지 못한 채 유령처럼 우리의 주위를 배회하고 있습니다. 그렇다면 그것이 '배반된 유언'으로 남을 수밖에 없었던 이유는 무엇일까요?

쿤데라는 예술작품의 위치를 결정하는 콘텍스트로 두 가지를 이야기합니다. 하나는 개별 '국가의 역사'이고 다른 하나는 '예술의 역사'입니다. 그는 여기서 전자를 작은 콘텍스트, 후자를 커다란 콘텍스트라고 부르는데, 다만 문학의 경우 음악이나 미술과 달리 모국어라는 구속 때문에 항상 작은 콘텍스트 안에서만 연구되어온 경향이 있었으며 이는 유럽도 크게 다르지 않았다고 주장합니다. 즉 근대문학은 모국어라는 장벽(그리고 번역이라는 복잡한 과정) 때문에 현실적으로 '지방주의'(네이션)를 벗어나지 못했다는 것입니다. 이는 사실 작은 국가의 문학인들이 자주 내뱉는 불평(우리나라의 문학이 영어나 불어로 쓰였다면, 훨씬 널리 알려졌을 것이다!)과 관련이 있는데, 문학이 작은 콘텍스트에서 벗어나지 못한 것은 비단 언어장벽 때문만일까요?

3 민족문학론의 저항과 전향

3 민족문학론의 저항과 전향

한국에서 통용되는 '세계문학'이라는 단어는 괴테가 원래 부여했던 의미와는 거리가 먼 것 같습니다. 많은 경우 특정 도서목록에 그럴싸한 모양새를 부여하는 장식어로서 사용되어 온 느낌이 짙습니다. 지난 몇 년 동안 '세계문학' 선풍을 일으킨 민음사판 〈세계문학전집〉(편집위원: 김우창, 유종호, 정명환, 안삼환)을 잠깐 살펴보기로 하지요. 만약 이 전집이 괴테의 정의를 의식했다면, 네이션=스테이트가 아닌 초국가적인 콘텍스트에 기반한 가치의 역사를 보여주었을 것입니다. 하지만 작품목록을 주의 깊게 살펴보면, 편집위원들의 직무유기 내지 그들의 '세계문학'관이 가진 문제성만 보여주고 있다 하겠습니다.

이문열, 김승옥, 황석영의 소설은 물론, 『삼국유사』, 『춘향전』, 『홍길동전』까지 버젓이 목록에 들어와 있을 뿐만 아니라, 심지어는 루이제 린저의 『생의 한가운데서』와 프랑수아즈 사강의 『브람스를 좋아하세요』가 『신곡』이나 『카라마조프가의 형제들』과 나란히 놓여 있습니다. 전자의 경우들은 '주체적·자주적 선별'이라는 이유로 작은 콘텍스트를 작동시킨 것이고, 후자의 경우는 '가치의 역사'(예술적

제1장 세계문학으로

성취) 대신에 '사건의 역사'(시장적 성취)를 중요시한 것이라 하겠습니다. 그런 의미에서 이 전집에서 '세계문학'은 '민족문학'과 '시장문학'에 완전히 포위되어 있는 형국이라 하겠습니다.

하지만 이런 '문학에서의 지방주의'가 한국과 같이 작은 국가만의 문제가 아니라는 것에 문제의 심각성이 있습니다. 물론 그것이 극단적인 형태로 표출되는 것은 대개 작은 국가들에서지만 말입니다.

커다란 국가들은 자신들의 문학만으로도 충분히 풍부해서 다른 나라에서 쓴 것에 대해 별다른 관심을 보이지 않기 때문에 세계문학이라는 괴테의 생각에 저항한다. (…)

작은 국가들은 정반대의 이유로 커다란 콘텍스트에 소극적이다. 그들은 세계문화를 높이 숭상하지만 그것은 낯선 어떤 것, 그들 머리 위에 있는 하늘같이 멀리 떨어져 있어 닿지 못하는 것으로 나타내며, 그들의 민족문학과는 별 상관이 없는 이상적 실체로 간주된다. **작은 국가는 자신의 작가에게 그는 오직 자신에만 속해 있다는 확신을 주입했다. 시선을 조국 너머에 고정하는 것, 예술의 초국가적 영토에서 동포들과 합류하는 것은 건방지거나 동포들을 무시하는 것으로 간주된다.** 그리고 작은 국가들은 생존이 걸린 상황에 직면해 있는 경우가 많기 때문에 그들의 태도를 도덕적으로 정당화된

것으로 손쉽게 제시한다.[1]

'세계문학'은 왜 그동안 부정될(배반될) 수밖에 없었을까요? 그것은 훌륭한 문학적 자산을 가진 유럽의 일부 국가만이 아니라, 상대적으로 빈약한 자산을 가진 그 이외의 국가들도 '어떤 이유'에서 지방주의(국가)에 철저히 구속되어 있었기 때문입니다. 특히 작은 국가에서 보이는 '예술가들에 대한 국가의 독점적 소유'는 한 작품의 모든 의미가 '자기 나라에서 하는 역할'로 환원되는 '작은 콘텍스트의 테러리즘'[2]으로 드러나기도 합니다. 따라서 그런 나라에서 '가치의 역사'가 도덕적으로 의심스러운 것으로 취급된 것도 무리는 아니었습니다.

저는 최근 〈교수신문〉에서 하정일 교수와 몇 차례 글을 주고받은 적이 있습니다. 그간의 경과를 정리하면 다음과 같습니다.[3]

1) 하정일, 「학문의 식민성과 기원의 은폐」, 『오늘의 문예비평』, 2008년 봄호 (이 글에 대한 요약은 「迷惑에 빠진 이론수입 … "우리 내부의 지적 성취를 돌아보라"」, 〈교수신문〉, 2009. 3. 9).

2) 졸고, 「근대문학의 종언은 일본제 담론인가?」 (〈교수신문〉, 2009. 3. 16).

---

[1] 밀란 쿤데라, 『커튼』, 57-58쪽, 강조는 인용자.
[2] 밀란 쿤데라, 『커튼』, 59쪽.
[3] 참고로 타이틀은 대부분 신문사 편집부에서 임의로 붙인 것입니다.

3) 하정일 교수의 반론, 「민족문학론과 '문제의식' 공유하지 못할 이유 있나」 (〈교수신문〉, 2009. 3. 23).

4) 졸고, 「근대문학 이면의 불평등성을 받아들이자」 (〈교수신문〉, 2009. 4. 6).

5) 하정일 교수의 재반론, 「문단시스템을 바꾸는 주체는 누구인가」 (〈교수신문〉, 2009. 4. 6).

이때 제가 가진 의문은 그가 결사항전의 태세로 옹호하는 민족문학론과 그것에 기반을 둔 외래담론의 주체적 수용과 식민성 극복에 대한 우선적인 강조가 혹시 쿤데라가 말하는 '지방주의', 즉 '도덕적 정당화에 의한 예술가들에 대한 국가의 독점적 소유'와 무의식적으로 연결되어 있는 것은 아닌가 하는 점이었습니다. 하정일은 자신이 민족문학론을 포기하지 못하는 이유로 두 가지를 들고 있습니다. 첫째는 민족문학론이 과거에 이룬 성과, 즉 문학의 진보적 실천 때문이고, 둘째는 민족문학론을 포기했을 때 생기는 담론상의 공백 때문입니다.

최근 '민족문학 진영이 보이는 변화'[4]에 대해 비판적인 입장을 취하고 있다는 점에서는 저와 입장을 공유하지만, 폐기가 아니라 갱신을 주장하고 있다는 점에서 차이가 있습니다. 물론 그런 태도를 취하는 이유를 이해하지 못하는

---

4 저는 이를 한국근대문학사에서의 '두 번째 전향'이라고 표현한 바 있습니다. 자세한 것은 다음을 참조하기 바랍니다(http://www.kyosu.net/news/articleView.html?idxno=17948). 굳이 웹주소를 제시하는 이유는 분량상 신문지면에는 해당 부분이 생략되었기 때문입니다.

것은 아닙니다. 문제를 '계승·발전의 실패'에서 찾는다면 그런 입장은 오히려 당연하다 하겠습니다. 즉 실천에서는 실패했을지 모르지만 이념에서는 여전히 유효하기 때문에 이념을 되살려 새롭게 전개하자는 것이기 때문입니다. 이는 문제가 '민족문학론' 자체에 있다기보다 그것의 운용(하는 인간)에 있다는 주장이라 하겠는데, 열매를 나무에서 분리 시켜 이해하는 것이 과연 가능한지 의문입니다(예수는 정 반대로 말하고 있지요). '민족문학론의 전향'은 물론 외적 환경의 변화에서 기인한 것입니다. 하지만 근본적으로는 민족문학론 자체에서 나온 것이 아닐까 하는 의심을 지울 수 없습니다. 그러고 보면 민족문학론의 성과로 이야기되 는 반체제적 급진성도 어떻게 보면 지방주의(커다란 콘텍 스트의 배제)에 의해 비로소 가능했던 것인지도 모릅니다.

물론 민족문학론의 핵심 저서의 제목이 '민족문학과 세 계문학'이고, 최근 한국에서 '세계문학' 담론을 주도하고 있는 것도 소위 『창작과비평』 그룹입니다.[5] 하지만 막상 그들의 논의를 들여다보면 그런 논의조차 결국 '민족문학' 의 주위를 배회하고 있을 뿐입니다.[6] 즉 그들은 '전향'이라 는 굴레를 뒤집어쓰긴 했지만, 여전히 이념으로서의 민족 문학을 고수하고 있으며, 그 결과가 세계문학에 대한 사실

---

[5] 「특집: 한국문학, 세계와 소통하는 길」, 『창작과비평』, 2007년 겨울호.
[6] 바로 이런 점에서 최근 『창작과비평』의 세계문학담론을 비판한 김미 정의 입장은 적극적으로 옹호될 필요가 있습니다. 하지만 그녀는 '세계 문학'이 가진 본래의 문제의식을 발전시키는 대신에, 그 자체를 낡은 개 념으로 폐기처분하고 있다는 인상이 강합니다(김미정, 「포스트 네이션 공동체와 문학에 대한 단상」, 『작가와비평』, 2008년 하반기 참조).

제1장 세계문학으로

상의 억압으로 나타나고 있다 하겠습니다. 그리고 바로 이 점에서 비전향을 고수하는 하정일의 '민족문학론'도 그로부터 멀리 나아간 것이라 볼 수 없습니다. 그런데 우리에게 타협의 여지는 없습니다. 받아들이거나 거부해야 합니다. 다만 그 전에 민족문학론의 대표 이론가인 백낙청의 '세계문학론'을 잠깐 살펴보는 것도 시간낭비는 아닐 것입니다.

4 민족문학 · 시장문학 · 세계문학

백 씨의 '세계문학론'은 괴테와 마르크스의 유명한 언급을 다시 읽는 것에서 시작하고 있습니다(이 두 사람이 이야기한 세계문학은 다음 절에서 자세히 언급될 것입니다). 그리고 괴테의 주장에 근거하여 세계문학을 '아직 이루어지지 않은 어떤 기획', 즉 초국가적 문학운동으로 간주합니다. 백 씨는 이 기획이 '사회주의적 리얼리즘' 운동이라는 형태로 딱 한번 시도된 적이 있지만 성공적이지 않았고, 앞으로의 전망도 밝지 않다고 덧붙입니다.

그렇다면 사실상 처음이자 마지막이었던 '세계문학'운동이 실패할 수밖에 없었던 이유는 무엇이었을까요? 이와 관련하여 그는 두 가지를 이야기합니다. 첫째는 예술과 문학에 대한 억압이고, 둘째는 세계시장의 확산에 따른 지적 생산구조의 변모에 대한 무시입니다. 그가 보기에 여기서 더 크게 작용한 것은 후자입니다.

하나하나 따져보지요. 우선 여기서 '예술과 문학을 억압하는 주체'는 과연 무엇이었을까요? 여러 가지 표현이 가능하겠지만, 쿤데라의 표현을 빌리자면 그것은 결국 '작은 콘텍스트'라 할 수 있습니다. 제1차 대전이 터졌을 때 사회

제1장 세계문학으로

주의자들이 자신의 조국을 위해 참전을 결정하는 순간, 겉으로는 초국가적으로 보였던 운동도 결국 정해진 수순을 밟을 수밖에 없었습니다. 그렇다면 두 번째는 무엇을 말하고 있는 것일까요? 이와 관련해서는 그의 말을 직접 들어보도록 하겠습니다.

> 운동이 실패한 결정적인 이유의 하나는, 괴테가 예견하고 마르크스가 확언한 세계시장의 전지구화 및 그에 따른 정신적 생산의 세계화라는 대세를 '사회주의체제 수호'의 이름 아래 외면했다는 사실이다. 다시 말해, 그 의도와 명분이 무엇이었건 실질에서는 괴테와 마르크스의 '세계문학' 이념 중 가장 핵심이 되는 대목을 놓치고 있었던 것이다.[1]

세계문학이란 전지구적 자본주의화를 통한 전지구적 상호교류에 의해서만 가능한데, 체제수호를 위해 그 흐름을 무시했다는 것입니다. 바꿔 말해 세계시장이야말로 세계문학의 필수조건인데, 그와 같은 현실을 외면한 나머지 일국적 폐쇄성과 자족성에 갇힐 수밖에 없었다는 설명입니다. 사실 여기까지는 대체로 수긍이 가는 이야기입니다. 문제가 되는 것은 그 다음입니다. 이 같은 논리라면 그와 같은 일국적 폐쇄성으로부터 그 어느 때보다 자유로운 오늘날이야말로 세계문학의 실현이 가능한 시기라는 주장이

---

[1] 백낙청, 「지구시대의 민족문학」, 『통일시대 한국문학의 보람』, 창비, 2006, 34쪽.

도출되어야 합니다. 그런데 흥미롭게도(!) 그는 단연코 그렇지 않다고 주장합니다.

> (…) **지구화가 '세계문학'과 문학 자체를 위협하고 있다면, 민족문학들은 한층 더 심각한 위기에 처했을 것임이 당연하다.** '일국적 편향성과 편협성'뿐만 아니라 세계문학이라는 더 큰 삶의 일부를 이루는 어떠한 독특한 전통도 이 같은 '사유와 양식의 획일성'을 향한 거센 흐름 속에서 버림받게 마련이다. 포스트모더니즘이 자랑하는 다양성이란 실상 '후기자본주의의 문화적 논리'가 허용하고 일정정도 요구하는 사이비 다양성에 불과한 것이다.[2]

백 씨가 그 어느 때보다 오늘날이 세계문학에 가장 불리한 시기라고 이야기하는 것은 그것을 가능하게 하는 기반이 도리어 그것을 불가능하게 만들고 있다고 보기 때문입니다. 그가 오늘날 지배적인 문화가 된 세계적인 다양성이나 다원성도 엄밀한 의미에서 자본에 의해 주도되는 '고차원적인 획일주의'에 불과하다고 주장하는 것은 이런 맥락입니다. 따라서 그가 파키스탄 작가의 말을 빌어 왕년에는 '사회주의리얼리즘'에 대해 저항했다면 오늘날에는 '시장리얼리즘'에 저항해야 한다고 외치는 것도 무리는 아닙니다. 어쨌든 그의 말대로라면 세계문학은 영원히 불가능한 기획으로 남을 수밖에 없다 하겠습니다. 그렇다면 백 씨는

---

[2] 백낙청, 「지구화시대의 민족과 문학」, 위의 책, 81쪽, 강조는 인용자.

제1장 세계문학으로

세계문학이라는 기획을 완전히 포기하자고 말하는 것일까요? 그렇다고 말할 수 있지만 엄밀히 말하면 그렇지도 않습니다. 이런 비관적인 상황에서도 그는 '세계문학'을 여전히 의미 있는 것으로서 받아들입니다. 그렇다면 어떻게 그것이 가능할까요?

> 지구화시대의 인류가 세계문학이라는 기획의 배후에 있는 문학적(그리고 문화적) 유산을 과연 어느 정도까지 잃고도 견딜 수 있으며, 그러한 기획이 완전히 실패로 돌아간 경우에 지구화된 인류가 과연 어떤 종류의 삶을—삶이 가능하기나 하다면—누리게 될 것인가? 아무튼, 항상 세계문학의 대열에 합류할 것을 목표 삼아 온 우리 한국 민족문학운동의 참여자들은 그 '세계문학의 대열' 자체가 심하게 흐트러져 있어 **세계문학이 살아남기 위해서도 우리의 민족문학운동과 같은 운동의 기여가 필수적이라는 인식에서 우리의 노력이 지니는 또 하나의 정당성을 발견하게 된다.**[3]

다소 오해의 소지가 있는 부분이지만(왜냐하면 세계문학을 아직 이루어지지 않은 기획으로 간주하면서도, 여기서는 마치 이미 존재하고 있는 것처럼 간주하고 있기 때문입니다), 문맥을 고려하여 정리하자면, 그는 일단 '민족문학과 세계문학의 대립'을 거부하는 것에서 시작합니다. 그리고 민족문학의 발전과 세계문학의 도래를 엮어 세계문

---

[3] 백낙청, 「지구화시대의 민족과 문학」, 위의 책, 81-82쪽, 강조는 인용자.

학은 민족문학의 발전 없이는 불가능하다고 주장합니다. 어떻게 이런 논리가 가능할까요? 그것은 바로 세계문학의 장애물로서 민족문학이 아닌 세계시장을 들고 있기 때문입니다. **"지구화시대에는 민족문학들만이 아니라 세계문학 또한 위협받는다**는 점, 오늘날 '일국적 편향성과 편협성'보다 전지구적 자본과 그 범세계적인 문화시장이 주된 위험이라는 사실을 상기함직하다."[4]

사정이 이러하다면 '일국적 편향성과 편협성'이 존재하더라도 민족문학은 나름의 정당성을 가질 수 있게 됩니다. 그리고 이때의 편협성은 '세계문학의 대열'에 합류하면 자연스럽게 해소될 작은 흠에 지나지 않게 됩니다. 그러나 이런 백 씨의 주장에는 기묘한 착종이 존재합니다. 이를 몇 가지 질문으로 정리해 보겠습니다. 먼저 그는 세계문학을 어떻게 보고 있는 것일까요? 그저 수많은 민족문학들의 총합으로 보고 있는 것일까요? 문맥상 그렇지는 않습니다. 그는 그것을 '미완의 기획'으로 봅니다. 그렇다면 그는 오늘날 궁지에 몰린 민족문학을 어떻게 구해내고 있는 것일까요? 그것은 세계문학과의 연대를 통해서입니다.

이것은 도대체 무슨 말일까요? 이를 이해하기 위해서는 이와 같은 주장을 가능하게 하는 '논리적 트릭'을 분명히 할 필요가 있습니다. 먼저 다음을 읽어보지요.

사실이 그러하다면—만약 세계문학과 민족문학들이 자본주의 전지구화의 결과로 연기처럼 사라져버릴 대

---

4 백낙청, 「지구화시대의 민족과 문학」, 위의 책, 85쪽, 강조는 인용자.

제1장 세계문학으로

상의 일부라고 한다면—적어도 세계문학의 구상에 애
착을 느끼는 사람들은 민족문학 주창자들을 의심보다
는 공감으로 대해야 마땅할 것이다. 아니, 적극적인 연
대의식을 표방해야 옳다.[5]

 여기서 우리가 주목할 것은 크게 두 가지입니다. 하나는
중요한 것은 민족문학과 세계문학의 관계가 아니라 민족
문학의 주창자와 세계문학의 옹호자 사이의 관계라는 점
입니다. 즉 이것은 어디까지나 작품의 문제가 아니라 담론
상의 문제라는 이야기입니다. 다른 하나는 민족문학과 세
계문학 사이에 제3항이 슬쩍 끼어들고 있다는 점입니다.
여기서 제3항이란 바로 세계적으로 유통되는 시장문학을
가리키는데, 그에게 있어 그것은 '고차원적인 획일주의'를
조장하는 포스트모더니즘과 정확히 포개지고 있습니다.
즉 그는 "민족문학이냐 세계문학이냐"라는 질문을 "시장
문학이냐 아니면 반反시장문학이냐"로 바꾸고, 둘 중 하나
는 지양될 수밖에 없는 상황에서 민족문학과 세계문학 모
두를 구해내는 마술을 펼치고 있다 하겠습니다.
 하지만 하늘은 누구에게도 둘 모두를 구해낼 수 있는 능
력을 주지 않았습니다. 따라서 그의 원원전략은 궁극적으
로는 세계문학에 대한 부정을 의미한다고 해도 과언은 아
닙니다. 즉 그는 괴테가 말하는 세계문학이 민족문학을 전
제함으로써만 가능하기 때문에 '민족문학이 지양된 세계
문학'은 모순이라고 이야기하지만, 그와 같은 주장은 어디

---

5 백낙청, 「지구화시대의 민족과 문학」, 위의 책, 81쪽.

까지나 괴테가 '민족문학의 지양으로서의 세계문학'을 이야기할 때의 '민족문학'을 의도적으로 오독함으로써만 가능한 것입니다. 따라서 우리는 그가 말하는 민족문학과 세계문학 사이의 '연대의식'을 그럴싸하다고 덥석 물어서는 곤란합니다. 왜냐하면 그것은 결국 세계문학을 죽이는 덫이 될 뿐이기 때문입니다. '세계문학의 대열' 운운하며 그것이 가진 이념적 요구를 흐릿하게 만들 때 오독의 실체는 분명히 드러납니다. 하지만 아무튼 그렇게 함으로써 "민족문학 없이는 세계문학 역시 불가능하다"는 논리적 역전에 성공하고 있기는 합니다.

그의 주장대로 확실히 괴테는 민족문학이라는 존재를 전제하고 있습니다. 그러나 그것은 민족문학을 정당화하는 것과는 거리가 멉니다. 사실 그것은 근대국가에 필수불가결한 것으로서 존재하는 것이기 때문에(바꿔 말해 민족문학 없이는 국민국가는 불가능하기 때문에), 새삼스럽게 고수할 필요조차도 없는 것입니다. 또 자본의 전지구화가 '고차원적인 획일성'을 강요하고 있는 것은 사실이지만, 그것이 국가 간의 장벽을 무너트리고 일국적 편협성을 제거할 리는 만무합니다.

월러스틴 등이 주장하는 것처럼 자본(가)에게 있어 장애물의 소멸은 독점불가능을 의미하기에 결국 자본축적운동에 적신호를 보낼 뿐입니다. 자본가들이 겉으로는 자유로운 시장을 선전하지만, 내심 국가와 같은 장애물(구획)이 없는 시장을 가장 두려워하는 것은 그 때문입니다. 바로 이 점에서 우리는 전지구적 자본과 지역적 국가는 대립하

제1장 세계문학으로

기보다는 서로를 뒷받침하고 있다고 봐야 합니다.

사실 이는 문학에도 그대로 적용됩니다. 백 씨는 세계적인 시장문학이 민족문학을 소멸시킬 것처럼 이야기하지만, 제가 생각하기에 그럴 가능성은 거의 없습니다. 왜냐하면 시장문학은 개개의 민족문학을 소멸시킴으로써가 아니라 (획일화라는 면이 없는 것은 아니지만, 그것은 어디까지나 표면적인 것에 지나지 않습니다), 도리어 민족문학들에게 차이를 생산하도록 요구함으로써 존재하는 것이기 때문입니다. 한국작가들이 아무리 포스트모더니즘에 물든다고 해도, 그것이 곧바로 세계성의 획득과 연결되지 않는 이유도 바로 여기에 있습니다.

너무 막연한 이야기처럼 들릴지 모르기 때문에, 구체적인 예를 하나 들어보기로 하지요. 우리는 일반적으로 무라카미 하루키의 세계적 성공을 그의 탈민족적인 경향과 포스트모더니즘적인 세계인식 탓으로 돌리는 경향이 있습니다. 그가 한국에서 부정적인 의미의 '세계문학'으로 종종 거론된 것도 이와 관련이 있다 하겠습니다. 하지만 그것은 하루키가 그에게 영향을 준 미국작가들보다, 그리고 더 세계적 획일성을 갖춘 포스트모더니즘 소설보다 왜 더 성공했는지에 대해 전혀 설명해 주고 있지 못합니다.

여기에는 확실히 우리의 인식을 가로막는 '선先해석의 커튼'(쿤데라의 용어)이라는 장애물이 존재합니다. 그런데 이것을 제거하지 않으면, 우리는 일본문학(민족문학)적인 것을 탈각시키고 국제적인 무국적성을 지향하고 있는 것처럼 보이는 하루키 소설이 실은 매우 일본적인 맥락에서 탄생한 문학이라는 점을 놓치게 됩니다.[6] 그런 의미에서 백씨가 보여주고 있는 시장문학(포스트모더니즘)에 대한 '과민반응'은 어쩌면 (괴테가 세계문학을 통해 궁극적으로 극복하고자 했던) 타민족문학에 대한 몰이해에 기반하고 있는지도 모릅니다. 그러므로 문제는 시장문학이 아니라 우리가 생각보다 훨씬 민족문학적이라는 데 있는 것이 아닐까 합니다. 만약 그러하다면, 포스트모더니즘과 시장문학의 위협을 앞세워 민족문학과 세계문학이 연대해야 한다는 주장은 문제의 본질에서 한참 비켜간 것이라 말하지 않을 수 없습니다.

---

6 즉 어떻게 보면 그의 작품이야말로 민족문학으로서 세계문학의 대열에 들어간 경우라 하겠습니다.

5 세계문학의 기원

여기서 우리는 '세계문학'이라는 개념이 어떻게 제출되었는지를 살펴보지 않을 수 없습니다. 제일 먼저 매번 인용되는 마르크스의 구절을 살펴보지요.

부르주아지는 세계시장의 개발을 통해서 모든 나라들의 생산과 소비를 범세계적인 것으로 탈바꿈시켰다. 반동분자들에게는 대단히 유감스럽게도, 부르주아지는 산업의 발밑에서 그 민족적 기반을 빼내가 버렸다. 오래된 민족적 산업들은 파멸되었고, 또 나날이 파멸되어 가고 있다. 이 산업들은, 그 도입이 모든 문명국가들의 사활이 걸린 문제가 되고 있는 새로운 산업들에 의해, 즉 더 이상 현지 원료를 가공하지 않고 아주 멀리 떨어진 지방의 원료를 가공하는, 그리고 그 제품이 자국 내에서뿐만 아니라 모든 대륙들에서 동시에 소비되는 산업들에 의해 밀려나고 있다. 국산품에 의해 충족되었던 낡은 욕구들 대신에 **새로운 욕구들**이 등장하는데, 이 **새로운 욕구들**은 그 충족을 위하여 아주 멀리 떨어진 나라들 및 풍토들의 생산물을 요구한다. 낡은 지방적 및 민족적 자급자족과 고립 대신에 민족들 상호 간의 전면적 교류와 전면적 의존이 등장한다. 그리고 이는 물질적 생산에서나 정신적 생산에서나 마찬가지이다. 개별민족들의 정신적 창작물은 공동재산이 된다. 민족적 편협성과 제한성은 더욱더 불가능하게 되고, 많은 민족적, 지방적 문학들로부터 하나의 세계문학이 형성된다.[1]

여기서 우리가 바로 알 수 있는 것은 세계문학이 이전에는 존재하지 않았던 어떤 '새로운 욕구'에 기반하고 있다는 사실입니다. 그렇다면 이 '새로운 욕구'란 구체적으로 어떤 것일까요? 위 설명에 따르면 그것은 자국 이외에서도, 즉 세계적으로 소비(공유)될 수 있는 것에 대한 욕구에 다름 아닙니다. 마르크스는 세계문학을 세계시장의 형성 과정에서 나온 '민족적 자족의 불가능성'의 파생물로 보고 있다고 말할 수 있습니다. 다시 말해 그에게 있어 세계문학이란 '노력해야 할 어떤 것'이 아니라 자본주의의 전지구화globalization를 통해 '자연스럽게 형성되는 어떤 것'에 불과합니다.

그렇다면 '세계문학'의 주창자인 괴테의 경우는 어떨까요?[2] 앞서 인용한 구절에서 우리는 그가 '세계문학의 시대

---

[1] 마르크스 · 엥겔스, 「공산당선언」, 최인호 옮김, 『맑스 엥겔스 저작선집』, 박종철출판사, 1990, 404쪽, 강조는 인용자.
[2] 세계문학이라는 개념을 처음 사용한 사람은 괴테가 맞습니다. 그런데 이것은 당시 각국의 민족문학을 번역하고 비교 · 연구하는 분위기를 만든 독일낭만주의와 완전히 무관하지는 않습니다.

제1장 세계문학으로

가 시작되었다는 것과 그것의 도래의 촉진'을 이야기한 것을 확인한 바 있는데, 바로 이 부분에서 우리는 마르크스와 괴테의 '차이'를 명확히 지적하는 것이 가능합니다.[3] 마르크스가 '세계문학'을 새로운 욕구에 의해 저절로 형성되는 것으로 보고 있는 반면, 괴테는 이런 현상을 염두에 두면서도 그것을 '촉진되어야(노력해야) 할 어떤 것'으로서 재설정하고 있습니다. 이는 세계문학이 가능한 시대(조건)가 된 것과 그것이 실제로 이루어지는 것은 별개라는 이야기일 수 있습니다.

그렇다면 여기서 우리는 괴테가 '세계문학'을 주장하게 된 배경에 대해 살펴보지 않을 수 없습니다. 괴테에게 있어 '세계문학'은 만년(1827년)에야 비로소 등장하는 개념인데, 정작 그 자신은 이와 관련된 어떤 '정리된 글'도 쓰지 않았습니다. 몇몇 저서와 편지, 그리고 유고집에 산발적으로 언급된 것이 전부입니다. 따라서 체계적인 형태로 재구성하는 것은 현실적으로 어렵습니다. 그러나 어렵긴 하되 전혀 불가능한 것은 아니기에 그 흔적들을 추적해 보는 것도 의미가 없지는 않을 것입니다. 괴테의 문학적 생애 전체가 '세계문학으로 가는 길'이었다는 점을 인정한다면 더욱 그렇습니다.

---

3 물론 마르크스의 저작 전체를 고려한다면 마르크스의 그것과 괴테의 그것은 비슷할 수도 있으며, 실제 백낙청을 비롯한 많은 사람들이 그렇게 이해하고 있습니다. 그러나 여기서는 논의를 『공산당선언』의 위 구절로 제한합니다.

　상당히 오래 전부터 보편적 세계문학이 화제가 되었는데 거기에는 나름대로 이유가 있다. 왜냐하면 모든 민족이 너무나 두려운 전쟁에 의해 시달린 나머지 자신을 다시 되돌아봄으로써 외국의 많은 것들에 대해 깨닫고 그것을 받아들이거나 이제까지 몰랐던 많은 정신적 욕구를 여기저기서 느끼게 되었다고 말할 수밖에 없게 되었기 때문이다. 그리고 그것을 통해 서로가 가까운 이웃이라는 감정이 생기게 되었고, 이제까지의 자기 폐쇄에서 벗어나 많든 적든 서서히 **자유로운 정신의 교역**에 자신도 참여하고 싶다는 생각을 하게 되었다.[4]

　여기서 괴테가 말하는 '정신적 욕구'란 마르크스의 '새로운 욕구'와는 거리가 있습니다. 즉 그것은 이전에는 볼 수 없었던 참혹한 전쟁(공격성)을 통해 획득한 어떤 강제적 충동이 만들어낸 '초국가적 연대감'이라고 부를 수 있는 것입니다. 바꿔 말해 괴테가 이야기하는 '정신적 욕구'란 단순히 세계시장에 의해 가능해진 문화자본의 교류라기보다는 어떤 정신적 외상에서 나온 무의식적 감정이라는 의미입니다. 그리고 이는 1828년 한 회합에서 세계문학을 '지식인들의 사회적 활동에 대한 촉구'로 표현한 것과 관련이 있을 것입니다.

　우리는 유럽문학, 아니 보편적 세계문학이라는 것을

---

[4] 괴테, 「토마스 칼라일의 『실러의 생애』에 대한 서문」(1830), 小岸昭 訳, 『ゲーテ全集』(第13卷), 潮出版社, 1980, 100頁, 강조는 인용자.

제1장 세계문학으로

애써 선포했는데, 그것은 여러 민족들이 서로를 알고 서로의 작품에 대한 지식을 얻자는 것을 의미하지 않는다. 이런 의미의 세계문학이라면 이미 오래 전부터 있었고 이후로도 계속 존재할 것이며 많든 적든 갱신되어 갈 것이다. 여기서 문제가 되는 것은 그런 것이 아니라 지금 원기왕성하게 활약하고 있는 문학자들이 서로를 알고 애정과 공통의 관심을 통해 사회적인 활동을 하도록 촉구하는 것이다.[5]

즉 괴테의 '세계문학'이란 고전목록도 민족문학 간의 단순한 교류도 아닙니다. 그보다는 '문학자의 초국가적 사회활동을 촉구하는 것', 그의 표현을 빌리자면 '거대한 협동작업'을 의미한다 하겠습니다. 그렇다면 문학자들의 초국가적 사회활동이란 구체적으로 무엇을 가리키는 것일까요? 그것은 위와 같은 '정신적 욕구'를 초래한 근대적 공격성을 떠올려보면 쉽게 알 수 있습니다. 즉 그것은 협소하고 폐쇄적인 국경을 넘어서 서로가 서로를 이웃으로 느끼는 보편감정(인류애) 구축에의 충동(또는 의지)으로서 '모든 조야, 광폭, 잔혹, 허위, 이기, 기만이 버젓이 통하는 현실세계에서 조금이나마 관대함이 나타나도록 하는 것'이자 설사 '보편적인 평화를 바라기는 어렵다고 할지라도 불가피한 싸움이 서서히 완화되고 전쟁의 잔혹함, 승리의 교만이 이전보다 약해지도록 하는 것'[6]을 말합니다.

---

[5] 괴테, 「베를린에서의 자연과학자들의 회합」(1928), 위의 책, 96頁.
[6] 괴테, 「독일소설」(1927), 위의 책, 94頁.

그런데 여기서 주의할 점은 세계문학이 국민국가의 발생 및 제국주의의 형성과 더불어 등장했으며, 바로 그렇기 때문에 필연적으로 민족문학과 대립할 수밖에 없다고 했을 때[7], 그것이 비단 외재적 폭력에 의해서만 환기된 것이 아니었다는 점입니다. 가라타니 고진이 '새삼스럽게' 지적하고 있는 것처럼, 19세기에 가장 많은 사상자를 낳은 전쟁은 국가 간의 전쟁이라기보다는 국민국가의 확립과정에서 발생한 내전이었습니다.

> 19세기에 최대의 사상자를 낸 것은 아메리카 Civil War(남북전쟁)다. 수적으로 그것을 이은 나폴레옹 전쟁에서도 오히려 징병제를 둘러싼 Civil war(내전)에서 대량의 사상자가 나왔다는 것에 주의해야 한다. 그것들은 합중국(북부) 및 프랑스혁명 정체政體라는 근대 국가의 '이성'에 의해 강행되었다. 오히려 '이성'에 의한 전쟁이 역사상 미증유의 공격성을 가져온 것이다. 그렇다고 한다면, 여기서 보이는 공격성은 이성에 의해 멈출 수 있는 것이 아니라, 오히려 이성을 강제하는 어떤 종류의 충동과 깊이 관계하고 있다고 말해야 한다. 이것들은 civil war(내전)라고 불리는 것이 전쟁의 상대를 동일한 네이션(국민)으로 간주하고 있다는 증거이다.

---

[7] 민족문학론자들은 개개의 민족문학(주체)이 확립되지 않고서는 세계문학도 불가능하다고 이야기하는데, 정확히 이 부분이 백낙청과 가토 노리히로加藤典洋가 만나는 지점이기도 합니다. 자세한 내용은 『가라타니 고진과 한국문학』(2008)의 제4장 7절을 참조하기 바랍니다.

제1장 세계문학으로

동질적이어야 할 네이션(국민)에서 다른 분자分子는 철저하게 동일화되지 않으면 안 된다. 그에 반해 이질적인 적(외국)과의 전쟁이라면 타협의 여지가 있다. 이들 전쟁에서 공격성에 대한 제어장치가 없어진 것은 그것이 네이션으로서의 전쟁이었기 때문이다.[8]

즉 외부의 위협에 의해 정당화되는 내부적 통제와 억압 역시 '정신적 욕구'를 낳은 중요한 원인이기도 한 셈입니다. 이는 제국주의적 폭력성이란 국민국가의 성립과정에서 발생한 폭력성의 반복이며, 바로 그런 의미에서 국가 간 식민주의는 내부적 식민주의를 도외시하고는 제대로 비판될 수 없을 뿐만 아니라, 그와 같은 폭력성에 저항하는 '정신적 욕구' 또한 이해할 수 없다는 말이기도 합니다. 그런데 이것은 기묘한 이야기처럼 들릴 수 있습니다. 왜냐하면 복잡한 사정이야 어찌 됐든, 역으로 말하면 괴테는 사실상 '작은 콘텍스트의 테러리즘', 그리고 그것이 확대된 형태인 제국주의가 '커다란 콘텍스트'에 대한 열망을 부추긴다는 말을 하고 있기 때문입니다. 바꿔 말해 국민문학과 제국주의문학의 폭력성이 그것에 저항하는 평화적인 세계문학을 불러온다는 이야기입니다.

---

[8] 가라타니 고진, 『네이션과 미학』, 조영일 옮김, b, 2009, 88쪽.

6 칸트와 괴테 – 세계공화국과 세계문학

이 부분을 이해하기 위해서는 괴테보다 먼저 비슷한 생각을 한 칸트의 사고를 살펴볼 필요가 있습니다. 이미 눈치를 챈 분도 있겠지만, 그것은 '세계공화국'이라는 구상과 깊은 관련이 있습니다. 사실 칸트의 '세계공화국'에도 '세계문학'과 마찬가지로 글로벌한 자본주의의 확장이 그 배경에 있었습니다.

우리 유럽대륙의 국가들은 산업에 의해 서로 매우 긴밀하게 연계되어 있기 때문에, 전쟁으로 어느 한 국가가 겪는 격동이 다른 국가들에 미치는 영향은 매우 현저하다, 그러므로 다른 국가들은 자신들까지 위험할 수 있기 때문에, 특별히 법적 권위를 갖고 있지 않음에도 불구하고 중재역을 자진해서 떠맡는데, 이것은 여러 국가가 먼 장래에 하나의 대규모 세계국가를 창설하기 위해 지금부터 제반준비를 해나가고 있다는 것을 의미한다,─실제 이런 국가연합을 방불케 하는 실례는 전대前代에는 전혀 발견되지 않았다. 이와 같은 세계국가는 지금은 아직 매우 거칠게 그려지고 있는 것에 지나

제1장 세계문학으로

지 않다. 하지만 세계전체의 보전을 염원하는 국가들 속에서는 이미 하나의 감정이 태동하기 시작했다. 이것은 세계 전반에 미치는 시민적 상태가 언젠가는 인류에 내재하는 모든 근원적 소질을 전개시키는 모태로 성립될 것이라는 기대를 품게 한다, 그리고 이것이야말로 바로 자연이 최고의 의도로 삼은 것이다.[1]

흔히 헤겔의 '이성의 간지'와 비교되어 '자연의 간지'라고 불리는 이러한 사고는 헤겔에 의해 곧바로 비판을 받았고, 그런 비판이 오늘날 상식으로서 통용되고 있습니다. 한마디로 말해 국가 간의 위법행위를 제재할 강력한 이성적 국가가 존재하지 않으면 망상에 불과하다는 것입니다. 그런데 칸트가 그런 비판을 예상하지 않았을 리 없습니다. 따라서 '그럼에도 불구하고' 칸트가 그런 주장을 한 이유를 살펴볼 필요가 있습니다. 제일 먼저 주목할 점은 조정의 주체로서 '이성' 대신 '자연'을 끌어들이고 있다는 점입니다. 여기서 칸트는 흥미롭게도 자연이 '적대관계'를 통해 자신의 의도를 관철시킨다고 주장합니다.

자연이 인간에게 부여된 모든 자연적 소질을 발전시킬 때 사용하는 수단은 사회에서 이들 소질 사이에서 생기는 적대관계다. 하지만 이런 적대관계가 결국 사회의 합법적 질서를 설정하는 원인이 된다. 여기서 말하

---

[1] 칸트, 「세계시민적 관점에서 본 보편사의 이념」, 『칸트의 역사철학』, 이한구 편역, 서광사, 1992, 40쪽.

는 적대관계(Antagonismus)는 인간의 자연적 소질로
서의 **비사회적 사회성**이다. 인간은 사회를 형성하려고
하는 심리적 경향을 갖는다. 그러나 이런 경향은 사회
를 분열시킬 위험이 있는 저항과 끊임없이 곳곳에서 결
부되고 있다.[2]

   요약하면 칸트는 인간 사이의 '적대관계'에서 나오는 '비
사회적 사회성'이야말로 '세계공화국'을 가능하게 한다고
주장하고 있습니다. 도덕(윤리)이 정작 그것을 파괴하는
적대성에서 나온다니 이는 대체 무슨 말일까요? 여기서
우리는 칸트의 평화론과 프로이트의 평화론을 교차시켜
이해하는 가라타니 고진의 논의를 참조할 필요가 있습니
다. 주지하다시피 칸트의 도덕법칙은 '지상명령'의 형태를
띠고 있어서 바깥에서 오는 것으로 오해되기 쉽습니다. 하
지만 칸트는 도덕법칙이 자율적인 것임을 분명히 밝히고
있습니다. 하지만 그렇다고 해서 한 개인이 아프리오리하
게 도덕적일 수는 없는 법입니다. 그렇다면 이런 이율배반
은 어떻게 해결이 가능할까요? 이에 대한 가라타니의 답
변은 다음과 같습니다.

   그러나 이것의 해결이 곤란한 것은 아니다. 도덕적인
   자세는 바깥으로부터의 명령이나 강제에 의해 불어넣
   어지는데, 그것은 그저 타율적인 도덕성에 머무를 뿐이

---

[2] 칸트, 「세계시민적 관점에서 본 보편사의 이념」, 위의 책, 29쪽, 강조는
인용자.

다. 그것이 자율적인 것이 되기 위해서는 반복강박적인 것이 되지 않으면 안 된다. 즉 그것은 어떤 형태로 '내부'에서 유래하지 않으면 안 된다. 즉 상기의 이율배반**은 칸트가 말하는 인간성의 자연적 소질로서의 '적대성'을 프로이트가 말하는 공격충동과 같은 것으로 간주함으로써 해결된다.**[3]

즉 그는 이 문제를 프로이트의 문화론을 통해 해결합니다. 가라타니는 제1차 대전을 전후로 프로이트 이론에 큰 단절이 존재한다고 주장합니다. 그리고 이때의 단절의 핵심에 초자아를 가져오는 '죽음충동'이 있다고 봅니다.[4] 그는 프로이트의 이런 단절·변화(초자아에 대한 긍정적인 평가)를 '사회적 순응주의'로 비판하는 아도르노에 대항하여 초자아란 단순히 아버지나 사회적 규범이 내면화된 것이 아니라고 못 박은 후, 그것은 '외적인 것의 내부화'가 아니라 '내적인 것의 자기소외'로 나타난다고 이해합니다. 좀 더 구체적으로 말하자면, 초자아란 '죽음충동'이 바깥으로 향했을 때의 공격충동이 안으로 되돌려졌을 때 형성되는 것이라는 의미입니다.

예컨대 프로이트는 다음과 같이 쓰고 있습니다.

아주 비근한 질문이 있다. 그것은 문화가 자신에게 적

---

[3] 가라타니 고진, 『네이션과 미학』, 115-116쪽, 강조는 인용자.
[4] 불쾌한 경험을 반복하는 전쟁신경증자과의 만남이 중요한 계기로 작용했습니다.

대적인 공격충동을 맞이하여 그것을 무력화시키고 잘 벗어나서 차단까지 하기 위해 사용하는 수단에는 어떤 것이 있을까 하는 것이다. ― (…) 즉 **우리의 공격충동을 거두어들여 내면화하는 방법**이다. 그러나 사실 이것은 **공격충동을 그 발상지로 반송하는 것, 즉 바로 자기 자신으로 향하게 하는 것**이다. 이렇게 하여 **자아의 내부로 돌아온 공격충동은 초자아의 형태로 자아의 다른 부분과 대립하고 있는 자아의 일부로 받아들여져, 이번에는 '양심'이 되어 실제라면 자아 자신이 자신과 관계가 없는 타인에 대하여 보이고 싶었을 것과 같은 동일한 엄격함으로 자기 자신의 자아를 대하는 것이다.** 엄격한 초자아와 이에 예속되는 보통의 자아와의 긴장관계 ― 이것이 소위 죄의식이며, 이것은 자기징벌 욕구로서 나타난다. 즉 문화는 개개인의 내부에 숨어있는 위험한 공격충동을 억누르기 위해 개개인을 약하게 만들고 무장 해제시켜 그 마음 속 법정으로 ― 정복된 도시가 점령군에 의해 감시되는 것처럼 ― 감시시키는 방법을 사용하는 것이다.[5]

 즉 프로이트는 초자아란 이성이나 엄격한 타자에 의해서가 아니라 자신의 공격충동을 스스로에게 되돌림으로써 형성된다고 보고, 바로 그와 같은 초자아 (문화)를 적극적으로 옹호하는 입장을 취했습니다. 여기에는 물론 역사적

---

[5] 프로이트, 『문명 속의 불만』, 김석희 옮김, 열린책들, 2004, 302-302쪽, 강조는 인용자.

인 배경이 존재합니다. 제1차 세계대전에 패한 후 독일지식인들은 좌우할 것 없이 바이마르헌법을 공격했는데, 그 이유가 전승국에 의해 강제로 부여된 것이었기 때문입니다. 따라서 그들은 이를 '병病'으로 간주했습니다. 하지만 프로이트의 입장에서 볼 때, 그것은 외부에서 억지로 부여된 것이 아니라 외부로 발휘되었던 공격충동의 결과물입니다.[6]

가라타니는 프로이트의 이런 태도(입장)를 현재 일본에서 뜨거운 감자 중 하나인 '헌법 제9조'(즉 평화헌법)에 적용합니다. 즉 그는 '헌법 제9조'가 위기에 처한 상황에서 단순히 그것에 대한 옹호를 이야기하기보다 오히려 개정될 기회가 여러 번 있었음에도 불구하고 개정되지 않은 '불가사의함'에 주목합니다. 그리고 그는 그 이유를 '헌법 제9조'가 점령군에 의해 부여된 것이 아니라 일본국민이 발산한 공격충동의 결과물(초자아)이라는 점에서 찾습니다. 즉 '헌법 제9조'는 우파 지식인들이 주장하는 것과 같은 치유되어야 할 '병'이 아니라 일종의 '문화'인 셈입니다.

물론 그렇다고 해서 가라타니·칸트가 문화(세계공화국)를 앞당기기 위해 공격충동의 발현을 좌시하고 있는 것은 아닙니다. 그보다는 섣부른 비관주의(묵시록)를 경계하면서(폭력은 항상 이런 비관주의에 의해 정당화됩니다) 그와 같은 문화(자연이 의도한)의 도래를 촉진시켜야 한다고 주장하는 것입니다.

---

[6] 그러나 바이마르체제는 결국 붕괴되었고 그 다음은 아시는 대로입니다.

> 자연의 계획이 뜻하는 것은 전 인류 안에 완전한 시민
> 적 연합을 형성시키는 데 있다. 이 계획에 따라 일반세
> 계사를 드러내려는 시도는 가능한 것이자 이런 **자연의**
> **의도가 실현되도록 촉진하는 시도**로 간주되어야 한다.[7]

위 구절에 '세계문학'을 대입해보기로 하지요. 그러면 우리는 앞서든 괴테의 문장과 매우 유사하다는 것을 발견할 수 있습니다. "예술의 계획이 뜻하는 것은 전 인류 안에 완전한 보편적 문학(인류공동의 자산)을 형성시키는 데 있다. 이런 계획에 따라 세계문학사를 드러내려는 시도는 예술의 의도가 실현되도록 촉진하는 시도로서 간주되어야 한다."

이상으로 알 수 있는 것처럼, 괴테에게 있어 세계문학은 개별 민족문학들의 총합과는 무관하며, 오히려 그것을 넘어선 초자아로서 존재한다 하겠습니다. 근대문학의 시작과 함께 탄생한 초국가적인 세계문학은 시종일관 민족문학과 긴장관계를 유지해 왔습니다. 즉 국민국가(민족문학)에 의해 줄곧 억압되었지만[8] 완전히 소멸되지 않았고, 외

---

[7] 칸트, 「세계시민적 관점에서 본 보편사의 이념」, 위의 책, 40쪽, 강조는 인용자.

[8] '반체제적 급진성'이라는 관점에서 보면, 그동안 민족문학론에서 문제였던 것은 국가 자체라기보다 국가의 정당한 운용이었습니다. 그런 의미에서 민족문학론은 문학론이라기보다는 사실상 정치론에 가까웠습니다. 따라서 그것과 정치적 입장을 같이 하는 세력이 국가의 운용을 맡게되면 보수화할 수밖에 없는 구조를 가지고 있었습니다. 한국작가회의가 김대중-노무현 정부 시대에 국가와의 긴장감을 잃어버리고 사실상 문학가들의 이익단체로 바뀐 것도 그 때문입니다.

견상 제국주의문학의 형태를 띠기도 했지만 그에 저항하면서 존재감을 계속 유지했습니다.

민족문학이 압도적이었던 시대에 그것은 국가(민족문학)에 등을 돌린 작가들이나 자발적으로 내부적 망명을 선택한 작가들에 의해 실체화되었고, 그들에 의해 생산된 문학은 '세계문학'에 대한 요청을 더욱 강력한 것으로 만들어 왔습니다.[9]

---

[9] 세계문학이라는 이름에 걸맞은 작품을 창작한 사람들 중 상당수가 망명작가라는 것은 결코 우연이 아닙니다. 그리고 가라타니 고진의 지적처럼 일본문학에서 소세키가 차지하는 독특함은 그의 '내부적 망명'에 의한 것이며, 바로 이것이야말로 동시대 근대문학가들에게 줄곧 무시당한 그를 세계적인 문학가로 만든 원동력이라 하겠습니다(물론 이 문제는 간단하지 않습니다. 이와 관련해서는 제2장에서 자세히 다루겠습니다).

7 민족문학에서 세계문학으로

여전히 민족문학론을 고수하는 논자들이 두려워하는 것은 '민족문학론이 폐기된 후에 생길 일'입니다. 즉 '대안 없는 폐기'는 비관주의로 귀결되기 십상이라는 것입니다. 하정일이 시종일관 '근대문학의 종언'을 부정한 것도, 규제적 이념으로서의 '민족문학론'을 끝까지 고수하고 있는 것도 바로 그런 염려 때문일 것입니다.

하지만 비관주의는 항상 그것을 염려하는 사람의 것이며, 사소한 폭력이라도 '어쩔 수 없음(불가불)'을 들어 그것을 정당화할 권리는 없습니다. 사실 엄밀히 말해 대안이 부재했던 시기란 없었다고 해도 과언이 아닙니다. 다만 이런저런 이유로 그것을 모른 채 했을 뿐입니다. 근대문학(민족문학)에 대한 대안은 그것이 시작되었을 때부터 존재했습니다. 물론 한국의 민족문학론이 세계문학과 완전히 다른 길을 걸어온 것만은 아닙니다. 예컨대 '제3세계문학'이라는 제3항을 통해 소통(연대)이 시도된 적도 있었습니다.

하지만 오늘날의 관점에서 보면, 그런 시도가 별다른 성과를 낳지 못했다는 것 역시 분명한 사실입니다. 이후 그토

제1장 세계문학으로

록 남발된 '연대'라는 말은 어느새 사라졌고, 그런 의미에서 한국의 민족문학은 오랫동안 사실상 고립되어 있었다고 해도 과언이 아닙니다. 그렇다면 그런 시도가 모두 실패한 이유는 대체 무엇일까요? 그것은 협의(이성)를 통해 맺은 것이었기에 상황에 따라 언제든지 쉽게 끊어질 수 있는 것이었기 때문이 아닐까 합니다.[1]

한국의 민족문학운동이 민주화운동과 연계되어 어느 정도의 역할을 해온 것은 분명한 사실이지만, 그 과정에서 문학적 내전內戰을 통해 다른 문학들을 무시하고 억압해온 것 또한 사실입니다. 즉 민족문학의 부정적인 측면(편협성과 자폐성)을 보여준 점도 부정하기 힘듭니다. 문제는 그러던 민족문학이 최근에는 '한국문학'이라고 간판을 바꿔 단 후 그럴 듯한 논리(변명)를 앞세워 시장문학(예를 들자면, 신경숙의『엄마를 부탁해』)을 옹호하는 것조차 부끄러워하지 않는다는 사실입니다.

사정이 이러하니 우리가 '민족문학'을 수호해야 할 이유를 찾는 것은 거의 불가능하다 하겠습니다. 규제적 이념이 필요하다면, 그것이 '민족문학'이 아니라 '세계문학'이어야 하는 이유가 바로 여기에 있습니다. 물론 이에 대한 반론은 항상 준비되어 있을 것입니다. 표현이야 논자마다 다르겠지만, 공통적으로 세계문학에 대한 옹호가 불러올 부작용(세계적인 규모의 시장문학에 휩쓸릴 위험)을 지적할 것

---

[1] 가라타니 고진은 '제3세계'란 미소이원체제에 기반을 둔 것으로 지금은 아무 의미가 없다고 말하고 있습니다. 이에 대해서는 「걸프전쟁하의 문학자」(『문자와 국가』에 수록)을 참조하시기 바랍니다.

입니다. 이런 주장에 대해 이미 충분히 논박했다고 생각하기에, 이번에는 무엇이 그들로 하여금 그토록 민족문학에 집착하게 만드는지를 묻고자 합니다.

도대체 무엇이 그들로 하여금 민족문학을 떠나지 못하게 하는 것일까요? 거기에는 여러 가지 이유가 있을 것입니다. 하지만 그들의 이야기를 듣고 있노라면, 그 중심이 문학의, 아니 좀 더 정확히는 문학가들의 영향력(발언력)에 놓여있다는 것을 알 수 있습니다. 그런 의미에서 독특한 '비관주의적 태도'나 민족문학 반대론자(해소론자)들에 대한 '계몽적 입장'도 결국 그 근본에는 이런 영향력 상실에 대한 두려움이 있다 하겠습니다.

그런데 이때 그들이 지키려는 영향력이란 구체적으로 어떤 것을 말할까요? 상업적 영향력? 예술적 영향력? 아마 이런 것은 아닐 것입니다. 하정일의 경우(즉 '반체제적 급진성')를 참조한다면, 우리는 그들의 집착이 대사회적(정치적) 영향력에 대한 원망願望의 표현이라는 것을 알 수 있습니다. 그런데 여기서 가지게 되는 필자의 의문은 그것이 가진 네이션적 한계는 차치하더라도 정치적 영향력을 행사하는 데 있어 왜 굳이 문학을 매개로 삼으려고 하는가에 있습니다.

너무 이상한 질문일까요? 문학이 대사회적 영향력을 가질 수 있었던 것은 주지하다시피 정치적 활동이 크게 제약받던 시기에 지나지 않습니다. 즉 오늘날처럼 사실상 언론 출판의 자유가 주어진 상황에서는(설사 그것이 형식적인 것일지라도) 굳이 문학으로 에둘러갈 필요는 없습니다.

제1장 세계문학으로

만약 누군가가 비평가로서 오늘날의 사회적 모순에 개입을 하고자 한다면, 해당 모순들과 직접 부딪치면 됩니다. 이에 대해 물론 다음과 같은 대꾸가 나올 것입니다. "나는 문학평론가이기 때문에 사회비판을 할 때도 어디까지나 작품을 통해서만 한다." 그러고 보면 문학평론가란 정말 편리한 직업(?)이라는 생각이 듭니다. 문학의 반체제성을 들어 온갖 급진적이고 계몽주의적인 태도를 취하면서도 정작 '행위'에 대한 요구가 압박해 오면 문학 뒤로 도망치고 있기 때문입니다.

그렇다면 오늘날 한국문학이 가진 진짜 문제란 사회성의 소멸이 아니라 사회의식에 있다고 자부하는 비평가들조차도 문학 뒤에서만 목소리를 내고 있는 것이 아닐까요? 고만고만한 작품들을 만지작거리며 사회적 인식이 부족하다느니, 이래서는 한국문학에 미래가 없다느니 투덜대며 시간낭비를 하는 이유가 혹시 사회를 '있는 그대로' 인식하기에 그들이 너무나 '문학적'이기 때문은 아닐까요?

역사적으로 볼 때, 문학의 대사회적 영향력은 매우 이례적인 현상에 지나지 않습니다. 근대문학이 민족문학이라는 이름으로 사회적 영향력을 행사할 수 있었던 것은 긍정적인 형태로든 비판적인 형태로든 한 사회의 통합(국민국가 건설)에 나름의 역할을 했기 때문입니다. 그러므로 그것의 형식적 완성이 사회적 영향력 상실로 연결되는 것은 너무나 당연합니다.

그런 의미에서 이상한 것은 가까운 과거에 얽매여 자신의 영향력을 계속 유지하려는 끈질긴 움직임이라 하겠습니다. 그런 집착에 현실적인 이유가 전혀 없는 것은 아닙니다. '국문학'이라는 이념이 여전히 영향력을 갖고 있는 이상, 그리고 그것이 교육제도에 의해 강력히 뒷받침되고 있는 이상, 민족문학은 계속해서 자기환상을 유지하는 것이 가능합니다. 그에 걸맞은 작품이 생산되지 않아도[2] 민족문학 진영이 큰소리를 칠 수 있는 것도 이 때문입니다.

평론가와 관련하여 내부자들만 아는 비밀이 두 가지 있습니다. 하나는 일반독자들의 생각과 달리 비평가라고 해서 국내에 출판되는 소설을 열심히 읽는 것은 아니라는 사실입니다. 노골적으로 말하면 청탁원고에 필요한 작품만 골라 읽는데, 이는 다른 말로 청탁자(사실상 출판 관계자)가 원하는 작품만 읽는다는 의미이기도 합니다. 소위 출판사나 문단에서 미는 작품은 이런 일련의 과정을 통해 만들어집니다. 다른 하나는 한국어로 창작되지 않은 문학, 즉 외국문학은 관심 바깥이라는 점입니다. 이유는 간단합니다. 외국문학에 대한 청탁이 거의 없기 때문입니다.[3]

여기서 전자의 원인이 전업비평가의 부재 내지 그것을 핑계로 한 게으름에 있다고 한다면, 후자의 원인은 비평가의 비평대상이 '한국문학'으로 엄격히 제한되고 있다는 데에 있습니다. 한국의 '문학비평가'란 하나같이 국문학(한국문학)이라는 테두리에 만족하며 '비평가'임을 자부하고

---

[2] 이는 민족문학론자들도 인정하는 사실입니다. 예를 들어 최원식은 '한국문학의 빈곤'을 이야기하기도 했습니다.

[3] 물론 가끔 문예지를 내는 출판사에서 출간한 외국문학에 대한 글이 실리긴 합니다. 예를 들어 출판사 문학동네가 『1Q84』를 출간하면, 잡지 『문학동네』는 찬사로 가득한 〈무라카미 하루키 특집〉을 편성합니다.

제1장 세계문학으로

있다는 점에서 '한국문학' 비평가라고 불려야 하는 이유도 여기에 있습니다.

그렇다면 '외국문학'비평가가 따로 존재하기라도 한다는 말일까요? 아쉽게도 그런 것은 아닙니다. 대충 둘러보아도 프랑스문학을 연구하는 전공자는 독일문학에 별 관심이 없고 그 역도 마찬가지입니다. 즉 한국에서 문학은 (일반적으로 이야기하는 세계문학까지 포함하여) 기껏해야 언어나 국가에 의해 나누어진 개별 민족문학으로서 연구되고 있을 뿐입니다. 즉 민족이나 국가를 넘어선 초국가적 콘텍스트에 대한 고려 같은 것은 전혀 이루어지고 있지 않습니다.

이는 외국문학 전공자라고 해서 세계문학에 더 가까이 있는 것은 아니며, 그런 의미에서 그들도 사실상 민족문학주의자라는 말이기도 합니다. 유종호는 모든 문학연구는 비교문학일 수밖에 없다고 말한 바 있지만, 이런 당연한 격언조차 묵살되고 있는 것이 한국 문학비평(또는 문학연구)의 현주소라면, 결국 그들의 연구(비평)가 지향하는 것은 '가치의 역사'가 아니라 그들의 생활(생계)을 뒷받침해주는 직업시스템(지방주의)이라 하겠습니다.

그렇다면 밀란 쿤데라가 말하는 위대한 문학(소설)이 찢는 '선先해석의 커튼'이란 바로 이런 문학의 지방주의가 아닐까요? 주지하다시피 그는 소설의 윤리란 '아직 알려지지 않은 실존의 단면을 발견하는 것'이라고 말하는데, 이는 '소설의 정신'이란 바로 이런 작은 콘텍스트에 의해 은폐되고 억압된 인간의 실존을 인류공동의 유산으로 승화시키는 '세계문학'을 가리킨다고 말할 수 있을지도 모릅니다. 따라서 일본문학은 종언을 고했을지 모르지만 우리는 아직 건재하다고 주장이나, 사실상 민족문학에 대한 우회적 정당화인 백 씨의 세계문학론 등은 세계문학의 도래를 오히려 더디게 하는 걸림돌이라 하지 않을 수 없습니다.

가라타니 고진의 최근 작업은 국민국가를 넘어서는 이념으로서의 '세계공화국'에 대한 탐구입니다. 앞서 살펴본 것처럼 이 문제를 처음으로 제기한 사람이 칸트라고 했을 때, 저는 그것을 '세계문학'이라는 문학이념으로 번역한 이가 바로 괴테가 아닐까 하는 생각이 듭니다. 그리고 그것을 오늘날 '소설의 정신'으로 적극 개진하는 쿤데라의 입장은 '근대문학(민족문학)의 종언'을 말하는 가라타니 고진의 그것과 궤를 같이 하는 것으로 이해될 수 있습니다.

그렇다면 어떻게 해야 '세계문학'을 촉진할 수 있을까요? 이 물음에 답하기 위해 제일 먼저 확인할 사항은 우리가 '이미' 세계문학의 도래를 촉구하는 흐름의 한복판에 서있다는 사실입니다. 국내에서 읽히는 작품의 목록을 살펴보면, 타민족문학(외국문학)의 수가 압도적이라는 것을 알 수 있습니다. 이는 소위 '세계문학전집 붐'과 관련이 있는데, 이는 보론에서 별도로 자세히 다루겠습니다.

그렇다면 이런 시대에 한국의 비평가들은 왜 여전히 민족문학에 갇혀있는 것일까요? 괴테의 말을 다시 떠올려 보자면, 그가 촉진하고자 하는 세계문학이 세계적으로 유통되고 있는 도서목록 이상을 의미하고, 또 한 발 더 나아가 세계의 평화와 인류의 문화를 위한 지식인 간의 연대를 의

제1장 세계문학으로

미한다고 했을 때, 그가 가정한 '세계문학'의 수신자는 혹시 창작자들보다는 오히려 비평가들이 아니었을까요?

물론 민족문학(국민문학) 보호를 자신의 존재이유로 여기는 한국문학시스템의 입장에서 그것은 불가능한 기획일지도 모릅니다. 문학교육은 앞으로도 자국문학에 압도적인 지면을 할애할 것이고, 학계는 민족문학 간의 '완전한' 월경을 허락하지 않을 것이며, 문예지들 역시 출판사와의 밀월 속에서 자국텍스트에 대한 비평만을 실을 것입니다. 그리고 '세계문학'을 이야기하더라도 결국 '한국문학의 세계화'로 귀결될 것입니다.

민족문학론자이든, 그것을 비판하는 심미적 문학주의자이든, 이 둘 다를 비판하는 비판적 비평가든 하나같이 '한국문학주의자'라는 점에서 그들의 차이는 그들의 주장만큼 크지 않습니다. 오래 전부터 저는 '근대문학의 종언'을 '근대비평의 종언'으로 읽을 것을 주문했는데, 그것은 민족문학의 굴레를 당연시하는 비평의 자기괴멸이라는 뜻도 있었습니다. 비평의 최대임무는 민족문학에 대한 복무가 아닙니다. 따라서 그것은 한국문학의 내수시장 확대와 해외진출의 활성화와 전혀 무관합니다.

'근대문학의 종언'이라는 테제 자체는 '근대문학 이후의 문학'에 특별한 의미를 부여하지 않습니다. 그도 그럴 것이 이와 관련하여 이야기되는 '근대문학 이후의 문학'이라는 것도 결국은 민족문학이라는 울타리 안에서 이루어지고 있기 때문입니다. 그런데 만약 다른 방향으로 나아간다면? 바꿔 말해 '커다란 콘텍스트'에 기반한 세계문학을 촉구하는 과정으로 나아가면 어떻게 될까요?

  물론 현실적으로 그것은 불가능에 가까울지 모릅니다. 그러나 규제적 이념으로서의 세계문학이 우리를 제어하지 못한다면, 원하지 않는 비관주의의 늪에서 빠져나오기 힘들지 모릅니다. '세계문학으로의 길'이 한국문학의 유일한 선택일 수밖에 없는 이유는, 그것만이 현실추수적인 낙관론이나 의도적 비관주의로부터 우리를 구할 수 있는 유일한 이념이기 때문입니다.

제2장 국민작가의 기원

"이렇게 이기고 보니 국민의 진가가 실제로 드러난 느낌이다. (…) 저쪽이 사람이라면 이쪽도 사람이라는 기분이 든다."

- 나쓰메 소세키 -

1 반도체와 독서교육

저는 「세계문학으로」라는 제목의 제1장에서 이런저런 이야기를 했습니다. 그것은 '세계문학'이라는 개념의 역사를 추적하면서 '현실로서의 세계문학'이라기보다는 '이념으로서의 세계문학'의 가능성을 살펴본 것이었습니다. 그리고 '이념으로서의 세계문학'을 '도래할 문학'으로 보고 그에 따른 '비평의 의무'를 강조했습니다. 하지만 지금 생각해보면 이 글은 제일 마지막에 왔어야 했다는 생각이 듭니다. 왜냐하면 첫째로 비평은 본래 미래보다는 현실에 대한 글쓰기이기 때문이며, 둘째로 '현실로서의 세계문학'에 대한 검증이 없이 이루어지는 '이념으로서의 세계문학'이란 자칫 잘못하면 공허한 논의에 그치기 쉽기 때문입니다. 따라서 지금부터는 미처 수행하지 못한 작업을 시도해 보기로 하겠습니다.

한 칼럼에서 먼저 시작해 보지요. 서평가 장정일은 한 신문에서 실은 칼럼에서 '양파총리'인 정운찬을 비판하는 것보다 아이들의 독서교육에 대한 강조가 '더 생산적'이라고 주장하면서 다음과 같은 이야기를 꺼낸 바 있습니다.

제2장 국민작가의 기원

영국은 전체 고용인구의 80%가 서비스 산업에 종사한다. 음악·서적·영화처럼 지적재산권이 중요한 산업이나 스포츠·관광 등의 산업을 창의산업Creative Industry이라고 하는데, 빈약한 제조업과 천연자원을 가진 영국으로 하여금 세계 5위의 경제규모를 유지하게 해주는 일등공신이 바로 창의산업이다. 1997년 이후 10년 동안 우리나라의 주력 산업인 반도체로 벌어들인 수출 총액 231조원은, 같은 기간 조앤 캐슬린 롤링이 〈해리 포터〉 시리즈와 파생상품으로 벌어들인 308조원보다 적다.[1]

사실 이런 주장 자체는 그리 새로운 것이 아닙니다. '제조업에서 서비스업으로'라는 산업의 변화는 오래 전부터 이야기되던 것으로(『제3의 물결』이 출간된 것은 1980년입니다), 대형 문화상품(최근에는 영화 〈아바타〉)이 등장할 때마다 제조업 중심의 산업구조가 가진 문제점이 지적되곤 했으니까요. 그러고 보니 얼마 전(4월 8일) 이명박 대통령도 국가고용전략회의에 참석하여 제조업보다는 고용 창출효과가 높은 콘텐츠·미디어 산업을 집중지원하겠다고 밝힌 바 있습니다.

따라서 다소 식상하긴 하지만 콘텐츠산업의 중요성을 전제한 후, 그것의 가장 기본형태인 책(구체적으로는 근대문학)이 생산·소비될 수 있는 기반(즉 독서교육)을 강조하는 것에 딱히 시비를 걸 이유를 찾기 힙듭니다. 그런데 가

---

1 장정일 「'양파 총리'보다 아이들에게 한마디」, 〈한겨레〉, 2009년 10월 30일자.

만히 생각하면 그것은 '사후적인 착각'에서 나온 것인지도 모릅니다. 무슨 말인가 하면, 장정일은 영국에서 문학콘텐츠가 발달한 것은 독서교육에 있다고 보고 있는 것 같은데, 진실은 정반대일지도 모른다는 이야기입니다. 그가 참조하는 『영국의 독서교육』이라는 책을 읽을 때, 우리가 잊지 말아야 하는 사실은 영국 독서교육의 핵심콘텐츠인 근대문학은 그런 교육시스템이 갖추어지기 이전에 이미 충분히 완성되어 있었다는 것입니다.[2]

따라서 "한국의 선비들처럼 독서란 혼자 읽는 것이라는 생각에서 벗어나, 함께 하는 활동이라는 인식의 전환이 필요하다"고 보고, "그러기 위해서는 작가·출판사·서점·도서관들이 개별적인 독서운동이 아닌 유기적인 네트워킹으로 모든 부문이 원원하는 구조를 만들어야" 한다고 말한 후, "그 전에 정부가 결단해야 할 것은 어린 학생들의 상상력과 창의력을 옥죄는 국정 교과서를 해체하고, 입시 위주의 교육을 개선하는 일"이라고 주장하는 것은 사태를 너무 단순하게 바라보는 것이 아닌가 하는 생각이 듭니다. 더구나 그가 제시하는 '바람직한 독서행위'란 이미 일반적으로 통용되는 이상理想적 독서의 모습이기도 합니다.

좀 더 설명해 보지요. 그는 우선 '바람직한 독서행위'를 '함께 하는 독서'라고 생각하고 있습니다. 그런데 근대적 독서행위 자체가 '함께 하는 독서'로서만 성립하는 것입니다.

---

[2] 참고로 위대한 영국문학이 교육제도로서 처음 정착한 것은 영국이 아니라 인도였습니다. 즉 인도의 대학에 '영문학과'라는 것이 처음 생겼는데, 이는 식민지를 원활히 통치하기 위한 수단 중 하나였습니다.

제2장 국민작가의 기원

따라서 그것은 '전제'를 되풀이하는 원론적인 주장이라는 비판을 피하기 힘듭니다. 실제로 오늘날만큼 책읽기 네트워킹이 잘 꾸려진 시대가 있을까요? 100년 전만 해도 수백, 수천만 명의 사람들이 같은 책을 읽는 모습은 상상도 할 수 없었습니다. 쉽게 말해 독서라는 행위가 모두의 권리(또는 의무)가 된 것은 그야말로 얼마 되지 않았습니다. 따라서 우리는 오히려 권리이자 의무인 독서 네트워킹이 독서행위에 이미 '반강제적으로' 내재되어 있다는 사실에 주목할 필요가 있습니다.

그렇다면 독서는 어떻게 중요한 문화적 행위가 된 것일까요? 지식의 진보가 자연스럽게 그런 문화를 만들어낸 것일까요? 그렇지는 않습니다. 단도직입적으로 말해, 그것은 국가적인 차원에서 이루어진 국어교육 덕분입니다. 따라서 국가적 교육에 의해 형성된 이와 같은 독서문화(또는 네트워킹)를 단순히 국정교과서를 해체하고 입시 위주의 교육을 바꿈으로써 근본적으로 바꿀 수 있다고 생각하는 것은 매우 안이한 발상이라고 말할 수밖에 없습니다. 물론 '현실적 전망'을 염두에 둔 행정가(또는 관료)의 입장이라면 전혀 이해하지 못할 바는 아니지만 말입니다.

그렇지만 결론부터 말하자면 인간 정운찬만이 양파는 아닙니다. 독서교육, 그리고 그것의 핵심인 문학 또한 어떤 의미에서 양파입니다. 까면 깔수록 다른 얼굴이 나옵니다(우리는 앞으로 이에 대해 살펴볼 것입니다). 이는 문학교육을 잘 시킨다고 해서 '정운찬 같은 사람'(적어도 장정일이 가정하는 의미의)이 근절될 리는 만무하다는 말이기도 합니다. 왜냐하면 어찌 보면 그것은 독으로 독을 치유하는 것이기 때문입니다. 따라서 다음과 같은 결론은 공허하기 그지없습니다.

흠모하는 중국의 작가 루쉰은 유교를 '사람이 사람을 잡아먹는 제도'라고 말하면서, 아직 인육을 먹은 경험이 없는 아이들을 구해야 한다고 썼다. 과연 『영국의 독서교육』을 소개하게 된 것은, 비유적으로 말해 불법에 맛 들였던 가망 없는 총리에 대해 한마디 하는 것보다 훨씬 탁월한 선택이다. 아이들이 어려서부터 책을 가까이 하면, 다 큰 어른이 아무 대가 없이 용돈을 받아서는 안 된다는 염치 또한 생길 테니 말이다.

그에 따르면 정운찬이 인간양파가 된 것은 어렸을 때부터 책을 가까이 하지 않았기 때문이라는 말인데, 진실은 오히려 정반대가 아닐까요? 불필요한(?) 군복무를 피해 훌륭한 독서교육이 이루어지고 있는 서구의 대학에서 교육받고 한국 최고 대학의 총장까지 역임한 그에게 만약 문제가 있다면, 그 책임은 도리어 책과 훌륭한 독서교육에 있는 것은 아닐까요? 따라서 진정으로 정운찬을 비판하고자 했다면, 도리어 "책 따위는 내다 버려라!", "제도교육 따위는 거부하라!"고 외쳤어야 논리적으로 옳았다고 생각합니다. 즉 그가 '절대선'처럼 설정한 책(문학)과 독서, 그리고 그것을 통한 교육부터 의심했어야 했습니다. 왜냐하면 이것들만큼 역사적인 것도 없기 때문입니다.

2 불평등한 너무나 불평등한 근대문학

우회한 감이 없지 않아 있지만, 여기서 제가 말하고 싶은 것은 이런 것입니다. 과연 독서문화, 그리고 그것의 중핵인 근대문학(소설)의 발전이 특정 지역의 문화적 수준을 담보하는 객관적 기준이 될 수 있는가? 하는 것입니다. 바꿔 말해 한국의 문학가들은 한국문학의 발전을 우리의 삶이 풍요로워지기 위해 반드시 갖추어야 할 조건으로 제시하기를 조금도 주저하지 않는데(하긴 이런 믿음이 없다면 국가에게 지원을 요구할 명분도 사라지겠죠), 그것은 과연 정당한 태도일까요? 아니 우리가 아는 근대문학이 인간에게 반드시 필요한 보편적인 것일까요?

문학의 보편성을 암시하는 말로 가장 영향력 있는 개념은 물론 '세계문학'일 것입니다. 최근 출판계, 문학계, 학계에서는 이 개념이 유행하고 있습니다. 그런데 이때의 세계문학이란 우리가 생각하는 것만큼 정말 보편적인 개념일까요? 물론 이와 관련해서는 여러 가지 비판이 있었습니다. 오래 전에 간행된 세계문학전집을 보면 쉽게 짐작이 가능합니다. 말이 세계문학이지 몇 나라의 국민문학을 모아놓은 것에 불과합니다. 그렇다면 이런 '세계문학비판'을 거친 오늘날의 세계문학전집은 어떠할까요? 최근의 것은 확실히 이전의 것과 다르게 보입니다. 인기가 없는 제3세계문학도 일부 집어넣음으로써 유럽중심주의로부터 벗어나려는 시도를 하고 있지요. 하지만 부정할 수 없는 사실은 '그럼에도 불구하고' 여전히 서구문학이 중심이라는 점입니다.

그러나 최근의 '세계문학' 논의는 약간 다른 것 같습니다. 즉 논의의 중심이 '세계문학비판'에서 '한국문학의 세계화'로 옮겨갔습니다. 그렇다면 한국문학의 세계화란 구체적으로 무엇을 의미하는 것일까요? 특별한 것은 없습니다. 민음사판 〈세계문학전집〉에서 볼 수 있는 것처럼 다른 나라의 세계문학전집에 한국문학이 당당히 한 자리를 차지하는 것입니다. 물론 그렇게 해줄 리는 만무합니다. 노벨문학상에 대한 한국의 유별난 집착은 이 상이 그것을 가능하게 해주는 티켓 같은 것으로 생각하기 때문일 것입니다.

밀란 쿤데라는 근대문학(근대소설)이라는 말 대신에 '유럽소설'이라는 표현을 사용하는데 이는 유럽중심주의와는 무관합니다. 제가 보기에 그것은 도리어 근대문학의 보편성을 '정당하게' 제한하는 것으로 보입니다. 그의 입장에서 볼 때, 근대문학은 보편적 속성을 가지고 있는 것처럼 보이더라도 기본적으로 특수한(유럽적) 문학형식입니다.[1] 쉽게 말하면 오늘날 우리가 말하는 국민문학(민족문학)이나 세계문학이란 모든 나라에 보편적으로 존재해야만 하는 문학이라기보다 어떤 특수한 상황 덕분에 비로소 존재

[1] 예를 들어 일본인이 일본어로 소설을 쓴다 하더라도 그것은 '유럽소설'입니다.

제2장 국민작가의 기원

하게 된 문학에 지나지 않습니다.

간단한 예를 들어보지요. 어느 정도 문학에 조예가 있는 사람이라면, 프랑스문학을 대표하는 작가 한두 명쯤, 또 독일문학이나 영미문학을 대표하는 현대작가 한 명쯤은 댈 수 있을 것입니다. 그런데 우리들 중 핀란드 작가나 태국 작가의 이름을 말할 수 있는 사람이 과연 몇 명이나 될까요? 우리가 핀란드나 태국의 작가를 알지 못하는 것은 소개가 제대로 되지 않은 것에도 원인이 있기 때문에(전혀 소개가 안 된 것은 아닙니다), 모른다는 사실 자체를 탓할 생각은 추호도 없습니다.

다만 이런 질문은 던질 수 있을 것입니다. 그렇다면 왜 소개가 되지 않은 것일까? 별 볼 일 없는 문학이기 때문일까요? 그것은 분명 판란드인이나 태국인들에게 실례일 것입니다. 그렇다면 왜일까요? 답은 간단합니다. 핀란드어나 태국어를 할 수 있는 사람이 없거나 매우 적기 때문입니다. 그렇다면 왜 적거나 없을까요? 이들 언어를 가르치는 곳이 없거나 적기 때문입니다.

이와 같은 상황을 거꾸로 생각하면, 자연스럽게 이런 의문이 생겨납니다. 한국의 4년제 대학을 보면, 오래 전부터 상당수의 대학이 영문과, 불문과, 독문과를 개설하고 있음을 알 수 있습니다. 그런데 다른 나라에도 분명 문학이 존재할 텐데, 왜 유독 이 세 학과만 외국문학과로서 대학에 존재해 왔을까요? 여기에는 나름대로 이유가 있을 것입니다. 첫째는 사회적·경제적 이유 때문일 것입니다. 영국, 미국, 프랑스, 독일은 모두 세계적으로 막대한 영향력을 행사하는 대국들입니다. 즉 이런 학과들은 외견상 외국문학을 연구하는 학과처럼 보이지만, 실질적으로는 '실용적 언어교육'(정치, 외교, 경제)을 담당해 왔다는 뜻이기도 합니다.

하지만 이런 이유를 든다고 하더라도 불문과와 독문과가 웬만한 대학에 대부분 설치되어 있다는 것은 잘 이해가 가지 않습니다. 왜냐하면 우리가 프랑스나 독일과 교류를 하는 데 있어 그렇게 많은 불문과나 독문과가 필요하다고는 생각되지 않으니까요. 실제 두 학과는 요즘 지원하는 학생이 적어서 고사 직전에 있습니다. 학부는 그렇다고 하더라도(학부의 경우 보통 학과보다는 대학 간판이 중요하기 때문입니다) 대학원의 경우 한 학기에 지원자가 단 한 명도 없는 학교가 대다수입니다.

둘째는 프랑스와 독일이야말로 근대문학이 가장 발달한 나라들이기 때문일 것입니다. 어떤 이들은 〈세계문학전집〉이 갖추어야 할 '공평성'을 나라별이나 언어별로 생각하는데, 일견 합리적인 의견처럼 보이지만 그것은 기껏해야 국가 단위의 일률성이나 획일성을 내세우는 것에 지나지 않습니다. 참고로 지구에는 대략 196개국이 존재하고 사용되는 문자언어만 약 3,661개입니다.

그러므로 우리는 이것만큼은 인정할 필요가 있습니다. 작품의 가치에 무게중심을 두고 목록을 꾸린다면 불문학과 독문학, 영문학이 많은 권수를 차지할 수밖에 없다는 사실입니다. 즉 근대문학을 이야기한다고 했을 때 평등을 외치며 영문학·불문학·독문학을 수많은 문학들 중 하나로 취급하는 것은, 근대문학이라는 것 자체가 어떤 심각한 불

제2장 국민작가의 기원

평등에 기반하여 성립된 것이라는 사실을 망각하는 것에 지나지 않습니다.

따라서 근대문학이나 세계문학을 이야기할 때, 일국들 간의 주권적 평등에 기반하여 이야기하기보다 그 안에 존재하는 불평등을 과감히 인정할 필요가 있습니다. 바꿔 말해 근대문학에 존재하는 것으로 간주되는 보편성을 단호히 거부하고 불필요한 자기비하나 자기과장에 빠지는 것을 경계할 필요가 있습니다. 즉 유럽서점에 가보니 무라카미 하루키의 소설은 서가 하나를 통째로 차지하고 있는 데 반해 한국문학은 전부 합쳐도 서가 하나도 차지하고 있지 못한 사실을 들어 한국문학의 왜소함을 슬퍼하는 것도, 객관적으로 보면 한국에 노벨문학상을 받을 만한 사람이 20명 정도 있다고 허풍을 떠는 것도 (이해가 가지 않는 것은 아니지만) 모두 문제의 핵심을 벗어난 태도라 하지 않을 수 없습니다.

이런 질문을 한번 던져보지요. 우리가 한국문학을 비하하거나 과장할 때, 그 기준은 도대체 무엇(어디)일까요? 그리고 그때 비교대상은 과연 보편적인 것과 관련이 있을까요? 천만에 말씀입니다. 그것은 기껏해야 서구문학이나 일본문학과의 비교에서 나온 것에 불과합니다. 이는 확실히 묘한 태도라 하지 않을 수 없습니다. 왜냐하면 한편으로는 문학의 보편성을 주장하면서 다른 한편으로 특수성에 집착하고 있는 것이 되기 때문입니다. 그렇다면 우리는 왜 이런 상반된 입장을 오가고 있는 것일까요? 저는 그것을 한국문학을 둘러싼 현실과 이상 사이의 괴리에서 찾고 싶습니다.

한국에는 문학적 유산보다 그것을 연구하는 사람의 수가 너무 많습니다. 그리고 문학산업의 규모를 생각할 때, 문학지망생 역시 지나치게 많습니다. 다른 분야라면 '보이지 않는 손'이 수요와 공급을 조정해 주었겠지만, 문학생태계는 그와 같은 최소한의 조정도 받고 있지 않으니 신기할 따름입니다. 전임자리를 잡기 어렵다고 하는데 왜 국문과 대학원에 진학하고, 소설로 먹고 살기 힘들다고 하는데 왜 소설가를 지망하는 사람들은 줄지 않는 것일까요? 질문 자체는 어려울지 모르지만, 답 자체는 의외로 매우 간단합니다. 한편으로 국문과와 문창과가 여전히 건재하고, 다른 한편으로 문학을 '운용'하여 그럭저럭 먹고 살 수 있는 환경이기 때문입니다.

쉽게 말해 한국문학에 존재하는 현실과 이상 사이의 괴리를 메워주고 있는 것은 '국문학'이라는 이데올로기입니다. 어찌 됐든 그것들은 한국어(민족어)로 창작되었는데, 그 때문에 작품의 질과는 상관없이 네이션-스테이트를 뒷받침하는 가장 유용한 장치로서 국가의 전폭적인 지원을 받을 수 있었습니다. 빈곤한 문학적 유산과 그것의 운용(교육) 사이에서 수많은 문학공무원(문학종사자)들이 '근대문학'이라는 솜사탕을 핥고 있는 형국이라 하겠습니다.

사실 '국가적 관점'이 아니라 '문학적 관점'에서 본다면 한국문학은 어떻게 되든 상관이 없는 것입니다. 아니 정확히 말하자면, 문학은 그저 구멍으로서만 존재하면 되는 것입니다. 그러고 보면 한국문학을 둘러싼 자기비하나 자기

제2장 국민작가의 기원

과장은 이런 빈 공간을 감추기 위해 반복되는 '알리바이 꾸미기'라 하겠습니다.

정리하면 이렇습니다. 세계문학(근대문학)이란 특수성에 의해 지탱되는 것이기 때문에, 그것을 기준으로 삼아 보편적 판단을 내리는 것은 일종의 논리적 모순입니다. 즉 문학교육을 통해 한국문학을 발전시키겠다는 발상 자체가 이미 문제라는 것입니다. 한국문학이 프랑스문학이나 일본문학보다 발전하지 못한 것은 교육(장정일식으로 말하자면 독서교육)에 문제가 있어서가 아니라, 근대문학이 발전할 수 있는 역사적 조건을 갖추지 못했기 때문입니다.

따라서 우리는 교육을 통해 한국문학을 어떻게 하겠다는 생각부터 버려야 합니다. 한국은 현재 타의 추종을 불허하는 문학교육시스템을 갖춘 나라이자 가장 많은 문학관료를 가진 나라로, 그들이 할 수 있는 일이란 지금의 상태를 최대한 유지하는 것입니다.

따라서 만약 여전히 우리가 세계문학에 대해 무언가 이야기할 게 있다면, 그것은 '한국문학의 세계화' 따위가 아니라 왜 프랑스, 영국, 독일, 미국, 러시아, 일본 등에서만 근대문학이 발달했는가에 있습니다. 그것은 곧 근대문학의 특수성이란 도대체 무엇인가? 하는 질문이기도 합니다. 이와 같은 질문 없이 이루어지는 세계문학에 대한 논의는 아마 근대문학이 '가지고 있다고 간주되는' 어떤 보편성이라는 환상에서 영원히 벗어날 수 없을 것입니다.

3 숭고와 경멸 – 나쓰메 소세키의 경우

근대화에 어느 정도 성공한 나라들은 하나같이 그 부산물로 '근대문학'을 가지고 있습니다. 그런데 어떤 나라의 근대문학은 다른 나라에 영향을 끼칠 만큼 발달한 반면, 어떤 나라의 근대문학은 그렇지 못했습니다. 전자의 경우는 소수 국가의 근대문학으로서 우리가 지금도 '세계문학'이라는 이름으로 널리 읽고 있는 것이라면, 후자의 경우는 한국을 포함한 대다수 나라의 '내수(용)문학'입니다. 그렇다면 왜 어떤 나라에서는 발달하고 어떤 나라에서는 발달하지 못한 것일까요?

결론부터 말하자면, 그것은 해당 국가가 내셔널리즘을 거쳐 제국주의를 경험했느냐? 에 달려 있습니다. 구체적으로 말하면, 근대적 서사를 추동시키는 원동력으로서 식민지라는 외부공간을 가져본 경험이 있느냐 없느냐에 있습니다. 여기에는 물론 침략과 지배도 포함됩니다.

근대문학이 발달한 나라와 그렇지 못한 나라를 판별하는 가장 쉬운 방법 중 하나는 국민작가의 존재 유무입니다. 국민작가란 단순히 대내적으로 존경받는 작가를 가리키는 말이라기보다는 대외적으로도 그 나라를 대표할 수

제2장 국민작가의 기원

있는 작가를 의미합니다.[1] 사실 한국문학을 전공하는 사람으로서 가장 큰 아쉬움은 마음껏 비빌 언덕(국민작가)이 없는 것이 아닐까 합니다. 한국근대문학사에 대표적인 작가가 없는 것은 아닙니다. 이를테면, 이광수, 김동인, 염상섭, 이상, 채만식, 박태원 등을 들 수 있지요. 하지만 그들의 작품은 국외는커녕 국내에서조차 거의 읽히지 않습니다. 학교에서 문학교육이라는 이름으로 겨우 읽히고 있는 형편입니다(그것도 발췌 형태로).

사정이 이러하니 극소수의 한국문학 연구자를 제외하면, 외국인이 그들에 대해 관심을 가질 리 만무합니다. 그렇다면 우리에게는 왜 셰익스피어나 괴테와 같은 작가가 없는 것일까요? 아니 그 정도는 바라지도 않습니다. 우리와 비슷한 시기에 근대문학을 받아들인 이웃나라의 루쉰이나 나쓰메 소세키 정도만 있었더라도, 한국문학 연구자도 좀 더 그럴싸하게 자신의 존재이유를 발견할 수 있었을 것입니다. 국민작가의 부재, 그것은 해당국가의 근대문학에 있어 치명적인 약점으로 작용하는데, 왜냐하면 기준의 부재는 그 나라 작가들이 외부의 영향하에서 탄생한 사생아적인 존재라는 의심으로부터 자유롭게 해주지 못하기 때문입니다.

그렇다면, 국민작가는 도대체 어떻게 탄생하는 것일까요? 이 물음은 사실 "근대문학은 어떻게 탄생하는가?" 하

---

[1] 그런 의미에서 국민작가의 작품은 필연적으로 세계문학에 속하기에 역으로 '세계문학의 반열에 오르지 않은 국민작가'란 언어모순에 해당한다 하겠습니다.

는 질문과 다르지 않습니다. 이 물음에 답하기 위해 지금부터 한 예를 살펴보기로 하겠습니다. 약 2년 전 저는 〈아사히신문朝日新聞〉을 읽다 흥미로운 기사를 하나 발견했습니다(2008년 5월 24일자 석간). 내용인즉슨 나쓰메 소세키가 만주여행을 할 때 행했던 강연문이 발견되었다는 것입니다. 「사물의 관계와 세 가지 형태의 인간」이라는 제목으로 행해진 이 강연은 만주일일신문사의 주최로 다롄大連에서 행해졌습니다. 이 강연을 했다는 사실 자체는 그의 만주여행기인 「만한滿韓 이곳저곳」에 기록되어있기 때문에 잘 알려져 있었지만, 구체적인 강연 내용은 알 수가 없었기 때문에 그동안 '환幻의 강연'으로 간주되어 왔습니다. 그런데 한 신문기자가 다른 것을 조사하는 과정에서 그것을 우연히 발견한 것입니다.

소세키는 1909년 9월 일고一高(도쿄제국대학 전신) 동창이자 제2대 만철(남만주철도주식회사) 총재였던 나카무라 요시코토中村是公(1867~1927, '나카무라 제코'로도 불림)의 초대로 만주를 방문하게 됩니다. 9월 2일 도쿄를 출발한 그는 다음날 아침 오사카상선商船을 타고 만주로 향합니다. 그리고 만철 본사가 있는 다롄을 시작으로 뤼순旅順, 펑톈奉天, 푸순撫順, 하얼빈, 창춘長春 등을 돌아본 후, 조선으로 들어와 평양, 경성, 인천 등을 방문합니다. 그리고 10월 14일 부산을 출발하여 시모노세키에 도착함으로써 42일간의 여행을 끝맺게 됩니다.

그는 이때의 경험을 이후 〈아사히신문〉에 「만한 이곳저곳」이라는 제목으로 연재를 하는데, 뜻밖에도 푸순 부분에서

제2장 국민작가의 기원

붓을 놓고 맙니다. 따라서 제목은 '만한滿韓'이지만 정작 조선에서의 경험은 전혀 기술되지 않은 채로 끝나고 맙니다. 우리로서는 그저 아쉬울 따름입니다. 만약 계획대로 썼다면 일본의 국민작가가 당시 조선을 어떻게 바라보았는지를 알 수 있는 좋은 참고자료가 되었을 테니까요.

그렇다면 그는 왜 도중에 연재를 그만두었을까요? 이 의문에 대한 답을 찾기 위해 읽어보니, 그 중단이유라는 것이 너무나도 단순합니다.

> 여기까지 신문에 써오다 보니 섣달 그믐날이 되었다. 이 년이나 이어가는 것도 이상하기 때문에 일단 그만두기로 했다.[2]

연재를 하다 보니 우연히 12월 31일이어서 그만 두겠다는 것입니다. 제목만 보고 무언가를 잔뜩 기대한 우리로서는 어이없다 못해 괘씸하다는 생각까지 듭니다. '해年의 바꿈'을 핑계로 대고 있기 때문에 정색을 하고 뭐라고 하기는 힘들지만, 이는 적어도 그가 조선에 대해 무언가 쓰고 싶다는 충동이 없었다는 것을 의미합니다. 뒤집어 말하면, 그것은 적어도 만주에 대해서만큼은 무언가를 쓰고 싶은 충동에 사로잡혔다는 뜻이기도 합니다. 물론 「만한 이곳저곳」은 여행에서 돌아온 후에 쓴 것이기 때문에 만주에 대해

---

2 夏目漱石, 「満韓ところどころ」, 『漱石全集』(第16卷), 岩波書店, 1956, 227頁 (소세키, 「만한 이곳저곳」, 노재명 옮김, 『몽십야: 나쓰메 소세키 소설전집』, 하늘연못, 2004, 760쪽).

이야기할 때 한국에서의 경험이 조금씩 묻어나 있기는 합니다.[3]

그건 그렇다고 치고 이제 소세키가 만주에서 무엇을 보고, 또 무엇을 느꼈는지를 살펴보도록 하겠습니다. 왜냐하면 그것은 역으로 그가 조선에 왜 관심이 없었는지를 유추할 수 있게 하기 때문입니다. 그러므로 이 여행기를 주의 깊게 읽을 필요가 있습니다. 그러면 우리는 「만한 이곳저곳」이 두 가지 감상에 크게 지배당하고 있음을 알 수 있습니다. 하나는 만주라는 공간에 대한 경이감입니다. 당시 만주는 대대적인 도시정비가 이루어지고 산업기반시설이 들어서고 있는 중이었는데, 그것들은 하나같이 최첨단의 것으로서 영국유학파인 소세키조차 본 적이 없는 것이었습니다. 예컨대 그는 곧 개장될 전기유원지[4]와 최신 전차, 호텔, 공원, 조선소, 전기공장에 연거푸 감탄을 하며 벌어진 입을 좀체 다물지 못합니다. 소세키의 표현을 빌리자면, 이곳에서는 본토에서 온 그와 같은 사람들이 촌뜨기 취급을 받는 것도 무리는 아니었습니다. 특히 전기공장을 견학한 그는 그곳에서 숭고한 감정까지 느끼게 됩니다.

---

[3] 이때 소세키가 경험한 조선의 흔적을 좀 더 찾자면, 그가 남긴 〈일기〉와 담화(談話) 등을 뒤적일 수 있을 것입니다. 하지만 분량도 매우 적을 뿐더러 특별한 내용도 없습니다(한 담화에 대해서는 뒤에서 다시 언급하겠습니다). 쉽게 말해, 그는 애당초 조선에 거의 관심이 없었습니다.

[4] 소세키의 소설 『피안 지날 때까지』(1912)에는 주인공 게이타로와 같은 하숙집에 살다 몰래 만주로 도망치는 모리모토라는 인물이 등장하는데, 이후 그는 다롄 전기유원지 오락장치 담당자가 됩니다.

제2장 국민작가의 기원

　이번에는 어디냐고 마타노股野에게 물어보니 이번에는 전기공장으로 가자고 했다. 데쓰레이鐵零호를 타고 다롄항에 들어왔을 때 제일 먼저 내 눈에 높고 붉게 딱 곧게 비친 것이 이 공장의 굴뚝이었다. 배에 타고 있던 누군가가 동양 최고의 굴뚝이라고 말했다. 동양 제일의 굴뚝을 갖고 있는 덕분에 안으로 들어가니 과연 어마어마했다. 그 일부분은 천장을 뚫어서 푸른 하늘靑空이 보이도록 하고, 사방四方의 벽을 높게 쌓아올렸다. 처마의 높이를 올릴 필요가 있었기 때문이겠지만 푸른 하늘이 벽돌 위로 멀리 보일 뿐만 아니라 (…). (…) 공업세계에도 문학자의 머리 이상으로 숭고한 것이 있구나 감동하고 바로 그 용마루를 뛰쳐나왔다.[5]

　소세키는 이 만주여행에서 몇몇 지인[6]을 포함하여 수많은 일본인들과 만나게 됩니다. 물론 그들 모두는 어떤 방식으로든 만철과 연결이 된 사람들이었습니다. 즉 만철의 의뢰로 축산업, 광산업 현황을 조사하는 연구자들도 있었습니다. 만주는 일본인들에 의해 평원에서 거대한 도시 내지 산업단지로 변모해가는 매우 활기찬 공간이었습니다. 따라서 이런 분위기에 압도된 소세키가 여행 중 아직 아무

---

5 夏目漱石, 「満韓ところどころ」, 155-156頁, 강조는 인용자(소세키, 「만한 이곳저곳」, 681쪽).
6 예를 들어, 학창시절 함께 자취한 적이 있는 하시모토 사고로橋本左五郎는 축산업 현황조사를 하고 있었고, 친구 사토 도모구마佐藤友熊는 뤼순에서 경시총장을 하고 있었습니다.

것도 들어서지 않는 땅을 보고 다음과 같이 말하는 것도 무리는 아니었습니다. "왜 이런 땅地面을 헛되게 비워두는 것일까."[7]

또 다른 감정은 중국인 · 조선인에 대한 경멸감입니다. 즉 눈부신 만주의 발전상과 대비되어 더럽고 난폭한 중국인 · 조선인의 모습이 곳곳에서 등장합니다.

하안河岸 위에는 사람들이 많이 늘어서 있다. 그렇지만 그 대부분은 지나支那의 쿨리로서 한 사람만 봐도 꾀죄죄하지만, 두 사람이 모이면 더욱 꼴사납다. / 지나의 집에서 나는 고유한 냄새가 갑자기 코로 느껴져 한두 발자국 길가 쪽으로 나가 우두커니 서있었다. / 너무나도 지저분한 국민이다.[8]

인력거는 일본인이 발명한 것인데 끄는 사람이 중국인이나 조선인이라면 결코 방심해서는 안 된다. 그들은 어차피 다른 사람이 만든 것이라는 생각에 인력거에 전혀 존경심을 가지지 않고 끈다. 하이청海州이라는 곳에서 고려의 고적古蹟을 보러갔을 때 엉덩이가 방석에 붙어 있을 틈도 없을 정도로 흔들렸다. (…) 나중에는 **조선인의 머리를 한 대 후려갈겨 주고 싶을 정도로 가혹한 취급을 당했다. (…) 무작정 달리기만 하면 능사라고 생각한**

---

[7] 夏目漱石, 「満韓ところどころ」, 221頁 (소세키, 「만한 이곳저곳」, 755쪽).

[8] 夏目漱石, 「満韓ところどころ」, 133·217·218頁 (소세키, 「만한 이곳저곳」, 위의 책, 655/749/751쪽).

제2장 국민작가의 기원

다는 점에서 조선식이다.[9]

즉 그에게 있어 만주는 일본인에 의해 만들어지고 있던 새롭고 밝은 첨단적 세계(숭고의 세계)와 더럽고 난폭한 중국인과 조선인의 세계(추의 세계)가 공존하는 공간이었습니다.[10] 여기서 저는 섣불리 소세키의 식민주의를 비판할 생각이 없습니다. 비록 그런 작업이 나름대로 의미가 있고 또 연구자들에게 인기가 있을지는 모르지만 말입니다. 대신에 저는 앞에서 가졌던 의문을 질문의 형태로 재차 던지고 싶습니다. "왜 소세키는 조선에 관심을 가지지 않았던 것일까?" 단순히 만주가 조선보다 첨단의 모습을 가지고 있었기 때문일까요? 결과적으로는 그렇게 보일 수 있습니다. 우리에게는 만주나 조선이나 일본의 식민지였다는

---

9 夏目漱石, 「満韓ところどころ」, 216頁(소세키, 「만한 이곳저곳」, 749쪽), 강조는 인용자.

10 이와 관련하여 소세키는 그 자신이 높이 평가한 나가쓰카 다카시長塚節에 의해 도리어 비판을 받았는데, 이에 대한 소세키의 반응은 뜻밖에도 수세적입니다. "(…) 북쪽에 사는 S라는 사람이 나에게 일부러 편지를 보내 나가쓰카 씨가 여행할 때 찾아와서 면회했을 때의 이야기를 알려준 적이 있다. S의 앞에서 나가쓰카 씨가 〈아사히신문〉에 연재했던 「만한 이곳저곳」이라는 내 글을 일독하고선 소세키라는 인간은 사람을 바보로 만들고 있다고 크게 분개했다는 것이다. 또 나가쓰카 씨는 소세키만이 아니라 〈아사히신문〉의 기자들도 기사를 쓰는 태도가 모두 사람을 바보 취급하고 있다고 매도했다고 한다. 정말이지 진지하고 원숙한, 거의 엄숙하다는 표현을 가지고 형용해야 될 『흙』을 쓴 작가 나가쓰카 씨로서는 지극히 당연한 반응이라고 생각한다. 「만한 이곳저곳」 따위가 씨의 기분을 상하게 한 것은 자못 있을 수 있는 일이라고 생각한다. 하지만 씨로부터 경박하다는 의심을 받은 나라고 해도 『흙』을 읽을 수 있는 눈은 가지고 있다."(소세키, 「『흙』에 대해서」, 황지헌 옮김, 『나쓰메 소세키 문학예술론』, 소명출판, 2004, 336쪽)

점에서 별반 다를 바 없어 보이지만, 적어도 일본인에게는 만주와 조선이 전혀 다른 의미를 가지고 있었습니다.

간단히 설명하자면, 일본은 만주를 얻기 위해 엄청난 희생을 감수해야 했던 데 반해, 조선은 너무 쉽게 일본의 식민지가 되었습니다. 물론 저항은 분명 있었습니다. 하지만 사태를 되돌리기에는 너무나 역부족이었고 일본의 입장에서 그리 위협적이지도 않았습니다. 즉 한일합방은 일국 대 일국 간의 전쟁 같은 것조차 없이 이루어졌습니다. 그래서인지 당시 일본인의 의식에서 조선이 차지하고 있는 부분은 매우 적었습니다.

이는 일본의 근대문학을 일별해 봐도 쉽게 알 수 있습니다. 35년이나 식민지로 삼고 있었으면서도 조선을 다룬 작품은 매우 소수입니다. 한국의 문학연구자들은 일본작가들의 이런 무관심을 식민주의적 무의식과 연관지어 이해하는데, 그런 해석에 이의를 제기할 생각은 없습니다. 하지만 그런 자동반사적 해석이 가진 폐해(다른 사고를 원천차단하는 것)는 지적할 필요는 있다고 생각합니다.

솔직히 모든 것이 그런 식으로 정리가 가능하다면 얼마나 좋겠습니까? 하지만 언제나 그렇듯이 현실은 그렇게 간단히 갈무리되지 않습니다. 예컨대 안중근의 저격은 분명 통쾌한 일이지만, 그것이 일본인의 무의식에 큰 흔적을 남겼다고 보기 힘듭니다. 즉 안중근에 대한 우리의 지대한 관심과 집착은 어떻게 보면 조선의 저항이 그리 강하지 못했음을 반증하는 것인지도 모릅니다. 그리고 인정하기 싫겠지만 이토 히로부미는 당시 영향력 있는 일본의 정치가 중에서 한일합방에 가장 회의적인 인물이었습니다. 즉 일본의 문맥에서 보면 합방으로 인해 생길 문제들에 더 신경을 쓰는 현실주의적인 정치가의 대표자였습니다.

한국의 역사가들은 설사 그가 정한론征韓論에 반대하고 한일합방에 소극적이었다고 할지라도 '결국' 아시아 침략에 큰 역할을 했기 때문에 다른 제국주의적 내셔널리스트들과 오십보백보라고 주장합니다. 옳은 이야기입니다. 하지만 역사적 평가에서 중요한 것은 그 오십보백보에 존재하는 차이가 아닐까요? 이런 차이를 무시하면, 이토 히로부미는 조선침략의 원흉이고 안중근은 그런 원수를 죽인 영웅이라는 선악이원론에서 영원히 벗어나지 못할 것입니다. 하지만 진실은 역사적 · 국가적 상식보다 항상 복잡합니다.

다소 옆길로 샌 것 같은데 다시 본론으로 돌아가면, 소세키의 만주여행기에서 우리가 절대 놓치지 말아야 부분이 있습니다. 그것은 바로 뤼순과 펑톈 방문입니다. 사실 이 두 곳은 앞서 언급한 다롄과 달리 만주의 경제적 발전상을 볼 수 있는 곳이 아니었습니다. 그렇다면 그는 왜 그곳을 방문했던 것일까요? 우리는 여기서 뤼순 방문만을 살펴보려고 하는데, 일단 그것은 뤼순에 도착하자마자 소세키가 발견한 것과 깊은 관련이 있습니다.

> 뤼순에 도착했을 때 기차 창문으로 머리를 내미니 바로 코앞의 산 위에 원주처럼 높은 탑이 보였다. 탑이 너무나 높았기 때문에 구차하게 어깨부터 앞쪽으로 내밀

어 위를 올려다보지 않으면 정점까지 볼 수가 없었다.

마차가 신시가지를 통과하여 다시 그 탑 바로 아래에 도착했을 때, 이것이 하쿠교쿠산白玉山이고, 이 위의 높은 탑이 표충탑表忠塔이라고 설명해 주었다.[11]

이미 눈치를 채신 분들도 있겠지만, 뤼순은 일본이 만주 철도와 그 부속지(이곳을 지키는 수비대가 이후 관동군으로 발전합니다)를 획득할 수 있도록 만든 러일전쟁의 대격전지 중 한 곳이었습니다. 뤼순에 도착한 소세키는 친구이자 뤼순 경시총장인 사토 도모구마의 안내로 전리품진열소로 가 당시 전쟁에 참여했던 한 장교(A중위)로부터 자세한 설명을 듣습니다. 그리고 뤼순공방전의 가장 치열한 전장이었던 203고지는 물론 포대가 있었던 곳, 그리고 당시 뤼순지구 러시아 장군들이 머물렀던 주택지역까지 비교적 자세히 둘러봅니다. 하지만 다른 곳을 방문했을 때와 달리 별다른 감상을 덧붙이지 않습니다. 그저 언덕을 오르내려야 했던 포대순례가 쉬운 일이 아니라는 푸념만 하고 있을 뿐입니다.

우리는 학교에서 청일전쟁과 러일전쟁에 대해 배웠습니다. 하지만 그로 인해 재편되는 조선을 둘러싼 국제관계에만 초점을 두기 때문에 정작 두 전쟁이 얼마나 중요한 전쟁이었는지 잘 인식하지 못하는 경향이 있습니다. 따라서 많은 경우 피해자로서의 조선을 부각하는 것으로 그칩니

---

11 夏目漱石, 「満韓ところどころ」, 170頁(소세키, 「만한 이곳저곳」, 697쪽).

다. 이런 '일국적 역사관'은 확실히 내부적으로는 유용할지 모릅니다. 하지만 나무만 보고 숲을 보지 못한다는 점에서 인식의 편협함에 빠질 위험이 있습니다.

따라서 시야를 조금 넓힐 필요가 있습니다. 그러면 우리는 청일전쟁과 러일전쟁이 세계사적으로 얼마나 중요한 사건이었는지를 새삼 깨닫게 될 것입니다. 전자가 당시 청나라의 내실을 여실히 폭로하여 제국주의적 침략을 한층 확대시킨 전쟁이었다면, 후자는 동서양이 충돌하여 새로운 국제질서를 만들어낸 대전쟁, 사실상 제1차 세계대전의 전초전이었다는 사실을 알게 될 것입니다.

4 기개와 유쾌 - 일본근대문학의 기원

앞서 저는 소세키의 '환幻의 강연문' 「사물의 관계와 세 가지 형태의 인간」에 대해 잠깐 언급했습니다. 그러나 말이 '환의 강연문'이지 막상 내용을 들여다보면, 「만한 이곳 저곳」에 대한 보충 정도에 불과하다는 것을 알 수 있습니다. 하지만 기왕 말이 나온 김에 강연내용을 잠깐 살펴보기로 하겠습니다. 먼저 제목에서 알 수 있는 것처럼 소세키는 사물과 인간의 관계를 통해 크게 세 부류로 인간을 나눕니다. 첫째는 사물과 사물의 관계를 명확히 하는 사람, 둘째는 사물과 사물의 관계를 변화시키는 사람, 그리고 셋째는 사물과 사물의 관계를 음미하는 사람입니다. 얼핏 보면 무언가 철학적인 구분을 하고 있는 것 같지만 실은 전혀 그렇지 않습니다.

예컨대 그는 첫째 부류를 대표하는 사람으로 학자들(넓은 의미의 과학자)을 들고, 둘째 부류를 대표하는 사람들로 기술자와 군인을, 그리고 세 번째 부류의 사람들로 자신과 같은 사람들을 듭니다. 그리고 이 세 부류의 사람들이 잘 조화를 이루어야 좋은 사회라고 말합니다. 그런데 이런 분류의 목적이 단순히 '일반사회 속의 인간'을 세 부류로

제2장 국민작가의 기원

나누어 이해하기 위함은 아니었습니다. 그보다는 만주에도 이런 세 부류의 인간이 모두 존재한다는 것에 대한 감탄이었습니다. 만철은 '만주를 개척하는 사람들', 즉 만철주식회사 직원들(둘째 부류의 사람들)만이 아니라 낙농업, 광업, 역사를 '연구'하는 학자들(첫째 부류의 사람들)은 물론, 자신과 같은 문학가까지 불러주었습니다.

이는 만철이 단순히 장사(상업)에만 신경을 쓰지 않고 학자들의 연구도 지원함으로써 자칫 단조로울 수 있는 만주라는 장소를 다채로운 장소로 만들고 있는 것에 대한 일종의 칭찬 같은 것이었습니다.

> 나는 여러분이 어떤 식으로 하고 있는지를 보러 온 것에 지나지 않습니다. 그건 그렇고 만주의 주된 사업이라고 하면 만철입니다. 그리고 그 사업은 콩의 운반, 푸순撫順탄의 채굴, 항만건설 등 매우 다방면입니다. 게다가 그에 부속된 여러 종류의 작업이 있어서 그야말로 다망합니다. 그러는 가운데 시라토리白鳥, 하시모토 박사와 같은 석탄이나 대두 또는 부두산업과 관계가 없는 사람들을 받아들여 충분히 사물의 관계를 명확히 하도록 만들고, 만철 자신의 장사와 무관한 부류에게도 이익이 되는 사람들을 불러 만주의 생활을 좀 더 다각형으로 만들었다는 점은 칭송을 받기에 충분합니다.[1]

---

1 夏目漱石, 「物の関係と三様の人間」(1909), 『論座』, 2008年 9月号, 192頁.

만철 직원들 앞에서 행해진 이 강연의 분위기는 매우 밝고 긍정적입니다. 여행 중 시종 위통에 대해 투덜대고, 전쟁터를 둘러볼 때는 말을 아끼고, 중국인과 조선인에 대해서는 거침없는 혐오감을 드러냈던 「만한 이곳저곳」과 비교하면 더욱 그렇습니다. 이는 아마 여행기가 경험을 반추하여 쓴 글인 데 반해(그러므로 서로 다른 감정이 복합적으로 존재합니다), 강연은 아무래도 성격상 당시의 감정만이 충실히 반영되었기 때문일 것입니다. 어쨌든 소세키의 이 강연에는 당시 일본을 지배하고 있던 '어떤 명랑하고 기운찬 분위기'가 매우 높은 순도로 표현되어 있다고 해도 틀린 말은 아닐 것입니다.

사실 메이지유신 이후 일본은 오랫동안 혼란의 시기를 겪어왔습니다. 세이난西南전쟁을 통해 일단 내란의 불씨는 껐지만, 불평등조약 개정 등 산적한 숙제들로 인해 메이지 정부는 여전히 위태위태한 상황에 있었습니다. 하지만 이런 상황에서도 헌법이 발포되고 형식적으로나마 의회가 성립되었고, 이후 두 번에 걸친 전쟁을 통해 일본은 근대국가로 확실히 발돋움하게 됩니다. 여기서 우리가 주목할 점은 청일전쟁과 러일전쟁이 적극적인 침략이었다기보다는 어떻게 보면 방어형태의 전쟁이었다는 사실입니다.

실제 당시 일본인들은 대국인 청나라나 러시아와 전쟁을 한다는 것에 엄청난 두려움을 느꼈습니다. 러일전쟁의 경우, 이토 히로부미와 같은 현실주의 정치가들은 어떻게든 전쟁을 피하기 위해 러시아와 유럽을 누비고 다녔습니다. 여기서 저는 전쟁이 어떻게 발발했는지, 또 그 원인은

제2장 국민작가의 기원

무엇이었는지는 다루지 않겠습니다. 이를 둘러싼 다양한 견해를 정리하는 데 들 시간도 문제지만, 그보다는 우리의 논의에서 많이 벗어나는 것이기 때문입니다. 따라서 그 결과만을 살펴보겠습니다.

앞서 우리는 소세키의 만주여행에 존재하는 기운참, 명랑함, 밝음에 대해 이야기했습니다. 그런데 그것은 도대체 어디에서 온 것일까요? 이와 관련해서는 앞서 암시한 내용 이외에도 여러 가지 설명이 가능할 것입니다. 하지만 어떤 식으로 이야기하든 분명한 사실 하나는 러일전쟁 이전에는 그런 분위기가 존재하지 않았다는 점입니다. 이는 개발로 분주한 만주라는 장소가 소세키에게 어떤 밝은 감정을 준 게 아니라, 역으로 밝은 감정이 만주의 활기참을 가능하게 했다는 말이기도 합니다. 이는 단순히 수사적 역전이 아닙니다. 이와 관련해서는 소세키가 러일전쟁이 끝날 무렵에 발표한 「전후 문학계의 추세」(1905)를 보면 쉽게 알 수 있습니다.

이 글에서 소세키는 전쟁을 크게 두 종류로 나눕니다. 하나는 '전쟁의 전쟁'이고 다른 하나는 '평화의 전쟁'입니다. 전자가 일반적으로 이야기하는 물리적인 힘이 충돌하는 전쟁이라면, 후자는 일본이 문호를 연 뒤 예의, 음식, 풍속은 물론이고 예술과 학문의 세계에까지 침투한 서양문화와의 전쟁을 의미합니다. 서구문화의 영향으로 서양 것이라면 무엇이든 좋다는 풍조가 일본에 형성되자, 그에 대한 반발로 자국문화가 좋다는 국수주의가 생겨나 서로 치열하게 싸웠던 것입니다.

이와 관련하여 소세키는 일단 후자에 대해 부정적인 입장을 취합니다. 일본의 서구화나 근대화는 거스를 수 없는 '시대의 추세'이기 때문에 이를 부정하는 것은 시대착오적인 행위에 지나지 않는다고 생각했습니다. 하지만 그는 설사 시대가 그러하다고 해도 모든 사태를 서양을 기준으로 삼아 판단하는 것도 문제가 있다고 덧붙입니다. 그런 것은 결국 자신의 것이 아니기 때문입니다. 따라서 이런 상황에서는 결코 위대한 문학작품이 나올 수 없다고 말합니다. 왜냐하면 흉내내기에서 벗어나기 힘들기 때문입니다.[2]

그리고 이런 답답한 상황에서 이야기되는 일본혼大和魂이나 무사도는 서구문화에 대한 자국문화의 자신감에서 나온 것이라기보다는 그와 같은 '정신의 소모를 근심하는 공포'에서 나온 것에 지나지 않는다며 지극히 냉정한 평가를 내립니다. 정말이지 어떻게 해야 좋을지를 알 수 없는 난감한 상태라 하겠습니다.

그런데 여기서 이번 전쟁이 시작되어 대단한 성공을 거두었는데, 상대는 구주歐洲에서 제일 완고하고 강하다는 이름에 걸맞은 러시아다. 그런 러시아를 상대로 연전연승을 한다는 사실―이러한 연전연승의 의미는 배를 침몰시키고 적을 물리친다는 물질적인 의미이지만, 그 반향은 정신계에도 대단한 원기를 부여하기 때문에 (…) 당국의 승산勝算은 우리가 미루어 짐작할 부

---

[2] 그는 이런 관점에서 도쿠가와德川시대의 한문학도 중국을 모범으로 삼았기 때문에 당대의 문학과 크게 다르지 않다고 말합니다.

제2장 국민작가의 기원

분은 아니지만, 우리는 처음부터 사력을 다해 사느냐 죽느냐 하는 정신이었는데, **이렇게 이기고 보니 국민의 진가**眞價**가 실제로 드러난 느낌이다.** (…) **저쪽이 사람이라면 이쪽도 사람이라는 기분이 든다.** (…) **이런 자신과 자각을 확장시켜 나아가면 그 반향은 모든 방면으로 파급된다.**

이렇게 되면, 문학의 방면에도 물론 그러한 반향이 온다. (…) 오늘날부터 자신자각自信自覺의 위치에 선 국민인 우리는, 국민으로서 전 세계 어디서든 통용된다. 우리나라가 과거에는 문학으로 큰 성공을 거두지는 못했지만, 이제부터는 성공한다. 이제부터는 대걸작이 제작된다. (…) 서양의 것과 비교될 수 있는 것, 아니 그것 이상의 것을 낳아야 한다. 낳는 것도 가능하다는 **기개**氣概**가 생긴다.**[3]

소세키는 여기서 러일전쟁이 가진 의미를 단순히 물리적으로 상대방을 제압한 것에서 찾기보다, 그로 인해 일본인에게 일어난 어떤 정신적인 변화에서 찾습니다. 그렇다면 그가 말하는 '정신에서의 큰 변화'는 구체적으로 무엇을 말하는 것일까요? 그는 그것을 한마디로 '기개의 발생'이라고 말하고 있습니다. 어떤 분들은 여기서 주인과 노예의 변증법(인정투쟁)을 떠올리실 분이 계실지도 모르는데, 매우

---

[3] 夏目漱石, 「戰後文界の趨勢」, 『漱石全集』(第34卷), 岩波書店, 1957, 31-32頁(소세키, 「전후 문학계의 추세」, 황지헌 옮김, 『문명론』, 소명출판, 2004, 272-274쪽), 강조는 인용자.

4 기개와 유쾌 - 일본근대문학의 기원

자연스러운 것입니다. 실제 20세기 후반 헤겔(그리고 코제 브)의 제자를 자처한 일본계 미국인 프란시스 후쿠야마도 비슷한 말을 하고 있기 때문입니다.

　문제작 『역사의 종언』에서 후쿠야마는 헤겔이 말한 '인 정받고자 하는 욕망'을 '기개'라는 단어로 바꿔 부릅니다. 여기서 '기개'란 그리스어 'thymos(θῦμός)'를 번역한 것으 로, 이 단어에는 '기개'라는 뜻 외에도 '격정', '분노'라는 뜻 도 있습니다. 플라톤의 『국가』에 등장하는 혼의 3분설에

　몇 년 뒤 소세키는 이 '기개'를 만주여행에서 구체적으로 확인하는 기 회를 갖게 됩니다. 만한여행에서 돌아온 지 얼마 되지 않은 10월 18 일, 그는 〈도쿄아사히신문〉에 게재된 한 담화에서 다음과 같이 말하 고 있습니다.

　　이번 여행에서 감탄한 것은 진취적 기상으로 넘치는 일본인들 이 가난하지만 분에 맞게 발전해 가고 있다는 사실과 경영자들의 기 개氣槪였습니다. 만한을 여행해 보니 정말이지 일본인은 믿음 직한 국민이라는 생각이 들었습니다. 그래서 어디를 가나 자 랑스럽고 기분이 좋았습니다. 이와 달리 지나인이나 조선인을 보 면 매우 딱했습니다. 운 좋게도 일본인으로 태어나서 행복하다고 생 각했습니다(夏目漱石, 「満韓の文明」, 『漱石全集』(第25卷), 岩 波書店, 1996, 31-32頁. 강조는 인용자).

　참고로 이 담화는 세 가지 판본이 존재합니다. (1) 〈도쿄아사히신 문〉판, (2) 〈오사카아사히신문〉판, 그리고 소위 (3) 〈초고〉인데, 〈오 사카아사히신문〉판과 〈초고〉는 매우 유사하나, 방금 우리가 살펴본 〈도쿄아사히신문〉판은 이것들과 약간 다릅니다. 기존 『소세키전집』 에는 전자(〈오사카아사히신문〉판 또는 〈초고〉)만 수록되어 있었지 만, 최신판 『전집』은 〈도쿄아사히신문〉판을 앞으로 내세우고 〈초고〉 를 이본으로 덧붙이는 형태를 취하고 있습니다. 참고로 〈오사카아사 히신문〉판의 제목은 「만한의 문명」이 아니라 「만한시찰滿韓視察」이 었습니다.

제2장 국민작가의 기원

따르면, 그것은 이성이나 욕망과는 또 다른 제3의 혼(감정)으로, 폭정에 대한 저항이나 타인에 대한 관용과 같은 공적 감정의 기본원리입니다.[4]

그리고 그것은 보통 소박하게는 자존심이나 자부심의 형태로 나타나지만, 고차원적으로는 공공의 선을 가능하게 하는 정의감의 형태로 나타나기도 합니다. 물론 소크라테스는 그것이 가지는 부정적인 측면을 지적하고 있기는 합니다. 그에 따르면 기개는 정치공동체를 형성시키는 데 큰 역할을 하기도 하지만, 역으로 그것을 파괴하기도 합니다.

후쿠야마는 기개의 이런 양면성을 우월욕망과 대등욕망으로 구분을 하는데, 그 내용은 다음과 같습니다.

더욱 중요한 것은 모든 인간이 자신을 타인과 대등하게 평가할 것이라는 분명한 근거는 어디에도 없다는 점이다. 오히려 사람들은 자신이 타인보다 우월하다고 생각하려는 경향이 있으며, 그것은 진정으로 정신적 가치에 기본을 둔 경우도 있지만, 대부분은 우쭐해진 자기평가에서 나온다. 이처럼 자신의 우월성을 인식시키려는 욕망을 나는 고대그리스어에서 어원을 빌려 우월욕망(megalothymia)이라고 새롭게 명명하고 싶다.

(…)

한편 대등욕망(isothymia)은 그 반대말로 타인과 대등하게 인정받고 싶다는 욕망을 의미한다. '우월욕망'

---

4 플라톤, 『국가』, 박종현 옮김, 서광사, 1997, 301쪽 역주도 참조.

과 '대등욕망'은 인정욕망의 두 가지 표현이며, 근대역
사의 이행도 이 양자와의 연관에서 이해가능하다.[5]

그는 인류로 하여금 독재정치를 하도록 만들거나 제국
주의로 이끈 것의 근원에는 '우월욕망'이 있다고 주장하면
서 애써 '대등욕망'과 구분하는데, 하지만 이런 구분은 어
디까지나 이론적인 것에 지나지 않습니다. 즉 한 나라의 내
셔널리즘과 그것이 낳은 제국주의는 전혀 별개의 것이 아
닙니다. 소세키가 말하는 '기개'가 우월욕망인지 대등욕망
인지 정확히 지적할 수 없는 것도 그 때문입니다. 일본은 러
시아와의 전쟁에서 승리함으로써 러시아와 대등한 위치에
섰을 뿐만 아니라, 도리어 자신들이 러시아보다 우월하다
는 자신감을 가지게 되었습니다. 그가 문학이 발달할 수 있
는 배경으로 제시한 '자유로운 느낌'이란 대등감이 아니라
그것을 넘어선 우월감에서 나왔다고 추측하는 것은 그리
어렵지 않습니다.

참고로 '자유로운 느낌'은 소세키만 가졌던 것은 아닙니
다. 예컨대 일본에 러시아문학을 소개함으로써 일본근대문
학의 탄생에 지대한 공헌을 한 후타바테이 시메이도 비슷
한 경험을 합니다. 그는 러일전쟁 이후 다롄을 방문하고
「입로기入露記」(1908)를 썼는데, 이 글에서 그는 당시 자신
의 심경을 '유쾌하다'고 쓰고 있습니다.

---

5 프란시스 후쿠야마, 『역사의 종말』, 이상훈 옮김, 한마음사, 1992,
278-279쪽.

제2장 국민작가의 기원

　5년 후인 올해 세 번째로 와서 보니 대부두大埠頭[큰 선착장]가 바다로 불쑥 튀어나와 있고 대하고루大廈高樓[고층건물]가 위풍당당하게 좌우에 늘어서 있는 것은 옛날 그대로지만, 길을 오가는 사람들은 모두 우리 동포였다. 점포 앞 간판도 모두 우리의 각진 일본의 글자였다. 나를 군사탐정軍事探偵으로 의심하여 수상하게 바라보는 자는 한 명도 없었다. 아무 거리낌 없이 큰 손짓을 하며 대로를 활보할 수 있었고, 이것이 너무나 기뻐서 어쩔줄 몰랐다. 대부두에서 시나노마치信濃町에 있는 랴오둥遼東호텔로 가는 도중 좌우로 보이는 건물을 가리키며 "저것은 이전에 병원이었다, 저기 보이는 것은 호텔이었다"면서 너무 기쁜 나머지 마차 위로 뛰어오를 듯 기뻐했기 때문에 동승한 펑텐奉天우편국장 이와사키岩崎군이 이상한 표정으로 내 얼굴을 흘깃 쳐다보았다.

　(…)

　나는 더할 나위 없이 유쾌했다. 흥에 겨워 마시지도 못하는 술까지 들이켰다…는 것은 거짓말이다, 지나치게 마셔서 힘들어졌기 때문에 무라이村井군을 재촉해 바깥으로 나갔다. 바깥은 흥청거렸다. 길가의 상점은 전등 불빛으로 휘황찬란했고 유카타 차림의 사람들은 무리를 지어 떠들썩하게 걸어 다니고 있었다. 하이칼라 트레머리와 나란히 걷는 일도 드물지 않았다. 그 사이를 지저분한 지나인 행상이 쉴 새 없이 어눌한 일본어로 "젠자이, 젠자이"하고 외치며 지나갔다. 차도에는 마차가 달리고 인력거가 달렸다. 마부나 인력거꾼은 모두 지나인이었는데, 물가 근처의 지나인 마을은 내지[内地]와 크게 다르지 않은 모습이다. **나는 너무 유쾌해서 어쩔 줄을 몰랐다.**[6]

널리 알려진 것처럼 시메이가 러시아어를 배우게 된 계기는 1875년에 체결된 가라후토·지시마 교환조약[樺太·千島交換条約](러시아에서는 '상트페테르부르크 조약'으로 부릅니다) 이후 일본에 형성된 대러시아 경계론과 관련이 있습니다. 당시 일본에는 머지않아 러시아와 대결할 시기가 올 것이라는 분위기가 팽배해 있었는데, 시메이는 그때를 대비해 러시아어를 배워두는 것이 필요하다고 생각했습니다. 즉 그의 러시아문학에 대한 관심, 그리고 일본근대문학의 첫걸음은 문학에 대한 열정이 아니라 애국주의(그리고 제국주의)에서 시작된 것입니다.

물론 시작이나 동기로 이후의 모든 것을 매도할 수는 없습니다. 러시아에 대한 경계심에서 시작한 러시아어 공부지만, 위대한 러시아문학과 만난 후, 아이러니컬하게도 적국 러시아의 이해자이자 러시아문학 번역가로 변신합니다. 그리고 그것이 일본근대문학의 밑거름이 됩니다. 소세키가 만주여행을 하기 1년 전에 그가 러시아로 들어간[入露] 동기도 러시아국민과 일본국민이 문학을 통해 서로를 이해함으로써 지난번과 같은 전쟁(러일전쟁)이 없도록 하기 위함이었습니다.

---

6 二葉亭四迷,「入露記」,『二葉亭四迷全集』(第5卷), 岩波書店, 1965, 124-125頁, 강조는 인용자.

제2장 국민작가의 기원

일로日露 모두 호전국이 아니라고 생각한다. 이전 전쟁도 러시아 인민들의 전쟁이 아니라 러시아 정부의 전쟁이었다. 양 국민 아니 세계 어느 국민도 전쟁을 좋아하지 않는다. 그러므로 앞으로 전쟁을 피하는 방법은 오직 하나다. 즉 정부가 싸우려고 하더라도 인민이 싸우지 않아서 어쩔 수 없다고 말하게 하는 것이다. 그러기 위해서는 양 국민의 의지가 소통되도록 만들어야 한다. 일본국민의 마음을 러시아인에게 알려야 한다. 무엇을 통해 그것을 해야 하는가 하고 묻는다면, 물론 문학이 제일 좋다. 이런 의미에서 나는 일본문예를 번역 소개하고 싶은 것이다.[7]

그가 생각하기에 러일전쟁은 러시아정부와 일본정부가 싸운 것이지 러시아국민과 일본국민이 싸운 것이 아니라고 선을 긋습니다. 그러므로 양 국민의 의지가 소통되기만 하면 전쟁을 막을 수 있다고 보았습니다. 하지만 문학가로서의 이런 낙천적인 입장은 다롄에 도착한 순간 완전히 사라집니다. 그는 그곳에서 느낀 자유로움에 도취된 나머지 "유쾌하다"는 말을 연호할 뿐, 그런 자유로움이 어디에서 왔는지 숙고하지 않습니다.

할 이야기가 더 있긴 하지만, 원래의 논의에서 자못 멀어진 것 같아 일단 본래의 논의로 돌아가겠습니다. 소세키의 입장이 흥미로운 것은 그가 일본문학의 미래를 단순히 '정

---

7 二葉亭四迷, 「送別会席上の答辞」(1908), 위의 책, 277頁.

신적 분위기'로만 논하고 있지 않다는 점입니다. 즉 전쟁이
끼친 경제적인 측면도 놓치지 않았는데, 그는 문학이란 본
래 한 국가의 경제적 발전(부의 팽창)과 밀접한 관련이 있
다고 보았습니다. 그의 말을 직접 들어보기로 하지요.

> 또 한 가지, 전후戰後의 경제적 변화로서 일본의 부가
> 이전보다 팽창하게 되면, 그에 따라서 모든 사치스러
> 운 직업이나 사업이 발달할 것이다. **물론 문학 같은 것
> 도 이 부분에 속하여 발달하는 것인데, 부의 힘은 이런
> 종류의 사업을 필요하게 만든다.** 예로부터 의식衣食이
> 부족하면 예절을 지키기 어려운 것처럼, 부의 힘에 충
> 분한 여유가 없으면 향상向上적인 정신계의 오락은 흥
> 하지 않는다. 여재餘財가 있고서야 비로소 이것들이 발
> 달발흥하는 것이다. **세상에 여력이 생기지 않는다면, 대
> 문학자가 있어도 써먹을 곳이 없으며, 여재가 있고서야
> 비로소 훌륭한 것도 만들어지고, 또 환영도 받게 되는 것
> 이다. 그래서 부의 힘이 팽창하면 할수록 이들에 대한 수
> 요도 많아지고, 이에 대한 명예나 보수도 많아지게 된다.
> 따라서 이들 사업도 발달하는 것이다.**[8]

여기서 우리의 관심을 끄는 것은 소세키가 문학을 경제
적 여유가 생겼을 때 비로소 가능한 오락으로 보고 있는
부분입니다. 몇 년 전 가라타니 고진이 '근대문학의 종언'을

---

[8] 夏目漱石,「戰後文界의 趨勢」, 33-34頁(나쓰메 소세키,「전후 문학계
의 추세」, 276쪽), 강조는 인용자.

제2장 국민작가의 기원

이야기하면서 앞으로의 문학은 오락에 지나지 않을 것이라고 선언하자 이를 열심히 반박한 한국의 평론가들을 떠올리면 묘한 느낌이 듭니다. 그러나 이에 대해서는 더 이상 이야기하지 않겠습니다.

우리가 여기서 문제 삼고 싶은 것은 소세키가 러일전쟁의 승리로 인해 앞으로 일본경제가 발전할 것이라고 예견한 점입니다. 물론 이 자체는 예견이라고 할 것도 없는 것입니다. 왜냐하면 당시 일반대중들도 그렇게 생각하고 있었으니까요. 일찍이 일본은 청일전쟁 때 받은 막대한 배상금을 철강산업에 투자하여 일본중공업의 밑거름으로 삼은 바가 있었습니다. 그리고 이렇게 육성된 산업은 이후 러일전쟁에서 승리하는 데 큰 도움을 주었습니다. 사정이 이러하니 미국의 중재로 이루어진 포츠머스강화조약에서 러시아로부터 단 한 푼의 배상금도 받지 못한다는 소식이 전해지자 사회적 분위기가 험악하게 변한 것도 무리는 아니었습니다.

조약의 내용에 크게 실망한 군중들은 히비야日比谷공원에 모여 조약거부 및 전쟁속개를 주장했을 뿐만 아니라 황거皇居로 진출하다가 경찰과 충돌하기에 이릅니다. 이런 살벌한 분위기는 곧 도쿄 전역은 물론 지방까지 전파되어 곳곳에서 폭동이 일어났습니다. 메이지정부는 결국 계엄령을 선포하기에 이릅니다. 이것이 소위 '히비야폭동'으로 불리는 것입니다. 도쿄에서만 수백 채의 건물과 주재소가 파괴되었고 경찰서만 아홉 곳이 불에 탔으며, 17명의 사망자와 1,000여 명의 부상자가 나왔다고 합니다.

하지만 일본은 러일전쟁의 결과로 배상금보다 더 중요한 것을 얻게 되는데, 소세키가 여행한 만주지역(정확히는 만주철도부설권과 그 부속지)이 그중 하나입니다. 여기에는 엄청난 매장량을 자랑하는 푸순탄광도 포함되어 있습니다. 따라서 구체적인 사정이야 어찌됐든 이를 기반으로 일본은 소세키의 예견대로 엄청난 경제적 발전을 이룹니다.

그리고 이런 부의 팽창은 '정신적 해방감' 이상으로 일본문학에 큰 영향을 끼치게 됩니다. 여기서 우리는 소세키가 지적하지 않은 한 가지만 더 지적하기로 하겠습니다. 러일전쟁은 일본문학에 정신적 자유와 경제적 풍요 외에 선물을 하나 더 주었습니다. 그것은 바로 미디어(언론매체)의 발달입니다. 여기서 우리는 소세키가 〈아사히신문〉의 전속작가였던 것을 상기할 필요가 있습니다. 실제로 초기작을 제외한 대부분의 작품이 〈아사히신문〉에 연재되었습니다.[9]

근대언론사를 살펴보면, 신문과 잡지와 같은 매체가 폭발적으로 성장하는 것은 전쟁 시기입니다. 수많은 기사가 생산되기 때문입니다. 따라서 근대적 의미의 '공공의 장場'이란 전쟁이 만든 것이라고 해도 과언은 아닙니다. 문제는 언론이 단순히 전쟁의 경과만을 전달하지 않았다는 점입니다. 전쟁에 소극적인 정부를 압박하여 여론을 개전으로 몰고 간 것도 바로 그들이었습니다.

지금도 그렇지만 독자를 자극할 만한 사건이 부재하면,

---

[9] 소세키는 〈아사히신문〉에 논설위원급 정직원으로 입사했는데, 당시 연봉은 제국대학 교수 연봉의 4배 정도였다고 한다.

제2장 국민작가의 기원

신문 등 미디어의 영향력도 자연스럽게 줄 수밖에 없습니다. 때문에 전쟁이 일어나자 미디어는 물을 만난 물고기처럼 움직였습니다. 당시 경제적인 이유로 신문기자를 겸하고 있던 일본의 작가들도 너나 할 것 없이 종군기자로 전쟁에 참여했습니다. 대표적인 작가로는 마사오카 시키正岡子規[10], 구니키다 돗포国木田独歩, 다야마 가타이田山花袋 등을 들 수 있습니다.

어쨌든 소세키는 러일전쟁의 승리가 일본문학에 있어 매우 중요한 기회라고 보았으며, 실제 그의 예견대로 되었다는 것은 우리의 〈세계문학전집〉만 봐도 쉽게 알 수 있습니다. 즉 한국에서 발간되는 세계문학전집에서 일본문학은 유럽의 문학들과 어깨를 나란히 하고 있습니다. 그리고 그런 주장을 한 소세키 자신은 일본의 국민작가가 되었습니다. 한 명의 국민작가가 탄생한다는 것, 그것은 생각보다 많은 전제조건을 필요로 한다는 것을 알 수 있습니다.

한국의 문학가나 출판인은 다른 것은 몰라도 출판강국, 독서강국으로서의 일본을 부러워합니다. 그래서 이 부분만큼은 일본처럼 되어야 한다고 말합니다. 그렇다면 어떻게 하면 한국도 일본처럼 될 수 있을까요? 문제는 여기서 발생합니다. 소세키를 통해 살펴본 것처럼 문학의 발달이나 독서의 생활화는 단순히 문화를 숭상함으로써 이루어지는 것이 아닙니다. 따라서 장정일처럼 우리의 독서교육을 영국처럼 바꾸어 창의산업(문화콘텐츠산업)을 발전시

---

[10] 물론 마사오카 시키는 전장에 도착하기도 전에 전쟁이 끝나버려 그냥 돌아올 수밖에 없었습니다.

키는 것이 반도체를 파는 것보다 백배 낫다는 주장은 정말 이지 순박한 입장이라 하지 않을 수 없습니다.

사실 영국유학을 한 소세키도 한때 장정일과 마찬가지로 영국의 문학과 그들의 독서문화를 부러워했습니다. 하지만 그는 문학을 발전시키고 인성교육을 강화하기 위해 독서문화를 발전시켜야 한다는 당위 같은 것은 내세우지 않았습니다. 대신에 문학, 그리고 그것을 소비하는 독서문화라는 것 자체가 전쟁과 그것이 가져온 경제적 풍요(물론 이때의 풍요는 식민지와 관련이 있습니다)에 의해 비로소 가능한 것이라는 판단을 냉정히 내리고 있습니다.

> 영국 등에서는 반드시 업무의 여가에 서적을 읽는다. 하층계층에 속하는 사람들도 그와 같은 습관이 형성되어 있다. 한편으로 **이것은 경제적 문제다.** 즉 부富의 힘이 남아돌지 않으면 안 되며, 다른 한편으로 업무의 여가는 이렇게 보내야 한다는 습관이 침투해 있지 않으면 불가능하다. (…)
>
> 영국의 엘리자베스 시대의 문학이 융성했던 원인 중 하나는 스페인의 무적함대를 격파함으로써 천지가 넓어지고 일반의 기풍이 환락歡樂을 즐기는 방면으로 나아가고, **세상에 자유로운 기운이 감돌았기 때문이다.** 왕성한 생기가 샘솟고 결코 궁욕窮辱[궁핍하고 수치스러움]의 모습이 없었다.[11]

---

11 夏目漱石, 「戦後文界の趨勢」, 34-35頁(소세키, 「전후 문학계의 추세」, 277-278쪽), 강조는 인용자.

제2장 국민작가의 기원

이렇게 보면 종종 이야기되는 '한국문학의 빈곤'이란 작가들의 능력부족 때문도, 책을 싫어하는 국민성 때문도, 잘못된 독서교육 때문도 아니라는 결론에 이르게 됩니다. 좋고 나쁘고의 문제를 떠나 한국근대문학이 발전하지 못한 이유를 굳이 찾자면, 그것은 '제국주의적 전쟁'을 경험하지 못한 것, 그리고 '식민지'를 가져보지 못한 것일 수 있습니다.

이는 근대문학에 세계문학이라는 마술모자를 씌워 보편적인 것으로 간주한 후, 한국문학에 소세키와 같은 국민작가가 없는 것을 한탄하고, "한국문학도 이제 유럽문학이나 일본문학처럼 되어야 한다"(즉 한국문학의 세계화)고 외치는 것은, '때늦은' 제국주의 전쟁이라도 치러야 한다는 이야기일 텐데, 이보다 더 바보 같은 주장이 어디 있을까요?

제3장 전후문학으로서의 근대문학

"나폴레옹이 콧물감기에 걸렸느냐 걸리지 않았느냐 하는 문제는 역사적으로 보면 한 수송병이 걸린 콧물감기 이상의 의미를 가지고 있지 않다. "

- 톨스토이 -

1 근대문학은 전후문학이다

흔히 근대문학(근대소설)은 시장, 즉 자본주의의 아들이라고 이야기합니다. 또는 '자본주의 시대의 서사시'(루카치)라고 이야기합니다. 단 자본주의의 산물이기는 하지만 자본주의에 대한 비판도 담고 있기에 가치가 있다고 주장합니다. 틀린 말은 아닐 것입니다. 하지만 이와 같은 입장에 무심코 동조할 때 근대문학을 당연한 것, 또는 보편적인 것으로 간주해서는 곤란합니다. 어떻게 보면 그것은 매우 부자연스러운 것이기 때문입니다.

가라타니 고진의 『일본근대문학의 기원』이 문제 삼은 것이 바로 이것입니다. 그는 근대문학에 등장하는 풍경, 내면, 고백, 병, 아동 등을 고찰하면서 거기에 숨어있는 전도를 폭로했습니다. 그렇다면 왜 그와 같은 전도가 일어난 것일까요? 이에 대해 그는 그 원흉으로 기독교를 지목합니다. 따라서 영향관계를 단순히 순서대로 나열한다면, 제1장에서 구니기타 돗포보다 우치무라 간조内村鑑三를 먼저 다루었어야 합니다.

사실 일본의 근대문학은 기독교 신앙에 대한 관심과 그로부터의 이탈에서 시작되었다고 해도 과언이 아닙니다.

제3장 전후문학으로서의 근대문학

이는 비단 일본근대문학 초기의 주요작가들이 한때 우치무라 간조의 제자였다는 사실과만 관련이 있는 것이 아닙니다. 가라타니에 따르면, 근대문학 내에 이미 그런 기독교적 의식이 내재되어 있기 때문에(겉보기에 그것을 부정하고 있다고 하더라도), 근대문학에 강하게 사로잡혔다는 것 자체가 이미 그런 과정을 소행적으로 수행한 것이나 다름이 없습니다. 즉 기독교와 근대문학은 원인과 결과라는 관계로 엮여있다기보다는 각자가 원인이자 결과였다고 말할 수 있습니다.

그렇다면 우리는 이런 질문을 던질 수 있습니다. 그들은 왜 기독교를 믿고 또 문학에 뜻을 두게 되었을까?[1] 여기서 중요한 것은 기독교의 영향을 받았느냐 근대문학이 서구로부터 수입되었느냐에 있지 않습니다. 왜냐하면 영향이란 그것을 받아들일 준비(토대)가 되어있지 않는 한 불가능하기 때문입니다. 일찍이 야마지 아이잔은 "정신적 혁명은 시대의 그늘에서 나온다"[2]고 말한 바 있는데, 이것이 뜻하는 바는 다음과 같습니다.

---

[1] 시마자키 도손의 예에서 알 수 있는 것처럼 당시 문학을 한다는 것은 다른 모든 것을 희생한다는 의미였습니다. 시마자키는 『파계』를 쓰기 위해 생활을 희생했습니다. 그 결과 세 딸을 연이어 잃었을 뿐만 아니라 아내마저 영양실조로 생긴 야맹증으로 고생하게 됩니다. 지금이라면 아마 비윤리적이고 무책임한 작가로 비난받을 것입니다. 이에 반해 오늘날의 문학가에게 문학은 어디까지나 생활수단입니다. 정부의 문학지원금 삭감에 민감하게 반응하는 것이 그 증거입니다.

[2] 山路愛山, 『現代日本教会史論』(1905), 『日本の名著』(第40卷), 1971, 351頁.

새 신앙을 고백하고 천하와 싸우고자 결심한 청년들
이 열이면 열, 모두가 시대의 순조로운 흐름에 몸을 맡
기는 자들이 아니었다는 것은 당시의 역사를 논하는
이들이 주목해야 하는 부분이다. 그들은 속세의 영화榮
華에는 희망을 갖지 않았다. 그들은 속세에서 좋은 지
위를 얻을 수 있는 가능성이 적었다.[3]

여기서 우리는 두 가지를 지적할 수 있습니다. 첫째는 당
시 기독교에 심취했던 이들이 대부분 메이지유신이라는 거
대한 소용돌이에서 끝까지 막부를 지지한 나머지 소외될
수밖에 없었던 지역이나 집안의 청년들이었다는 점입니다.
그들은 주군을 잃었다는 점에서 더 이상 사무라이가 아니
었고, 출세를 할 수 있는 가능성도 적었습니다. 교육제도
를 통해 관리나 군인이 되지 않는 한 평민과도 구별되지
않았습니다. 따라서 그들은 정신적으로 우위에 섬으로써,
예를 들어 내세를 기약함으로써 현실에서의 굴욕을 초월
하려고 했습니다. 정리하면, 근대일본의 기독교는 바로 이
런 '시대의 그늘'에서 자라났다고 말할 수 있습니다.

둘째는 첫째와도 밀접한 관련이 있는데, 바로 그런 이유
로 근대일본의 기독교는 대중으로부터 소외될 수밖에 없
었다는 점입니다.[4]

---

[3] 山路愛山,『現代日本教会史論』, 위의 책, 350頁.
[4] 일본기독교의 인텔리적 성격과 한국기독교의 대중적 성격은 그 자체로
흥미로운 분석대상입니다.

제3장 전후문학으로서의 근대문학

　도래한 그리스도교(신교)에 민감하게 반응한 것은 더 이상 무사일 수 없는 무사, 하지만 무사라는 것에서만 자존심의 근거를 찾을 수 있었던 계층이다. 그리스도교가 파고들었던 것은 무력감과 원한으로 가득 찬 마음이었다. 니토베 이나조新渡戸稲造의 『무사도』를 포함하여 무사도가 그리스도교와 직결되는 것으로 이해된 것은 우연이 아니다. 왜냐하면 그들은 그리스도교라는 것에서 '무사'됨을 확보할 수 있었기 때문이다.[5]

　그런데 이와 같은 지적은 문학을 지망한 사람들에게도 정확히 해당되는 이야기입니다. 예나 지금이나 문학을 하는 사람들은 일반인으로서는 잘 이해가 가지 않는 묘한 자부심 같은 것을 가지고 있습니다. 그리고 이때의 자부심은 세속적인 출세에 대한 경멸과 궤를 같이 합니다. 이는 우리의 경우도 크게 다르지 않는데, 그 이유는 어떤 좌절감(주로 출세와 관련된) 때문에 문학으로 전향한 사람들이 적지 않기 때문입니다.

　40년대 전후에 탄생한 남성작가 중 상당수는 고등고시 경험이 있는데, 그들이 그렇게 고시에 목을 맸던 데에는 나름대로 이유가 있었습니다. 그들의 상당수는 한국전쟁 당시 월북한 아버지를 둔 아들들로, 연좌제로 인해 일반적인 코스를 통한 출세가 힘들었습니다. 이는 식민치하의 조선에서도 마찬가지였을 것입니다. 엘리트에게 있어 문학은 출세가 불가능할 때, 또는 출세에 실패했을 때 선택한 '두

---

5 가라타니 고진, 『일본근대문학의 기원』, 박유하 옮김, b, 2010, 120쪽.

번째 길'인 경우가 적지 않았습니다.

하지만 기독교도와 문학가의 차이를 무시해서는 곤란합니다. 예컨대 우치무라 간조와 문학가가 된 그의 제자들 사이에는 큰 차이가 있었습니다. 그리고 이를 명확히 보여준 것이 바로 러일전쟁이었습니다. 당시 우치무라 간조는 러일전쟁에 반대한 정말이지 극소수의 지식인 중 한 명이었습니다. 물론 그도 청일전쟁 때는 나름의 논리로 전쟁을 옹호했습니다. 하지만 이후 그것이 제국주의적 침략전쟁에 불과하다는 사실을 깨닫고 몹시 괴로워했습니다. 이에 반해 그의 제자들(문학가)은 전쟁으로 급성장하던 언론사와 긴밀한 관계를 맺고 있었기 때문에, 전쟁을 비판하기는커녕 물을 만난 고기처럼 몇몇은 종군기자로서 전장을 누비고 다녔습니다.

이와나미문고판 『소세키문예론집』을 편집한 이소다 고이치는 해설에서 우리가 앞 장에서 다룬 글(「전후 문학계의 추세」)을 언급하며 다음과 같이 쓰고 있습니다.

일본근대사에 신기원을 연 러일전쟁은 소세키가 영국에서 귀국하고 다음해에 일어났다. 승리로서 전쟁종결을 맞았을 때, 전후문학에 대해 예견을 한 것이 바로 「전후 문학계의 추세」다. 소세키는 국가 위신의 향상에도 불구하고 '불행히도 옛날부터 우리 일본은 문학방면에서 외국에 자랑할 수 있는' 것이 없다고 말한 후, 머지 않아 경제적 향상이 이루어질 테니 문학도 향상할 것이라는 매우 낙관적인 관측을 하고 있다. 이런 관점을

제3장 전후문학으로서의 근대문학

서술했다고 해서 소세키를 비난하는 것은 무용하며, 소세키가 동시대 국민의식을 어떻게 공유하고 있었는가 하는 측면도 너무 가볍게 생각해서는 안 된다.[6]

우리로서는 '소세키의 그와 같은 낙관적 관측을 비난하는 것은 무용하다'는 주장에 동의할 수 없지만, 소세키의 입장이 당시 일본의 국민감정과 연결되어 있었다는 지적에는 동의할 수밖에 없습니다. 그리고 소세키의 예언이 막연한 예측에 그치지 않고 현실이 된 것은 일본문학사가 증명하고 있는 사실입니다.

『일본근대문학의 기원』은 메이지문학, 그것도 메이지 20년대 후반과 30년대 초반을 주된 논의대상으로 삼습니다. 이 시기에 일본근대문학의 대략적인 형태가 결정되었다고 생각하기 때문입니다. 하지만 제가 보기에는 30년대 후반(정확히는 러일전쟁 이후)에 성립되었다고 보는 쪽이 보다 설득력이 있지 않나 합니다. 실제 러일전쟁 이전까지의 일본문단을 살펴보면, 오늘날 우리가 읽고 기억하는 작가들이 활동을 안 한 것은 아니지만, 그들이 가진 영향력이란 실로 미비했습니다. 즉 적어도 러일전쟁 이전까지의 일본문단은 오자키 고요로 대표되는 겐유샤硯友社 그룹이 장악하고 있었다고 해도 과언이 아닙니다.

하지만 전쟁이 끝나자, 사태는 완전히 바뀌게 됩니다. 이를 보다 쉽게 알기 위해 러일전쟁이 시작된 해인 1904년에서 한일합방이 이루어지는 1910년까지의 문학사를 대표

---

6 磯田光一, 「解説」, 『漱石文芸論集』, 岩波文庫, 1986, 385-386頁.

작 중심으로 도표화하면 다음과 같습니다.

(연도)	작품	문화	정치 사회
38년 (1905)	나쓰메 소세키 『나는 고양이로소이다』		러일전쟁 종결 제1차 러시아혁명 히비야 폭동
39년 (1906)	시마자키 도손 『파계』 오카쿠라 덴신 『차의 책』 나쓰메 소세키 『도련님』, 『풀베개』	기타 잇키北一輝 『국체론 및 순정사회주의』 야마지 아이잔 『현대일본교회사론』	
40년 (1907)	나쓰메 소세키 - 『문학론』, 『우미인초虞美人草』, 『태풍』 다야마 가타이 - 「이불」 후타바테이 시메이 - 『평범』		
41년 (1908)	나쓰메 소세키 - 『갱부』, 「몽십야夢十夜」, 『산시로』	구니키다 돗포 사망	
42년 (1909)	나쓰메 소세키 - 『문학평론』, 『그후』, 「만한 이곳저곳」		
43년 (1910)	나쓰메 소세키 - 『문』 야나기타 구니오 『도노이야기遠野物語』 이시카와 다쿠보쿠石川啄木 「시대폐색의 현상」 다니자키 준이치로 - 「문신」	『시라카바白樺』 『미타문학三田文学』 창간	대역사건 한국합병

제3장 전후문학으로서의 근대문학

표를 보면 명확히 드러나는 것처럼, 일본문학은 러일전쟁을 기점으로 일신하게 됩니다. 즉 이 시기부터 일본근대문학의 대표작들이 줄줄이 간행되고 있음을 알 수 있습니다. 엄밀한 의미에서 최초의 근대적 장편소설이라 할 수 있는 시마자키 도손의『파계』와 이후 일본문단의 주류가 되는 사소설의 원조인 「이불」은 불과 1년이라는 시차를 두고 나란히 나왔고, 전쟁 발발 1년 전에 귀국한 소세키는 전쟁이 끝난 해부터 작품활동을 시작하여 대표작들을 그야말로 폭포수처럼 쏟아내기 시작합니다. 그리고 가라타니 고진이 「풍경의 발견」에서 중요하게 취급한 구니키다 돗포는 그 이전(메이지 20년대)부터 작품을 쓰고 있었지만(이미 「잊을 수 없는 사람들」, 「무사시노」 등을 발표했습니다), 정작 그가 인정을 받은 것은 '러일전쟁 이후'라는 점에서 한 부류로 묶을 수 있습니다.

이와 관련하여 오히가시 가즈시게라는 젊은 연구자는 러일전쟁을 기점으로 문학에 대한 관념이 크게 바뀌었고, 이런 분위기 속에서 기존 문학가들의 몰락과 새로운 문학가들의 부각이 이루어졌다고 주장합니다. 이는 우리가 이제까지 살펴본 것을 재확인하는 일이기도 한데, 다시 한 번 정리해보자면 이렇습니다.

러일전쟁이 끝나자 일본국민은 어떤 고양된 분위기(자신감)에 완전히 자신들을 맡기는데, 이런 풍조는 문단이라고 예외는 아니어서 "국가는 이렇게 대국 러시아를 무찔렀는데, 문학하는 사람들은 도대체 무엇을 하고 있는가?" 하고 다그치는 목소리와 지금까지의 일본문학은 별 볼 일이 없었지만 앞으로는 그렇지 않을 것이라는 밝은 전망이 한꺼번에 나왔습니다.

흥미로운 것은 이런 자기비판과 밝은 전망 속에서 소위 대표적인 국민문학(그리고 외국에 널리 알려지게 된다는 의미에서 세계문학)들이 속속 창작되었다는 사실입니다. 이는 만약 러일전쟁(또는 그와 비슷한 대량살상 전쟁)이 없었다면, 일본근대문학은 전혀 다른 형태로 전개되었을 것이라는 추측을 가능하게 합니다. 물론 그것을 정확히 추측하는 것은 불가능하고 또 무의미합니다. 다만 만약 전쟁이 없었다면 일본문학은 세계에서 오늘날의 지위를 얻지는 못했을 것입니다.

그러면 구체적으로 전쟁은 어떻게 일본문학에 영향을 준 것인가요? 제1장에서 살펴본 것처럼 외적인 것으로는 세 가지를 들 수 있을 것입니다. 1) 기개(자신감) 2) 경제적 발전 3) 미디어의 발달. 그러나 시야를 문단으로 제한한다면, 즉 내부에서 바라본다면, '문학담론의 변화'를 이야기할 수 있을 것입니다. 즉 문학에 대한 가치판단의 변화를 말할 수 있을 것입니다.

전쟁 이전의 독자들은 오자키 고요尾崎紅葉 류의 소설이 재미가 있을 뿐만 아니라 문학적으로도 뛰어나다고 생각했습니다. 따라서 구니키다 돗포의 소설은 일반독자들은 물론 평론가들로부터도 그다지 주목을 받지 못했습니다. 다 합쳐 몇 백부도 팔리지 않았다고 합니다. 그런데 전쟁 후 사태가 일변합니다. 어느 날 깨어나 보니 자신이 일본 근대문학의 대표주자가 되어 있는 것을 발견합니다. 이런

제3장 전후문학으로서의 근대문학

변화에 가장 놀란 것은 돗포 자신이었습니다.

그렇다면 겐유샤로 대표되는 구문학과 돗포, 소세키, 도손, 가타이로 대표되는 신문학 사이에 도대체 어떤 차이가 있고, 또 그 차이가 당대의 변화와 어떤 관계가 있었는지 묻지 않을 수 없습니다. 오히가시는 이를 당시에 발표된 여러 평문들을 짜깁기하여 다음과 같이 정리하고 있습니다.

신新작가들을 칭찬할 때 공통된 기준이 된 것은 먼저 도손에 대해 이야기된 것처럼 '작가가 진지한 마음으로 자연인생을 보고, 또 진지한 태도를 가지고 예술제작에 종사했다'는 창작태도의 진지함이다. 또 '종래의 작품이 작가의 개성을 많이 발휘할 정도로 내부적 생명의 발동을 보는 데 이르지 않았던' 데 반해, 소세키의 작품에서는 '작가가 작품에 자기의 인격을 가장 명확히 나타내고 있다', '주관적 경향의 현저함만큼 작가의 개성이 가장 강하게 명확하게 그 작품에 나타났다'고 간주된다. 또 돗포의 『운명』에 대해서도 마찬가지로 '여러 편을 통해 가장 두드러지게 나타나는 특질은 모든 작품에서 주관적 경향이 명확히 드러난다'는 것이다. 이처럼 신작가에게는 작가의 '인격', '개성', '주관'이 작품에 보다 여실히 나타나고 있다는 것이다.

구작가의 '사실소설'은 작가가 구상하는 줄거리에 따라 형편에 맞게 배치·조작될 뿐으로, 작가의 독자적인 관찰에 의해 가능한 주관에 의해 뒷받침되고 있지 않았다. (…) 여기서 신구작가의 경계선은 단순히 문단등장의 시기가 아니라 작가가 작품과 연결되는 관계의 질質에서 도출되고 저마다 속성이 부가된다. 구작가의 작품은 각색구성이나 문장기교에서는 뛰어나지만, '신경향의 작가'는 작가의 인격이나 주관, 개성의 오리지널리티에 의해 가치를 가진다고 말하는 것처럼. 신작가의 작품은 '작가 개개의 개성을 표현한다'는 점에서 작가와 유기적 관계를 맺고 있다고 간주된다. 여기서는 작품의 기술技術적 평가에서 작가적 개성의 오리지널리티가 표현되어 있는지 어떤지에 대한 판단으로, 문학평가의 좌표축 그 자체가 다시 쓰이고 있다.[7]

다소 길게 인용했습니다만, 애써 그렇게 한 이유는 일본 근대문학이 탄생하는 순간을 이만큼 잘 요약하고 있는 것도 드물다고 생각하기 때문입니다. 하지만 우리는 여기서 '이야기적 재미와 구성적 완성도에서 작가적 개성의 표현이 보여주는 진실함으로'라는 평가기준의 변화를 근대문학의 절대적 조건으로 오해해서는 곤란합니다.

왜냐하면 뛰어난 근대문학(신문학) 중에는 이야기적 재미와 구성적 완성도에서 '근대문학 이전 문학'(구문학)과 맞먹는 경우가 많기 때문입니다. 따라서 우리는 작가의 개성이나 주관의 표현이 근대문학의 중요한 특징이라는 점을 확인하는 데에 그치지 말고, 그러한 것들이 '특별히 강하게 표현되고, 또 높이 평가받는 시기'가 언제인지, 또 왜

---

7 大東和重, 『文学の誕生』, 講談社, 2006, 21-22頁.

제3장 전후문학으로서의 근대문학

그 시기에 그런 것이 이루어졌는지를 문제 삼을 필요가 있습니다.

여기서 저는 한 가지 가설을 제안하고자 합니다. 그것은 '작가적 개성의 표현'이 근대문학에 필요충분조건까지는 아니더라도 필요조건에 해당된다고 할 때, 그것이 가장 잘 발휘되는 때는, 즉 가장 근대문학적이 될 때는 전후戰後라는 것입니다. 문학사의 발전과정을 보면 처음에는 이야기적 기교(전근대문학)를 거부하고 작가적 개성이 강조됨으로써 근대문학이 등장합니다. 하지만 얼마 있지 않아 이에 대한 반발로 이야기성을 강조하는 문학이 등장합니다. 그리고 '어떤 계기'로 다시 작가의 주관이 강조되는 문학이 주도권을 잡습니다. 즉 일종의 순환이 일어납니다.

저는 이런 순환 자체가 근대문학의 본질 중 하나라고 생각하는데, 이는 한마디로 '근대문학이란 본질적으로 전후문학'이라는 의미이기도 합니다. 일본의 경우는 태평양전쟁 이후의 문학을, 우리의 경우 한국전쟁 이후의 문학을 보통 '전후문학'이라고 말합니다. 하지만 그것이 '전후문학 이전'의 문학을 '전후문학'과 결정적으로 다른 문학으로 생각한다면, 재고의 여지가 있습니다.

왜냐하면 그것은 근대문학을 기본적으로 전쟁과 무관한 것으로 오인하게 만들기 때문입니다. 하지만 지금까지 살펴보고 앞으로도 살펴보겠습니다만 사실은 정반대입니다. 따라서 우리는 '전후문학'을 특수한 전쟁경험을 다루는 문학으로 국한시킬 것이 아니라, 근원(기원)이 망각된 채로 전개되는 근대문학의 역사에서 근대문학이 가진 본래의 모

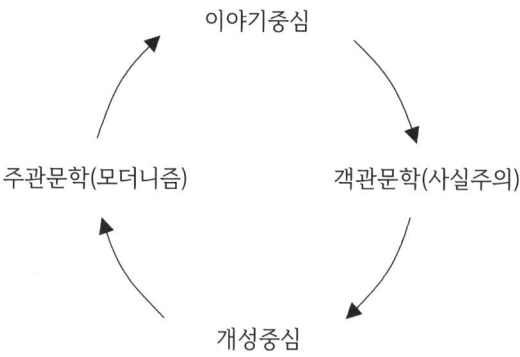

습을 노골적으로 드러내는 문학으로 봐야 합니다.

이런 사실을 놓치면, 우리는 결국 공허한 논의만 반복할 위험이 있습니다. 예를 들어 최근 어떤 평자들은 서사성(이야기성)의 회복을 외치며 이야기야말로 근대문학의 본질이라고 주장하는 한편(이들은 대체로 사실주의적 장편소설의 중요성을 강조합니다), 어떤 평자들은 지나친 서사성의 강화는 본격문학에 위협이 될 수 있기에 도리어 근대문학이 가지고 있는 예술성(개성중심)을 강화하는 데에 중점을 두어야 한다고 말합니다(이들은 대체로 모더니즘 소설이나 단편소설의 중요성을 강조합니다).

여기서 저는 어느 쪽의 손도 들어줄 생각이 없습니다. 왜냐하면 개성, 서사 할 것 없이 모두가 근대소설의 핵심요소라 할 수 있기 때문에 그 어느 쪽의 강화가 다른 쪽보다 근대문학의 본질에 가깝다고 주장할 근거는 어디에도 없기 때문입니다. 그러므로 중요한 것은 각각의 국면(시류)에

제3장 전후문학으로서의 근대문학

민감하게 반응하여 뻔한 이야기를 반복하는 것이 아니라 이런 반복을 가능하게 하는 것이 도대체 무엇인가를 묻는 것입니다.

다시 말해 왜 어떤 시기에는 이야기중심의 문학이 각광을 받고, 또 왜 어떤 시기에는 개성중심의 문학이 각광을 받는가 하는 것입니다. 거창한 물음처럼 보이지만 답은 의외로 간단합니다. 왜냐하면 우리는 이미 근대문학의 탄생(개성중심의 문학)이 어떻게 이루어졌는가를 살펴보았기 때문입니다.

문학자들이 내면으로 후퇴할 때, 즉 주관에 집착할 때란 세계가 주관이 정면으로 감당하기 힘든 국면으로 접어들었을 때입니다. 그런데 우리가 지금까지 살펴본 바로 '주관이 감당하기 가장 힘든 국면'이란 전쟁임을 알 수 있습니다. 물론 전쟁은 인류가 존재한 이래 줄곧 있어온 것입니다. 하지만 근대전쟁은 그 이전의 전쟁과 완전히 다른 무언가를 내포하고 있었는데 바로 이 '완전히 다른 무언가'가 근대문학을 형성시켰다고 해도 과언이 아닙니다.

2 근대문학의 기원, 나폴레옹

"나폴레옹이 지배하는 사람은 모두 작은 나폴레옹이다."

– 랠프 월도 에머슨

많은 역사가들이 지적하는 것처럼, 근대유럽은 나폴레옹의 침략과 그에 대한 저항에서 탄생했다고 말할 수 있습니다. 시야를 문학에 국한한다고 해도 다르지 않습니다. 즉 유럽의 근대문학은 일종의 전후문학으로서 성립했다고 말할 수 있습니다. 그런데 여기서 우리는 특이한 현상을 발견할 수 있습니다. 19세기 유럽소설들을 일별하다 보면 우리는 소위 '나폴레옹 효과'라고 일컬을 만한 특징을 가진 작품이 상당히 많음을 알 수 있습니다. 조금 과장하자면, 19세기의 대표적인 유럽소설은 하나 같이 "나폴레옹적 인간을 어떻게 받아들여야 하는가?" 하는 문제에 골몰했다고 해도 과언이 아닙니다.

하지만 정작 나폴레옹이 소설에 직접 등장하는 일은 드뭅니다. 그 이유는 너무나 강력한 역사적 인물은 작품의 자율성을 훼손시킬 위험이 있었기 때문입니다. 따라서 뛰어난 작가들은 의식적으로든 무의식적으로든 그것을 피했다

제3장 전후문학으로서의 근대문학

고 말할 수 있는데, 루카치가 발자크 등의 소설을 다루면서 지적한 것도 정확히 이것입니다. 그렇다면 근대소설에서 나폴레옹의 영향은 어떻게 나타나고 있는 것일까요? 이와 관련하여 우리는 두 가지 관점에서 접근할 수 있습니다.

첫째는 '나폴레옹적 문학가'의 등장입니다. 일찍이 발자크는 "나폴레옹이 대포로 한 일을 자신은 펜으로 하겠다"고 말했는데, 이는 나폴레옹이라는 인물을 통해 분출된 '열정(야망)이라는 새로운 논리'가 문학으로 전이된 형태라 할 수 있습니다. 그리고 이런 발자크의 야망을 졸라가 그대로 이어받습니다. 아우어바흐는 『미메시스』에서 졸라를 사실주의 문학의 종착점으로 간주하고 있는데, 이는 자연주의 소설을 근대문학(근대소설)의 완성(끝)으로 본다는 의미이기도 합니다. 이런 관점에서 보면 나폴레옹의 그림자는 근대문학의 처음부터 끝까지 뒤덮고 있다고 말할 수 있습니다. 여기서 우리는 나폴레옹이 「클리송과 으제니」(원제는 「클리송」)라는 썩 나쁘지 않은 소설을 쓴 소설가이기도 하다는 점을 기억할 필요가 있겠습니다.[1]

---

[1] 나폴레옹이 이 소설을 쓴 시기는 그로서는 다소 암울한 시기였습니다. 1894년 그는 툴롱전투(이 전투에 대해서는 『전쟁과 평화』를 다룰 때 다시 언급될 것입니다)를 승리로 이끕니다. 그로 인해 로베스피에르의 인정을 받아 겨우 24살에 준장으로 진급하지만, 로베스피에르가 실각하자 나폴레옹도 그의 앞잡이로 몰려 반역혐의로 체포됩니다. 얼마 있지 않아 겨우 풀려나긴 하지만 군 지휘권은 돌려받지 못합니다. 「클리송과 으제니」는 바로 이때 쓴 것입니다. 그런데 사태가 다시 그에게 유리하게 전개되었습니다. 새로운 헌법을 둘러싸고 왕당파가 반란을 일으키자 국민공회가 진압책임자로 나폴레옹을 지명한 것입니다. 그가 이 반란을 진압한 후 프랑스군 국내사령관이 되어 승승장구한 것은 모두가 아시는 대로입니다.

둘째는 나폴레옹에 의해 야기된 사회적 변화 안에서 탄생한 '검은 나폴레옹'(지하세계의 나폴레옹)의 등장입니다. 프랑스소설에 어느 정도 정통한 사람들이라면 아시겠지만, 19세기 프랑스소설의 빅3라 할 수 있는 작가들(발자크, 위고, 뒤마)은 하나 같이 희대의 사기꾼이자 범죄자인 비도크[2]에 깊은 관심을 드러냈습니다(발자크는 실제로 그와 친분이 있었다고 합니다). 즉 그들은 비도크를 모델로 삼아 다양한 인물을 창조하여 당시 프랑스 사회에 존재한 혼란과 불안을 예리하게 파헤쳤습니다. '검은 나폴레옹'으로서의 비도크는 소설 속에서 정열의 화신으로 등장할 뿐만 아니라 그것을 전염(전파)시키는 역할을 수행합니다. 예컨대 발자크의 『고리오 영감』, 『창부들의 비참과 영광』에 등장하는 보트랭이 그러하며, 위고의 『레 미제라블』에 등장하는 장 발장이 그러하며, 뒤마의 『몽테크리스토 백작』

---

[2] 프랑수아 비도크(1775-1857)는 나폴레옹보다 6살 아래로 나폴레옹과는 전혀 다른 방식으로 동시대를 산 인물입니다. 16살에 프랑스혁명군에 입대하여 발미와 즈와프 전투에서 큰 공을 세우기도 했지만, 군생활에 염증을 느껴 탈영한 후에는 여러 범죄사건에 관여하고 수감과 탈옥을 반복하는 과정에서 암흑세계의 이면에 정통하게 됩니다. 이후 그는 이런 경험을 토대로 파리경찰의 밀정 노릇을 하다 국제경찰파리지구 범죄조사국을 창설하고 초대국장이 되는데, 이 조사국은 이후 파리경시청의 전신이 됩니다. 그는 범죄를 범죄자와 범죄수단으로 분류하여 과학적 조사방법을 확립한 것으로도 유명하며, 조사국을 그만둔 뒤에는 세계 최초로 사립 탐정사무소를 차렸는데, 방문객만 무려 3,000여 명에 이르렀다고 합니다. 덧붙여, 최초의 탐정소설로 평가받는 「모르그가의 살인사건」의 주인공 뒤팽의 모델 역시 비도크로 추정됩니다. 이는 나폴레옹적 권력의 세속적 형태인 비도크가 탐정의 원형이라는 의미인데, 근대를 대표하는 대중문학 장르인 탐정소설을 이야기할 때 이런 점은 주목할 가치가 있다고 생각합니다.

의 에드몽 단테스가 그러합니다.[3]

여기서 혹자는 스탕달의 경우는 어떠냐고 물으실 분이 계실지 모르지만, 빅3보다 조금 일찍 태어난 그는 나폴레옹의 몰락 후에 성장한 이들과는 약간 다른 경험의 소유자였습니다. 즉 그는 나폴레옹전쟁을 직접 경험한 인물이었기 때문에 '나폴레옹 효과'도 다르게 나타날 수밖에 없었습니다. 빅3가 사회의 그늘에 존재하는 법외자outlaw를 등장시켜(이런 설정 자체는 대중에게 매우 어필하는 요소라 하겠습니다) 그것을 우회적으로 표현하고 있다면, 스탕달은 나폴레옹에 사로잡힌 인물을 직접적으로 등장시킬 뿐만 아니라(『적과 흑』), 그 나름의 방식으로 나폴레옹을 직접 소설 속에 등장시키기도 합니다(『파르마의 수도원』).

그런데 이런 '나폴레옹 효과'가 비단 프랑스에 국한된 것이 아니었다는 데에 문제의 심각성이 있습니다. 한마디로 전 유럽이 그 영향에서 자유롭지 않았는데(단 그를 권좌에서 끌어내린 영국만 예외적으로 미약했습니다), 이는 유럽의 변방인 러시아도 예외가 아니었습니다. 안나 제거스는 오래 전 『톨스토이와 도스토옙스키』라는 책에서 이와 관련하여 다음과 같이 말한 바 있습니다.

---

[3] 『레 미제라블』은 나폴레옹이 미리엘을 디뉴Digne의 주교로 임명하는 것에서 시작됩니다. 주지하다시피 미리엘 주교는 소설의 초반에 장 발장을 회심시키는 인물입니다. 『몽테크리스토 백작』은 에드몽 단테스가 엘바섬에서 유배생활을 하던 나폴레옹으로부터 편지 심부름을 맡는 것에서 시작합니다. 이 편지는 나폴레옹의 엘바섬 탈출계획과 관련이 있었는데, 이것이 원인이 되어 에드몽은 무려 14년이나 감옥에 갇히게 됩니다. 이 두 작품에서 나폴레옹은 장대한 서사를 작동시키는 핵심원동력으로서의 역할을 합니다.

발자크와 스탕달, 톨스토이나 도스토옙스키와 같은 19세기 위대한 프랑스와 러시아 작가의 작품에는 나폴레옹적 권력이라는 관념이 매우 중요한 역할을 하고 있다. ― 나폴레옹의 상승, 온갖 부수적 현상을 가져온 몇 번의 침략전쟁, 그리고 이어진 나폴레옹의 몰락 ― 시인이 이런 사건들을 자기 자신이 체험했든 타인이 서술한 것을 읽었든, 그리고 또 시인이 이런 사건들을 직접 표현하든 이들 사건이 후대에 끼친 작용을 기술하든 줄리앙 소렐이든 로지온 라스콜리니코프든 나폴레옹적 권력이라는 관념 없이는 생각할 수 없다.

톨스토이와 도스토옙스키는 그들의 예술적 표상세계에서, 그들의 스타일에서, 그들의 표현형태에서 근본적으로 상이하다. 이 두 사람은 때론 정반대이기도 하다. 그렇지만 그들의 위대한 두 권의 장편소설, 『전쟁과 평화』와 『죄와 벌』은 근본적으로 보면 나폴레옹적 권력과 그것의 극복이라는 동일한 테마를 가지고 있다.[4]

쉽게 말해 나폴레옹이 없었다면(물론 이런 가정은 무의미합니다만), 러시아의 근대문학 아니 서구의 리얼리즘문학은 전혀 다른 형태를 띠었을 거라는 의미입니다. 이 주장의 의미를 보다 정확히 이해하기 위해 우리는 러시아문학과 나폴레옹의 관계에 대해 좀 더 살펴보기로 하겠습니다.

사실 19세기 러시아문학이 보여준 발전상은 지금 생각

---

[4] *Anna Seghers, Über Tolstoi. Über Dostojewskij.*, 伊東勉訳, 未来社, 1966年, 55-56頁.

제3장 전후문학으로서의 근대문학

해도 기적에 가깝습니다. 왜냐하면 당시 러시아는 프랑스나 영국처럼 근대문학이 발전할 수 있는 정치적·경제적 여건이 거의 갖추어져 있지 않은 곳이었기 때문입니다. 이는 마르크스의 관점에서 볼 때 혁명이 일어날 가능성이 가장 적었던 곳에서 사회주의혁명이 일어난 것과 유사하다 하겠습니다. 대혁명이 혁명주체로 설정된 프롤레타리아가 거의 없었던 곳에서 일어난 것처럼, 대문학이 독자가 매우 제한된 나라에서 등장한 셈입니다. 우리는 현재 이 수수께끼에 대해 답을 할 준비가 충분히 되어 있지 않습니다.

하지만 다음과 같은 물음 정도는 던져볼 수 있을 것입니다. 러시아의 근대문학은 언제 시작되었고 무엇이 우리가 아는 러시아문학을 만들었는가? 하고 말입니다. 이 물음에 답하기 위해서는 러시아의 국민작가 푸시킨과 그가 깊은 공감을 나누었던 데카브리스트(12월당원)의 반란까지 거슬러 올라갈 필요가 있습니다.[5]

---

5 외무부 관리시절 푸시킨은 독서클럽인 '녹색등협회'에 가입했는데, 이 모임은 이후 데카브리스트의 비밀결사 '복지동맹'의 비밀지부로 발전했습니다. 이 시기 푸시킨은 필사본으로 광범위하게 유포되는 정치시와 풍자시를 쓰게 되는데, 이 시들은 데카브리스트들의 불만과 이상을 대변하는 것으로 간주되었습니다. 그런데 1820년 바로 이 정치시들이 문제가 되어 남러시아로 추방을 당합니다. 이후 약 7년간 그곳에서 유배생활을 보내게 됩니다. 하지만 이 시기에 그는 러시아의 민중을 깊게 이해하게 되고 수많은 명작들을 쏟아냅니다. 데카브리스트의 반란은 바로 이 시기에 일어납니다. 반란을 진압한 니콜라이 1세는 푸시킨의 엄청난 인기와 데카브리스트의 반란과 관련된 혐의가 없음을 확인한 후 귀환을 허락합니다. 그러나 심정적으로 동조하고 있던 데카브리스트의 실패가 그에게 상당한 충격을 주었다는 것은 애써 말할 필요도 없을 것입니다. 물론 민중의 지지가 없는 혁명에 대해서는 부정적이었다는 점에서는 데카브리스트와 어느 정도 거리가 있었지만 말입니다.

1825년 12월 14일, 알렉산드르 1세가 죽은 후 생긴 권력의 공백기에 당시 러시아의 현실에 큰 불만을 가지고 있던 젊은 장교들(이들 중에는 프리메이슨에 가입한 사람들도 많았습니다)이 입헌군주제의 실현을 위해 쿠데타를 일으킵니다. 그러나 준비의 부족과 상류층 중심의 위로부터의 혁명이라는 한계 때문에 쉽게 진압되고 맙니다. 하지만 이 사건은 이후 러시아대혁명 때까지 계속해서 혁명의 불씨로 작용합니다.

통념대로 푸시킨을 러시아근대문학의 시작으로 간주한다면, 근대러시아의 시작을 데카브리스트의 반란으로 볼 수도 있을 것입니다. 하지만 이런 입장에는 설명해야 할 요소가 적지 않습니다. 일단 데카브리스트의 반란부터가 자생적으로 일어난 것이 아니었기 때문입니다. 이것이 가진 의미를 심각하게 받아들인 사람이 바로 톨스토이였습니다.

1861년 3월, 그는 게르첸에게 보낸 한 편지에 다음과 같이 쓰고 있습니다. "넉 달 전부터 장편소설을 구상중입니다. 주인공은 돌아온 데카브리스트가 될 것입니다." 하지만 이 구상은 도중에 보류되고 마는데[6], 데카브리스트에 대해 이야기하기 위해서는 데카브리스트를 탄생시킨 사건으로까지

---

[6] 참고로 네크라소프의 경우 '데카브리스트 이후'의 이야기를 다룬 장편 서사시 『데카브리스트의 아내』(1972-1973)를 쓰는데, '데카브리스트의 아내들'이라는 존재는 이후 러시아문학에 매우 큰 영향을 줍니다. 한 예로 시베리아 옴스크 유형소로 이송되던 도스토옙스키는 토볼스크라는 곳에서 (데카브리스트 반란의 주동자 중 한 명이었던 미하일 폰비진의 아내) 나탈리야 드미트리예브나 폰비지나를 만나 신앙에 대한 이야기를 나누는데, 이때 그녀에게 받은 성경은 도스토옙스키 문학에 큰 영향을 끼칩니다.

제3장 전후문학으로서의 근대문학

거슬러 올라갈 필요가 있었기 때문입니다. 그렇게 해서 그가 쓰기 시작한 작품이 바로 우리가 아는 대작 『전쟁과 평화』(1865~1869)입니다.

3 콧물감기와『전쟁과 평화』

『전쟁과 평화』는 나폴레옹의 러시아원정을 다룬 작품입니다. 물론 『전쟁과 평화』가 이 전쟁을 다룬 최초의 러시아 소설은 아닙니다. 러시아에 워낙 큰 영향을 준 전쟁이었던 터라 이 전쟁을 배경으로 한 소설들이 적잖게 창작되었습니다. 대표적인 것만 들자면 다음과 같습니다. 미하일 자고스킨의 『로스라브레프, 혹은 1812년의 러시아인』(1830), F.V. 불가린의 『표도르 이바노비치 브이쥐긴』(1831), 니콜라이 그레치의 『검은 옷의 여자』(1834) 등이 그것들입니다. 하지만 하나같이 통속소설의 수준을 크게 벗어나지 못한 것들이었고, 그 때문에 소수의 문학연구가들을 제외하고 오늘날 이 작품들을 기억하는 사람들은 없습니다.

이에 반해 『전쟁과 평화』는 문학사가는 물론이고 전쟁사가나 역사가들까지도 나폴레옹의 러시아원정을 이야기할 때 반드시 입에 올리는 작품이 되었습니다. 그 이유로는 여러 가지(그중 하나는 뒤에서 언급하겠습니다)를 들 수 있겠으나, 가장 중요한 것은 누가 뭐래도 톨스토이만이 '이 전쟁의 성격'을 정확히 이해하고 있었기 때문이 아닐까 합니다. 일찍이 메레시콥스키Dmitry Merezhkovsky(1866~1941)는

제3장 전후문학으로서의 근대문학

『톨스토이와 도스토옙스키 : 사상과 종교』라는 책에서 『전쟁과 평화』를 다루면서 나폴레옹전쟁이 갖는 의미를 다음과 같이 요약한 바 있습니다.

> 이 나폴레옹전쟁은 이전의 어떤 러시아전쟁과도 본질적으로 상이한 것을 가지고 있었다. 이 전쟁은 전 러시아국민의 기억과 의식에서 실제로 전 국민적인 전쟁이었다. 이는 표트르대제 이래 처음이자 유일했다. 세계사적인 러시아의 움직임이었다. 어쨌든 우리는 이를 지나칠 정도로 알고 있는 셈이다. (…) 이전의 모든 전쟁은 많든 적든 상층권력의 휘황찬란한, 때로는 이치에 맞고 때로는 제멋대로인 군사행동이었다. 그런데 나폴레옹전쟁에서는 권력과 국민이 일치했고 어떤 경우에는 권력이 국민을 뒤따를 정도였다. 국민의 사상과 의지가 상층권력이 되었던 것이다. 우리 내부인 러시아의 견지에서 보면, 여기서 거의 믿기 힘든 기적과 같은 일이 일어났다고 할 수 있다.[1]

메레시콥스키는 나폴레옹전쟁을 '국민전쟁'으로 규정하고, 그것이 가져온 기적(역사상의 주도권 변화)에 주목하는데, 이는 정확히 톨스토이가 나폴레옹과 러시아민중을 대립시킨 것과 관련이 있다 하겠습니다. 그러나 이와 관련된 이야기는 잠시 뒤로 미루고 우선 소설의 본내용으로 들

---

[1] メレシコフスキー, 『トルストイとドストエーフスキイ』(III), 植野修司訳, 雄渾社, 1969, 18-19頁.

어가 보겠습니다.

『전쟁과 평화』에는 두 가문(볼콘스키가, 로스토프가)을 중심으로 펼쳐지는 약 15년간의 이야기가 담겨 있습니다. 워낙 많은 인물들이 나오기 때문에 주인공을 특정하기는 힘들지만, 보통 피에르 베주호프와 안드레이 볼콘스키가 작가의 양면적 의도를 대변하는 인물로 간주됩니다. 순진하고 단순한 심성의 소유자인 피에르와 복잡하고 항상 회의적인 태도를 취하는 안드레이 사이에 존재하는 대립관계는 이후 『안나 카레니나』에서도 그대로 반복되는데[2], 톨스토이가 손을 들어주는 쪽은 물론 전자인 피에르(『안나 카레니나』의 경우는 레빈)입니다.

하지만 '나폴레옹 효과'라는 관점에서 보면, 두 주인공 모두 오랜 프랑스 체류경험으로 당시 유럽의 사정에 매우 밝았다고 말할 수 있습니다. 그래서인지 그들은 '나폴레옹에 공감하는 인물'(소위 '작은 나폴레옹')로서 등장하고 있습니다. 특히 안드레이 쪽이 그러했습니다. 성격상 전혀 어울리지 않을 것 같은 두 인물이 세계관이나 기질을 떠나 사이가 좋은 것은 아마 이런 경험이 밑바탕에 있었기 때문인지도 모릅니다.

예를 들자면 안드레이는 1805년 아우스터리츠 전투에서 러시아군이 궁지에 몰렸다는 소문을 듣고 다음과 같은 생각을 합니다.

---

[2] 두 커플을 대립시켜가며 이야기를 이끌어가는 방식은 이후 밀란 쿤데라에 의해 다시 한 번 세련되게 반복됩니다(『참을 수 없는 존재의 가벼움』 등).

제3장 전후문학으로서의 근대문학

이 소식은 안드레이 공작에게는 서글프기도 하고 또 동시에 유쾌하기도 했다. 러시아군이 절망스러운 상태에 빠져있다는 이야기를 듣자마자 그의 머리에 떠오른 것은 러시아군을 이런 어려운 상황에서 구출하는 것이야말로 바로 자신의 사명이 아닐까? **이번 사건은 바로 자신을 무명의 장교들 사이에서 발탁하여 영광에 이르도록 최초의 길을 열어주는 툴롱이 아닐까?** 하는 생각이었다.[3]

여기서 툴롱toulon이란 프랑스 남동부에 있는 항구입니다. 군사적 요충지였던 이곳은 무명의 포병장교(대위)였던 나폴레옹이 왕당파가 불러들인 영국-스페인 연합함대를 물리침으로써 처음으로 이름을 날린 곳입니다. 소위 '툴롱 포위전'(1793년)이 그것입니다. 나폴레옹은 이 전투의 공로를 인정받아 영관도 거치지 않고 바로 준장에 진급합니다. 이때 그의 나이는 고작 24살이었습니다. 이후 그는 1795년 왕당파가 파리에서 일으킨 반란을 진압함으로써 프랑스군 사령관이 되었고, 1799년 쿠데타를 일으켜 통령정부를 수립했으며, 5년 뒤인 1804년에는 35살이라는 나이에 황제의 자리에 오르게 됩니다.

그런 의미에서 안드레이에게서 엿보이는 감정의 혼란(슬프면서도 유쾌함)은 아이러니하다 하겠습니다. 왜냐하

---

[3] 레프 톨스토이, 『전쟁과 평화』(Ⅰ), 박형규 · 김숙향 옮김, 금성출판사, 1990, 244쪽, 강조는 인용자. 『전쟁과 평화』에 대한 인용은 영어판, 일어판을 참조하여 적절히 수정하여 사용했습니다.

면 그는 러시아 군대가 나폴레옹의 군대에 의해 궁지에 몰린 상태에서 자신을 '나폴레옹의 위치'에 놓고 있기 때문입니다. 물론 이후 전쟁을 온몸으로 체험하면서 심경에 큰 변화를 겪게 됩니다. 완전히 다른 사람이 되었다고 보기는 힘들지만 말입니다. 어쨌든 이런 변화는 비단 두 주인공에 국한된 것은 아니었습니다. 사실 그것은 『전쟁과 평화』의 모든 등장인물이 경험하는 것이라고 해도 과언이 아닙니다.

자, 이제 본격적으로 이 작품을 살펴보기로 하지요. 이 긴 소설의 첫 부분을 펼치면(1805년경이 배경입니다), 우리는 궁중 여관女官 안나 파블로브나 셰레르가 자신이 연 연회에 일찍 도착한 바실리 공작을 맞으면서 나누는 대화와 만나게 됩니다. 그런데 이 대화를 주의 깊게 읽으면, 첫 문장이 프랑스어이고, 두 번째 문장에는 '보나파르트'가, 세 번째 문장에는 '전쟁'과 '적그리스도'라는 단어가 등장하고 있음을 알 수 있습니다. 톨스토이가 소설의 첫 세 문장에 프랑스어, 보나파르트, 전쟁, 적그리스도를 나란히 배치한 것은 상당히 의도적인 것으로 생각되는데, 이는 이 연회의 주된 화제가 '나폴레옹'이었다는 사실에 의해 강하게 뒷받침되고 있습니다.

그런데 이 부분에서 주목할 점은 바실리 공작을 맞이하는 안나 파블로브나에 대해 톨스토이가 다음과 같이 덧붙이고 있다는 점입니다.

안나 파블로브나는 요 며칠째 심하게 기침을 했다. 그녀의 말을 빌리면 독감(인플루엔자)에 걸려 있었다('인

제3장 전후문학으로서의 근대문학

플루엔자'라는 것은 당시 새롭게 생긴 단어로 극히 소
수의 사람들만이 사용하던 말이었다).[4]

소설의 시작을 장식하는 연회의 주최자(더구나 그녀는
황태후의 측근입니다)가 독감(인플루엔자)에 걸려있다는
것, 그리고 '인플루엔자'라는 단어가 당시에는 신조어였다
는 것을 애써 부연설명하고 있는데, 이는 상당히 의미심장
합니다. 따라서 우리는 이 소설에 접근하는 키워드로 앞서
든 '프랑스어', '보나파르트', '적그리스도' 외에 인플루엔자
(독감)도 추가할 수 있을 것입니다.

그리고 이 단어들에 주목하여 『전쟁과 평화』라는 작품을
거시적으로 조망한다면, 우리는 이 소설을 러시아라는 몸國
體이 '프랑스'의 황제 나폴레옹 '보나파르트'(='적그리스도')
라는 '인플루엔자'를 맞이하여 어떻게 이겨냈는지를 그린
작품이라고 요약할 수 있을 것입니다. 참고로 한국어본에
'인플루엔자'라고 번역된 단어의 원어는 프랑스어 grippe(보
통 독감, 유행성 감기, 플루, 인플루엔자 등으로 번역됩니다)
입니다.

그렇다면 러시아를 인플루엔자, 즉 독감으로부터 회복하
게 만든 것은 무엇이었을까요? 톨스토이에 따르면, 그것은
영웅(천재적 장군)이 아니라 이름 없는 러시아의 민중이
었습니다. 그는 소설 이곳저곳과 말미에 첨가한 긴 에세이
(「에필로그 II 」)에서 역사란 수많은 우연에 의해 좌우되기
때문에 논리적 인과관계(명령과 복종)를 설정하여 계산을

---

4 톨스토이, 『전쟁과 평화』(I), 5쪽.

통해 의도대로 끌고 갈 수는 없다고 주장합니다. 실제 그는 장대한 전투묘사에서 질서정연한 군인들의 진퇴보다는 상부의 명령이 제대로 전달되지 않는 혼란상 자체를 묘사하는 데 진력합니다.[5] 그리고 바로 이런 점을 통해 합리적 군대이성의 체현자인 나폴레옹도 결국은 역사의 꼭두각시(노예)에 불과하다고 신랄하게 비판하며 반反나폴레옹의 대표적 인물로서 러시아의 총사령관 쿠투조프를 등장시킵니다.

여기서 우리가 주목할 점은『전쟁과 평화』의 쿠투조프와 실제 쿠투조프 사이에는 적잖은 차이가 존재한다는 것입니다. 실제 많은 이들은 쿠투조프가 그렇게 뛰어난 장군은 아니었다고 증언합니다. 아마 그것은 사실일 것입니다. 그런데 우리의 입장에서는 바로 그렇기 때문에 더 흥미로운 부분이 아닐 수 없습니다. 왜냐하면 그것은 톨스토이가 적어도 이 인물에 대해서만큼은 소설적 자유를 최대한 발휘할 '필요성'을 느꼈다는 의미이기 때문입니다.

전쟁사가들은 종종 쿠투조프를 영웅화한『전쟁과 평화』에 불만을 토로합니다. 하지만 그러면서도 쿠투조프를 이야기할 때면 항상『전쟁과 평화』를 이야기하는데, 이는 '소설 속 쿠투조프'가 '역사 속 쿠투조프'를 위협할 정도 막강한 영향력을 가지고 있다는 증거라 하겠습니다. 참고로 역사가들은 러시아가 나폴레옹에게 승리를 거두는 데 가장

---

[5]『전쟁과 평화』는 전쟁 자체에 대한 소설이라기보다는 전쟁을 둘러싼 수많은 소문과 그에 대한 다양한 반응, 그리고 전쟁 이후를 다루는 소설에 가깝습니다.

제3장 전후문학으로서의 근대문학

큰 역할을 한 사람으로 바클라이(바실리) 드 톨리를 듭니다. 바클라이는 황제의 총애를 받아 1810년 국방장관이 된 인물로, 표트르대제 이후 100년 넘게 전해져 오던 야전교범을 개정하는 등 대대적인 군개혁에 착수한 인물입니다. 또 그는 파비우스 전략[6]을 고수했던 인물이기도 합니다.[7]

　바클라이는 나폴레옹이 러시아를 침공할 당시 총사령관이었습니다. 그는 적과의 결전(정면대결)이라는 위험을 무릅쓰기보다 연이어 퇴각하는 전술을 펼쳤습니다. 하지만 그로 인해 싸우지 않고 도망치기에 바쁘다는 비난을 한 몸에 받았고 결국 해임되기에 이릅니다. 그는 특히 핵심 군 지휘관 중 한 명이었던 바그라티온 공작과 심한 갈등을 빚었습니다. 실제 러시아군이 스몰렌스크를 프랑스군에 내준 뒤, 바그라티온은 황제가 읽을 가능성이 높은 편지에 노골적으로 바클라이에 대한 불만을 토로했습니다. 그리고 현재 가장 시급한 것은 '국민군 편성'이라고 덧붙입니다.[8]

　바클라이가 해임된 후, 그의 뒤를 이어 쿠투조프가 총사령관에 임명됩니다. 그리고 양측에 엄청난 사상자만 내고 승패를 가르지 못한 보로디노 전투를 벌입니다. 이 전투에서 러시아는 병력을 절반이나 잃습니다. 소설에서는 이런 정면대결을 쿠투조프가 매우 못마땅해했지만, 분위기상 어

---

6 파비우스 전략이란 제2차 포에니 전쟁 때 로마의 장군이었던 파비우스의 전술에서 빌려온 말로서, 맞서 싸우는 대신에 싸움을 지연시켜 상대방의 전력을 소모시키게 만드는 전략을 말합니다.

7 이와 관련해서는 다음 책을 참조하시기 바랍니다. 그레고리 프리몬-반즈·토드 피셔, 『나폴레옹 전쟁』, 박근형 옮김, 플래닛미디어, 2009.

8 톨스토이, 『전쟁과 평화』(Ⅱ), 442-444쪽.

쩔 수가 없었던 것으로 묘사됩니다. 이후 쿠투조프는 사실상 전임자인 바클라이의 전략을 따르게 되고, 결론적으로 러시아는 '이 전략'으로 이기게 됩니다.

따라서 쿠투조프만 너무 미화하는 것은 확실히 공정하지 못한 처사라 할 수 있습니다. 그런데 지금도 바클라이에 대한 평가는 여전히 낮은 것 같습니다. 물론 전문가들은 예외입니다. 그렇다면 왜 이런 평가상의 불균형이 생긴 것일까요? 여러 이유가 있겠지만, 가장 중요한 것은 그가 높은 지위까지 올랐음에도 불구하고 여전히 입지가 불안했다는 점과 관련이 있습니다. 바클라이는 엄밀히 말해 러시아인이 아니었습니다. 그는 귀화한 독일계 이주민이었기에 항상 의심과 경계의 대상이었습니다. 따라서 확실하고 즉각적인 결과를 보여주지 못할 경우 원망과 비난의 표적이 될 수밖에 없었습니다.

이와 같은 이방인(이주민)에 대한 불신은 『전쟁과 평화』에도 그대로 나타납니다. 그런데 이와 같은 불신과 러시아의 민족주의는 어떤 의미에서 나폴레옹이 러시아인에게 선사한 선물(?)일지도 모릅니다. 그리고 그것은 톨스토이에게도 존재하는 것처럼 보입니다. 하지만 그가 바클라이와 같은 인물들을 비판한 것은 약간 다른 맥락에서입니다. 예를 들어 그는 바클라이가 이주민이기 때문이 아니라 유럽적 사고방식(예를 들어 군대를 근대적 형태로 조직하고 개편하면 전쟁에서 이길 수 있다)의 소유자였기 때문에 비판한 것입니다. 즉 그들의 전쟁에서 러시아민중 같은 것은 관심 바깥이었습니다.

제3장 전후문학으로서의 근대문학

따라서 그는 안드레이의 입을 빌어 평화시에는 이방인이 정부의 장관이 되어도 상관이 없지만, 비상시(전쟁시)에는 그렇지 않다고 말하며(그는 발루티노 전투[9]에서 퇴각명령을 내린 것에 대해 불만을 토로합니다), 이는 그들에게 특별히 하자(문제)가 있어서는 아니라고 말합니다. 그리고 바로 그런 의미에서 애국적 분위기에 휩쓸려 바클라이와 같은 인물을 반역자로 몰려는 움직임을 심히 경계합니다.

"(…) 자네의 선친께서 독일인 하인을 부리고 있다고 치세. 그는 훌륭한 하인으로서 때로는 자네보다도 더 선친의 가려운 데를 잘 긁어주지. 그래서 모든 걸 그에게 맡겨두면 일이 잘되는 거야. 그렇지만 만약 선친께서 빈사의 지경을 헤매는 중병에 걸렸다고 하면, 자네는 그 하인을 쫓아내고 좀 서투르긴 하지만 스스로 병구완을 하게 될 것임에 틀림없어. 그렇게 하는 것이 솜씨 있는 남보다도 오히려 선친의 마음을 가라앉힐 수 있으니까 말이야. 바클라이도 그와 같은 경우를 당한 거지. (…) 그러니까 자네 클럽에서는 그를 반역자로 규정했단 말이군! **지금은 설령 반역자니 뭐니 하며 비방한다 하더라도, 나중에 가서는 모두 자신들의 말도 안 되는 비난이 부끄럽게 생각되어 이번에는 반역자를 일거에**

---

[9] 발루티노 전투란 1812년 8월 18일 네이 원수가 지휘한 약 3만 명의 프랑스군과 바클라이 드 톨리가 직접 지휘하는 약 4만 명이 충돌한 전투를 말합니다. 이 전투 이후 바클라이는 시종 후퇴전략을 구사합니다.

영웅이니 천재니 추켜세워 더더욱 실수를 범하지나 않으면 다행이지. 하지만 그것은 모두 틀린 생각이야. 그 사나이는 정직하고 또 아주 빈틈없는 독일인에 지나지 않아 …."[10]

당시 러시아를 침략한 나폴레옹군은 일종의 연합군 형태를 띠고 있었습니다. 즉 프랑스의 지배하에 있던 나라(이탈리아, 프로이센, 폴란드)에서 파견된 군대(동맹군)가 합류해 있었던 것입니다. 이는 러시아도 마찬가지였습니다. 반反나폴레옹 세력들이 하나 둘 러시아로 모여들었습니다. 따라서 이 전쟁은 프랑스와 러시아 간에 발생한 일국 간의 전쟁이었다기보다는 〈나폴레옹연합군 VS 반反나폴레옹연합군〉이라는 일종의 '유럽전쟁'에 가까웠다고 봐야 합니다.[11]

1806년, 유럽 최강을 자부하던 프로이센은 예나전투와 아우어슈테트전투에서 나폴레옹군에 의해 패한 후 사실상 프랑스의 통제하에 들어갑니다. 나폴레옹은 전쟁배상금을 요구하는 것 외에 다른 독일계 군소국가의 지위를 격상시켜 프로이센을 강하게 압박했습니다. 뿐만 아니라 군병력도 4만 2,000명 규모로 제한하여 프로이센은 그동안 누려오던 열강의 지위를 사실상 잃게 되었습니다(틸지트조약, 1807년). 사정이 이렇게 되자 이에 대한 '리액션'으

---

[10] 톨스토이, 『전쟁과 평화』(II), 548-549쪽, 강조는 인용자.
[11] 이런 맥락에서 보면, 20세기 유럽을 중심으로 벌어진 두 번의 세계대전은 '나폴레옹전쟁'의 연장이나 반복으로 볼 수 있습니다.

로 독일민족의 단결을 외치는 목소리가 등장하게 되는데, 가장 유명한 것으로 피히테의 〈독일국민에게 고함〉이라는 강연이 있었습니다.

베를린 학술아카데미에서 총 14회에 걸쳐 행해진 이 강연 (1807년 12월~1808년 3월)은 당시 독일인들에게 많은 영향을 주었습니다. 그 가운데는 젊은 장교집단도 있었는데, 이후 『전쟁론』으로 유명해지는 클라우제비츠도 그 무리에 속해 있었습니다.[12] 그는 예나전투에 참전을 했다가 프랑스군의 포로가 되기도 하고 프로이센의 군 개혁에 참여하기도 합니다. 하지만 나폴레옹이 러시아를 침공한다는 소식이 들리자 곧바로 고국을 떠나 러시아로 향했습니다. 당시 프로이센은 사실상 프랑스의 위성국가였기 때문에 나폴레옹을 위해 군대를 보낼 수밖에 없었습니다.

그렇게 클라우제비츠는 러시아군 쪽에서 서서 나폴레옹의 군대와 싸우게 됩니다. 이런 그의 모습은 『전쟁과 평화』에서도 살짝 엿볼 수 있는데, 아쉽게도 딱 한 번만 등장합니다. 그렇다면 톨스토이는 클라우제비츠를 어떻게 보았을까요? 짐작하시겠지만 그리 호의적이지 않습니다. 물론 이는 한 개인에 대한 단순한 오해에서 나온 것이라고 볼 수는 없습니다. 그보다는 군대의 체계적 근대화와 전쟁 방법을 연구한 클라우제비츠와 전쟁은 물론이고 군대라는 조직까지도 거부한 톨스토이 사이에 존재하는 애당초 화해할 수 없는 차이에서 나온 것이라고 말할 수 있습니다.

---

[12] 참고로 클라우제비츠는 익명으로 피히테에게 편지를 보내기도 합니다. 내용은 마키아벨리에 대한 해석과 관련해서였습니다.

클라우제비츠는 러시아군이 보로디노 전투를 앞두고 있을
때 등장합니다.

안드레이 공작이 소리가 나는 쪽을 바라보니 카자흐
한 명을 거느린 볼초겐[당시 시종무관]과 클라우제비츠
의 모습이 눈에 띄었다. 그들은 이야기를 계속 하면서
안드레이의 옆을 지나쳤다. 그래서 피에르와 안드레이
공작은 본의 아니게 그들의 대화를 듣게 되었다.

"전쟁은 당연히 넓은 공간으로 옮겨가야 해. 나는 이
의견을 아무리 자랑해도 다 자랑할 수 없을 정도야."
하고 한 사람이 말했다.

"음, 하긴 그래." 다른 목소리가 이렇게 받았다.

"적의 힘을 약화시키는 데에 목적이 있으니까, 물론
개개인의 손해 같은 것에 구애될 수는 없지."

"암, 그렇고말고." 다른 목소리가 이 말에 맞장구를
쳤다.

"흥, 넓은 공간으로 옮긴다고!" 이들이 지나간 뒤 안
드레이 공작은 아니꼬운 듯이 콧방귀를 뀌면서 그들이
한 말을 되풀이 했다. "우리 아버지와 아들과 누이는
이 '넓은 공간에', 르이스이예 고르이[볼콘스키가의 영지
가 있는 곳]에 남아 있었단 말이야. 놈들에겐 그런 게 아
무렇지도 않겠지. 바로 이 점이 내가 한 이야기의 초점
이야. **저 독일 녀석들은 내일의 전투에 이길 생각은 않고
그저 힘닿는 대로 일을 망치려고만 하고 있어. 왜냐하면
저 독일인들의 머릿속에는 달걀 껍데기만도 못한 하찮은**

제3장 전후문학으로서의 근대문학

이론만 들어 있을 뿐, 내일의 전투에 꼭 필요한 단 한 가지 것, 즉 티모힌[13]이 품고 있는 것과 같은 것이 없기 때문이지. 저놈들은 유럽 전부를 '그들'에게 넘겨주어 버린 주제에, 우리를 가르치러 와있는 거야. 참, 훌륭한 교사들이지!"[14]

톨스토이는 역사(그리고 전쟁)를 소수의 위대한 인물이나 그들이 세운 이론(작전계획)에 의해 결정되는 것으로 생각하지 않았습니다. 그가 보로디노 전투에서 프랑스가 승리하지 못한 것은 나폴레옹이 콧물감기에 걸렸기 때문이라고(바꿔 말해 감기에 걸리지 않았다면, 더 좋은 작전을 세우고 더 탁월한 명령을 내렸을 것이라고) 쓴 역사가들을 비꼬는 것도 같은 맥락입니다. 톨스토이는 그런 역사가들 앞에 "나폴레옹은 그 누구에게도 총을 쏘지 않았기 때문에 단 한 사람도 죽이지 않았다"는 다소 황당한 명제까지 제시합니다.

이는 톨스토이적 급진성을 잘 보여주는 명제라 할 수 있는데, 어떻게 받아들이느냐에 따라 다소 위험해 보이는 것도 사실입니다. "그렇다면 나폴레옹은 전장에서 죽어간 수많은 병사들에 대해 아무런 책임도 없다는 말인가?" 톨스토이가 이런 반론을 예상하지 못했을 리 없습니다. 그럼에

---

13 톨스토이가 창조한 인물로 하층 귀족 출신 러시아군 장교(대위→소령)다. 눈에 띄는 인물도 전략전술에 밝은 인물도 아니지만, 전장에서는 누구보다도 용감하게 싸우는 헌신적 인물로 그려집니다. 역사서에는 등장하지 않는 무명의 영웅을 대표한다고 볼 수 있습니다.

14 톨스토이, 『전쟁과 평화』(Ⅱ), 551-552쪽, 강조는 인용자.

도 불구하고 그렇게 주장한 것은, 즉 책임소재를 명확히 하기 위해 손쉽게 영웅의 거대한 의지를 인정하는 길을 선택하지 않은 것은, 바로 그렇게 할 때만 '책임이라는 애매한 가치판단'을 넘어서 나폴레옹을 '근본적으로' 부정할 수 있었기 때문입니다. 일종의 '이론적 돌파'라 할 수 있습니다.

즉 전장을 수많은 병사들의 의지가 발현되는 장소로 간주할 경우, 패배에 대한 책임만이 아니라 승리했을 때의 영광도 나폴레옹과 같은 인물에게서 박탈될 수밖에 없습니다. 바꿔 말해 나폴레옹은 더 이상 '우리가 아는 나폴레옹'이 아니게 되는 것입니다.

> 싸움의 진행을 지도한 사람도 역시 나폴레옹이 아니었다. 왜냐하면 그의 작전명령은 어느 것 하나 실행되지 않았고, 전투가 한창 벌어지고 있을 때조차 자기 앞에서 행해지고 있는 상황을 모르고 있었기 때문이다. 따라서 이들이 어떻게 서로 상대방을 죽였느냐는 것도 나폴레옹의 의지에 따른 것이 아니고, 그와는 전혀 아무런 관계가 없는 전투에 참여한 몇 만 명의 의지에 의해 행해진 것이다. 그저 나폴레옹 자신에게만 모든 것이 자기 의지에 의해 행해졌던 것처럼 '생각되었던 것에 지나지 않는다'. 따라서 나폴레옹이 콧물감기에 걸렸느냐 걸리지 않았느냐 하는 문제는 역사적으로 보면 한 수송병이 걸린 콧물감기 이상의 의미를 가지고 있지 않다.[15]

---

[15] 톨스토이,『전쟁과 평화』(Ⅱ), 566-567쪽.

제3장 전후문학으로서의 근대문학

전 유럽을 공포에 떨게 한 나폴레옹이라는 독감(인플루엔자)이 톨스토이에 의해 어느새 일개 수송병이 걸린 콧물감기로 격하되고 있는 것입니다.

4 독감의 유산, 러시아근대문학

톨스토이는 '나폴레옹(적 권력)'에 대한 응답으로 쿠투조프라는 인물을 제시합니다. 사실『전쟁과 평화』는 이 두 사람 사이에 존재하는 팽팽한 긴장을 배경으로 진행되고 있다고 해도 과언이 아닙니다. 하지만 톨스토이가 처음부터 이런 대결구도를 생각했던 것은 아닌 것 같습니다. 초고에서 쿠투조프는 (역사적 문헌이 증언하고 있는 것처럼) 노회하고 연약한 주색가이자 부패하고 아첨을 잘하는 인물로 그려졌다고 합니다.

그러나 무슨 이유에서인지 애초의 설정은 대폭 수정되었고, 지금 우리가 아는 위대한 쿠투조프가 탄생한 것입니다. 따라서 우리는 쿠투조프를 피에르 베주호프나 안드레이 볼콘스키만큼이나 허구적(소설적) 인물이라고 말해야 할지 모릅니다. 그렇다면 톨스토이는 쿠투조프를 구체적으로 어떻게 반나폴레옹적 영웅으로 만들고 있는 것일까요? 놀랍게도 그것은 '반전反戰주의'를 통해서입니다.

톨스토이는 쿠투조프가 위대한 인물이 될 수 있었던 것은 "어떤 작전도 쓸데없는 것이다. 모든 것은 저절로 우리가 기대하고 있는 이상으로 순조롭게 되어갈 것이다"라고

제3장 전후문학으로서의 근대문학

믿고 가능한 한 전쟁을 피하려고 했기 때문이라고 말합니다. 즉 그는 아무것도 하지 않음으로써, 즉 의지를 발현하지 않음으로써 열심히 무언가를 하려고 한, 즉 의지·정열을 표출하려고 한 나폴레옹을 패퇴시킨 것입니다. 기호학적으로 보자면 이는 쿠투조프가 '제로기호'로 설정되었다는 의미일 텐데, 여기서 핵심은 그가 전략과 전술을 통해 자신의 의지를 드러내는 대신에 수많은 민중의 의지가 표현되는 그릇으로서 스스로를 비웠다는 데에 있습니다.

그 때문에 쿠투조프는 퇴각하는 프랑스군을 추격하는 것을 거부한 거의 유일한 인물로 그려집니다. 그가 생각하기에 패배한 프랑스군을 추격하는 것은 러시아민중의 의지라기보다는 소수의 권력자(황제나 군수뇌부)의 의지에 불과한 것으로, 따라서 '전쟁의 지속'은 도리어 심각한 후유증을 낳을 위험이 있다고 판단한 것입니다. 그리고 그의 그런 염려는 이후 그대로 현실이 됩니다.

그 혼자만이 프랑스군이 퇴각하고 있는 동안 내내 더 이상 무익한 충돌을 피해야 한다, 새로운 전쟁을 개시할 필요는 없다, 러시아 국경을 넘어서는 안 된다고 끊임없이 주장했던 것이다.
오늘날에 이르러 사건의 의의를 이해하기 위해서는 겨우 열 사람 정도의 머릿속에나 있었을 뿐인 무수한 목적을 사람들의 행동에 부가하지만 않는다면 지극히 용이하다. 왜냐하면 사건의 전모가 그 결과와 함께 우리 앞에 드러나 있기 때문이다.

그러나 어떻게 해서 이 노인은 당시 혼자서 다른 모든 사람의 견해와는 반대로 이 사건의 국민적 본질의 의의를 통찰할 수 있었을까? 어떻게 당시 그 의의를 실로 정확히 꿰뚫고 처음부터 끝까지 그것에 어긋나지 않았던 것일까?

진행 중인 현상의 의미에 대한 이런 비상한 통찰력의 원천은, 어디까지나 쿠투조프가 순수하고 힘 있게 자기 내부에 품고 있던 국민적 감정에 있었던 것이다.

국민이 그의 안에 있는 이러한 감정을 이해했기 때문에 황제의 미움을 사고 있던 이 노인을 그토록 기묘한 방법으로 황제의 의지를 거스르면서까지 국민전쟁의 대표자로 선출했던 것이다. 그리고 이 감정이 있었기에 그를 인간으로서 최고의 위치에다 세워놓은 것이다. 그는 총사령관이라는 높은 지위에 오른 뒤에는 사람을 죽이고 말살시키는 것이 아닌, 오히려 구제하고 불쌍히 여기는 데 자기의 온 정력을 기울였다.

소박하고 겸허하고 그랬기 때문에 진정 위대했던 이 인물은 인간을 지배하고 있다고 믿는 유럽적 영웅이라는 거짓형식에는 포함될 수 없었다.

노예에게 위대한 인간은 존재하지 않는다. 왜냐하면 노예에게는 위대함에 대한 독특한 사고방식이 존재하기 때문이다.[1]

---

[1] 톨스토이, 『전쟁과 평화』(III), 385쪽, 강조는 인용자. 참고로 푸시킨의 시詩 「성스러운 무덤 앞에 서서」(1831)는 쿠투조프를 기리는 작품으로, 열린책들판 『푸시킨 선집』(1999)에서 읽을 수 있습니다.

제3장 전후문학으로서의 근대문학

하지만 쿠투조프의 주장은 결국 받아들여지지 않았고, 하는 수 없이 그도 나폴레옹군 추격에 참여하게 됩니다. 『전쟁과 평화』의 장대한 이야기는 대충 이 즈음에서 정리됩니다. 그리고 시간을 건너뛴 후 에필로그로 마무리됩니다. 그렇다면 쿠투조프는 어떻게 되었을까요? 프랑스까지 가지 못한 채 프로이센의 분츠라우(현 폴란드의 볼레스와비에츠)에서 지병으로 죽고 맙니다(1813년). 어떤 의미에서 쿠투조프는 자신의 할 일을 다 한 후 조용히 사라졌다고 말할 수 있을 것입니다.

이후 앞서 언급한 바클라이가 그 '자리'를 다시 차지한 후 반나폴레옹 연합군의 사실상[2] 최고 지휘관으로서 라이프치히 전투(1813년)에서 대승을 거두고 마침내 프랑스 파리에 입성(1814년)하는 영광을 누리게 됩니다. 그리고 이 모든 사건의 원인이라 할 수 있는 나폴레옹을 엘바섬으로 유배를 보냅니다.

비유컨대 나폴레옹전쟁이라는 독감에 걸렸을 때, 다른 많은 러시아장군들(그리고 연합군들)은 그 원인(나폴레옹)을 공격·제거하려는 일종의 병원체설에 입각한 행동을 했다면, 쿠투조프는 시종일관 러시아민중이 가지고 있던 자연치유력을 믿고 있었다고 볼 수 있습니다. 따라서 이 전쟁의 주인공은 병원病原인 나폴레옹이나 그에 맞서 싸운 장군(예를 들어 바클라이)이라기보다는 러시아민중의 의지를 체현한 쿠투조프(상징적 존재)가 되는 것입니다.

---

2 명목상의 연합군 총사령관은 오스트리아군의 수바르첸베르크 원수였습니다.

『전쟁과 평화』가 이런 관점에 확고히 뿌리를 두고 있는 작품이다 보니 너무나 이성적인(유럽적인) 나머지 끝내 어떤 희망도 발견하지 못하고 죽음에 이르는 회의주의자 안드레이 볼콘스키와는 다르게, 우여곡절 끝에 러시아민중들에게서 새로운 미래를 발견하는 피에르 베주호프가 작품의 중심인물이 되는 것은 어쩌면 당연한 일인지도 모릅니다.

물론 톨스토이 소설이 늘 그러한 것처럼 이런 '발견·깨달음'(소위 위대한 순간)은 오래 지속되지 못합니다. 루카치가 러시아민중의 상징적 존재로 플라톤 카라타예프(피에르에게 큰 감화를 준 농부 출신 병사)를 사건과 밀접하게 얽혀있는 살아있는 인물이라기보다는 '미학적 한계개념'으로 본 이유도 아마 그 때문일 것입니다.[3]

그러나 이와 관련된 논의는 별도의 기회로 미루고, 일단 두 주인공에 주목해 보기로 하겠습니다. 저는 앞서 안드레이와 피에르가 작가의 상반된 양면을 보여주는 인물들이라고 말했습니다만, 우리는 그 차이를 인물의 설정방식이라는 측면에서 19세기 소설적 인물(무거운 인물)과 18세기 소설적 인물(가벼운 인물)의 차이로 간주할 수도 있습니다. 안드레이는 가치판단 기준을 항상 자기 내면에 두고 그에 따라 판단하려는 인물로, 모든 일에 본질적으로 냉소적입니다. 이에 반해 피에르는 그것을 항상 바깥에서 찾기 위해 헤매는 인물입니다. 그가 프리메이슨에 가입한 후 영

---

3 루카치, 『소설의 이론』, 김경식 옮김, 문예출판사, 2007, 178쪽.

제3장 전후문학으로서의 근대문학

지에서 농촌계몽활동을 벌인 것도 바로 그 때문이라 하겠습니다. 결국에는 아무것도 바꾸지 못하고 속기만 하지만 말입니다.

우리는 이 차이를 당시 러시아문학의 지형에서 '투르게네프와 도스토옙스키의 차이'로 파악할 수도 있을 것입니다. 즉 회의주의자 안드레이를 투르게네프적 인물로, 18세기적(또는 르네상스적) 이상주의자 피에르를 도스토옙스키적 인물로 말입니다.[4] 그런데 이렇게 보면 톨스토이의 위대함은 바로 이런 두 경향을 모두 껴안아 한 작품에 녹여낸 점이 아닐까 합니다. 만약 이런 주장에 조금이라도 설득력이 있다면, 우리는 톨스토이를 (메레시콥스키, 조지 스타이너, 루카치, 바흐친 등이 그런 것처럼) "톨스토이냐 도스토옙스키냐"라는 양자선택적인 접근보다는 삼자적 구도(투르게네프 ⇄ 톨스토이 ⇄ 도스토옙스키)로 접근할 필요가 있습니다. 이 관계를 단순화라는 한계를 무릅쓰고 도표화하면 오른쪽과 같습니다.

일찍이 이사야 벌린은 「고슴도치와 여우」[5]라는 글에서 인간을 크게 두 유형으로 나눈 바 있습니다. 즉 ① '이해하고 생각하고 느낄 때 단 하나로 된 중심적 비전, 대체로 일관되고 논리 정연한 단일체계, 오직 자기의 입장과 주장만

---

[4] 안드레이 쪽이 오히려 도스토옙스키적이 아니냐고 묻는 분이 있을지도 모르겠습니다. 그것은 도스토옙스키적 인물을 자의식이 강한 내면적 인물로 생각하기 때문일 텐데, 바흐친이 도스토옙스키에 대해 지적한 것은 정확히 그 반대였음을 떠올릴 필요가 있습니다.

[5] 이사야 벌린, 「고슴도치와 여우」, 『러시아사상사』, 조준래 옮김, 생각의나무, 2008.

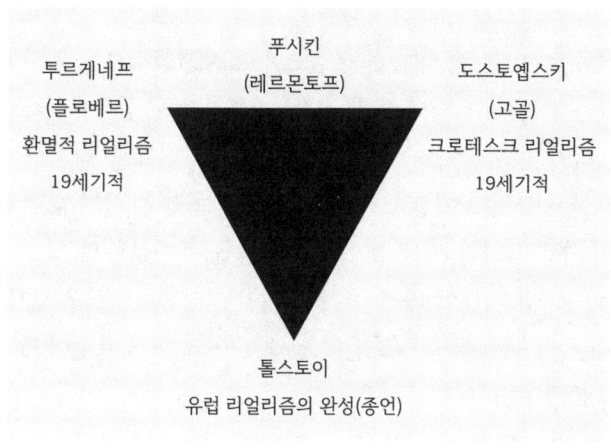

투르게네프
(플로베르)
환멸적 리얼리즘
19세기적

도스토옙스키
(고골)
크로테스크 리얼리즘
19세기적

톨스토이
유럽 리얼리즘의 완성(종언)

〈19세기 러시아 소설의 구도〉

이 중요하고 유일하며 보편적인 어떤 조직 원칙에 모든 것을 수렴시키는 사람'과 ② '서로 무관하기 일쑤고 심지어 모순적이기까지 하며, 설령 연관이 있다고 해도 일관된 도덕적, 심미적 원리로 서로 접합되는 게 아니라 어떤 사실적 측면에서만, 즉 심리적, 생리적 이유로만 연결될 뿐인 다양한 목표를 추구하는 사람'이 바로 그것인데, 벌린은 ① 유형을 고슴도치형, ② 유형을 여우형으로 부르고 있습니다.

그리고 '정도의 차이는 있겠지만' 고슴도치형으로 플라톤, 파스칼, 헤겔, 도스토옙스키, 니체, 입센, 프루스트를, 여우형으로 아리스토텔레스, 몽테뉴, 괴테, 푸시킨, 발자크를 듭니다. 그렇다면 톨스토이는 어디에 속할까요? 흥미롭게도 벌린은 그를 '천성적으로는 여우지만 스스로를 고슴도치라고 믿은 인물'이라고 말합니다.

제3장 전후문학으로서의 근대문학

이는 톨스토이의 양면성을 매우 정확히 표현한 것이라고 말할 수 있는데, 왜냐하면 톨스토이는 천성적으로 가지고 있는 지독한 '도덕에 대한 집착'(이후 이것은 반反예술론으로까지 발전합니다)에도 불구하고 신기하게도 작품에서만큼은 그것이 예술적 본능과 '놀라운 균형'을 유지하고 있기 때문입니다. 사실 톨스토이 문학을 세계문학의 최고정점으로 만든 것이 바로 이 '균형감각'이라 할 수 있을 텐데, 이는 예술에 대한 무조건적 신뢰로 창작된 작품들에게서 결코 발견될 수 없는 것입니다.

일찍이 엥겔스는 '리얼리즘의 승리'라는 표현을 쓴 바 있고, 루카치는 이를 발자크 문학과 관련하여 즐겨 사용했는데, 그것은 정치적으로 왕당파였던 발자크가 적어도 작품에서만큼은 자신의 편견을 극복하고 균형을 잡힌 사회비판에 성공했기 때문이었습니다. 이는 역으로 말해 루카치가 자연주의문학을 싫어한 것은 졸라의 정치적 입장 때문이라기보다는 그와 같은 균형(긴장)의 부재 때문이었는지도 모릅니다.

하지만 다른 한편으로 이런 균형은 어떤 '현실적 암울함'을 부여하기도 합니다. 루카치가 어떤 환멸소설보다 더 깊은 절망으로 가득 차있다고 말한 『전쟁과 평화』의 에필로그는 그런 암울함의 대표적인 장면일 것입니다. 그렇다면 이런 암울함은 구체적으로 어디에서 온 것일까요? 그것은 미래를 위한 사업에 헌신적인 피에르와 그의 영향을 받아 정신적으로 불안정한 안드레이의 아들과 관련이 있다 하겠습니다. 피에르의 경우 데카브리스트와 간접적으로 관련이 있는 것처럼 보이며, 안드레이의 아들에게서는 이후 테러리스트가 될 소질이 엿보입니다.

톨스토이는 역사소설 〈3부작〉을 구상했습니다. 계획에 따르면, 그것은 제1부를 『전쟁과 평화』로, 제2부를 『데카브리스트』로, 그리고 마지막 제3부는 동시대를 배경으로 하는 작품으로 삼을 예정이었습니다. 하지만 이 장대한 작업은 아쉽게도 제1부에서 중단되고 맙니다. 아니 정확히 말하면, 제2부를 쓰기 위해 노력했지만 결국 포기하고 맙니다. 『안나 카레니나』를 완성한 1878년부터 본격적으로 제2부 집필을 시작했고 1884년에 그 일부를 발표하지만[6], 결국 미완인 상태로 방기해 버립니다.

그렇다면 톨스토이는 왜 『데카브리스트』를, 그것도 도중에 포기한 것일까요? 여러 가지 이유가 있겠지만, 제가 생각하기에 그것은 『전쟁과 평화』 자체가 이미 제2부(『데카브리스트』)를 염두에 두고 창작된 작품이어서 제2부에서 제기되어야 할 물음과 그에 대한 답변을 제1부에도 담지 않을 수 없었고, 그렇게 되자 시대만 바꾸어 같은 질문을 반복할 필요성을 느끼지 못했던 게 아닐까 합니다. 루카치가 『전쟁과 평화』와 『안나 카레니나』 사이에 본질적인 차이는 존재하지 않는다고 말한 것도 아마 이와 무관하지 않을 것입니다. 즉 톨스토이는 과거를 과거로만 다룬 것이 아니었던 것입니다.

어찌 되었든 『전쟁과 평화』는 안나 제거스가 지적하고

---

[6] 이 미완성 원고는 한국어로도 읽을 수 있습니다. 톨스토이, 「데카브리스트들」, 『톨스토이 중단편전집』(제1권), 김성일 옮김, 작가정신, 2010.

제3장 전후문학으로서의 근대문학

있는 것처럼 나폴레옹적 권력(정신)을 극복하는 이야기입니다. 하지만 문제는 여기서 끝나지 않습니다. 사정은 생각보다 복잡합니다. 실제로 그것은 단순히 나폴레옹의 패배와 러시아민중의 승리로 종결되지 않았습니다. 여기서 우리는 톨스토이가 원래 쓰려고 했던 것이 '나폴레옹의 러시아침공'이라기보다 오히려 '그 이후'였다는 점을 상기할 필요가 있습니다. 여기서 '그 이후'란 물론 '데카브리스트의 반란'을 가리킵니다.

앞서 우리는 쿠투조프가 퇴각하는 나폴레옹군을 러시아 국경까지만 쫓고 더 이상 쫓지 말 것을 주장한 유일한 인물임을 살펴본 바 있습니다. 소설에도 묘사된 것처럼, 당시는 추위가 극에 달한 시기여서 쫓기는 프랑스군만이 아니라 쫓는 러시아군도 힘들기는 마찬가지였습니다. 따라서 러시아민중의 입장에서 보면, 더 이상 전쟁을 수행하는 것은 무의미했습니다. 하지만 러시아황제와 군수뇌부는 그렇게 생각하지 않았습니다. 나폴레옹만큼이나 과대망상에 사로잡혀 있었던 알렉산드르 1세는 스스로를 '유럽의 해방자'(의지의 발현자)로 생각했습니다. 그것이 앞으로 낳을 결과는 예상하지 못한 채 말입니다.

결국 전쟁은 계속되었고, 러시아군은 도망치는 나폴레옹군을 쫓아 유럽의 심장인 파리까지 입성합니다. 그리고 이 과정에 러시아군도 상당한 피해를 봅니다. 그런데 문제는 바로 이 승리의 정점에서 발생합니다. 아이러니하게도 러시아군은 그곳에서 심각한 '나폴레옹 독감'에 걸리고 맙니다. 파리의 자유로운 분위기와 자유사상을 접한 러시아의 젊은 장교들은 새삼 자신의 조국 러시아가 얼마나 어둡고 폐쇄적인 세계인지를 절실히 깨닫게 된 것입니다. 그리고 이런 각성은 이후 러시아로 귀환한 그들로 하여금 비밀결사를 조직하고 입헌군주제를 위한 쿠데타를 모의하도록 만듭니다. 그리고 그렇게 해서 일어난 것이 바로 '데카브리스트의 반란'입니다.

하지만 이미 지적한 것처럼 이 반란은 실패로 끝났으며, 그 여파로 러시아는 이전보다 더 반동적인 분위기로 흘러가게 됩니다. 사실상 경찰국가가 되었습니다. 즉 물리적인 (군사적인) 측면에서 나폴레옹을 이겼을지 모르지만, 정신적인 측면에서는 완전히 패하고 만 셈입니다. 이런 맥락에서 루카치가 『전쟁과 평화』의 마지막에서 감지한 어떤 지독한 암울함이란 앞으로 등장할 작은 나폴레옹들과 그들이 러시아에 불러일으킬 혼란과 관련이 있을 것입니다.

참고로 톨스토이가 야스나야 폴랴나에서 '나폴레옹이라는 문제'를 가지고 『전쟁과 평화』(1865~1869)를 쓰고 있을 때, 그의 라이벌이었던[7] 도스토옙스키 역시 늪지 위에 건설된 도시 페테르부르크에서 『죄와 벌』(1866)을 쓰면서 '나폴레옹이라는 문제'와 씨름하고 있었습니다. 균형

---

[7] 물론 이것은 사후의 평가에 불과합니다. 두 사람이 라이벌의식을 가지고 창작활동을 한 것 같지는 않습니다. 물론 전혀 의식하지 않은 것은 아니지만요. 도스토옙스키는 톨스토이가 쓴 대부분의 작품을 높이 평가했지만, 톨스토이는 『죽음의 집의 기록』 정도를 높이 평가했습니다. 참고로 이 두 사람은 생전에 한 번도 만난 적이 없습니다. 그들의 공통된 친구들과 동선을 생각할 때 매우 의외라는 생각이 들지 않을 수 없습니다. 다만 도스토옙스키가 죽기 3년 전에 딱 한 번 마주칠 기회가 있었습니다. 하지만 아쉽게도 이 만남은 성사되지 못했습니다.

제3장 전후문학으로서의 근대문학

을 맞추기 위해서는 『전쟁과 평화』에 대해 언급한 만큼 『죄와 벌』에 대해서도 다루어야 하겠지만(그럴만한 가치가 충분히 있기 때문에), 아쉽지만 다음을 기약해야 할 것 같습니다.

1878년 사순절 기간에 솔로비요프(1853-1900)는 페테르부르크의 솔랴노이 고로독 건물에서 연속강연을 했습니다. 이때 도스토옙스키와 그의 아내인 안나도 강연회에 참석했습니다. 그런데 평소 친하게 지내던 평론가 스트라호프(1828-1896)가 인사를 하는 둥 마는 둥 하자 도스토옙스키는 혹시 자신이 그에게 실수한 게 있는지 걱정합니다. 물론 그런 우려는 모두 오해였음이 밝혀지게 됩니다. 당시 스트라호프는 톨스토이와 함께 있었는데, 톨스토이가 자신을 아무에게도 소개시키지 말라고 신신당부했기 때문에 어쩔 수 없이 모든 사람과 거리를 둘 수밖에 없었다고 해명한 것입니다.

그런데 도스토옙스키는 오히려 "아무리 그렇다고 하더라도 귀뜸이라고 해주었다면 그의 얼굴이라도 보았을 텐데" 하며 탄식했습니다. 이런 반응에 스트라호프가 톨스토이의 얼굴은 초상화로 이미 알고 있지 않냐고 말하자 도스토옙스키는 이렇게 답했습니다. "초상화 따위는 뭐가, 그게 그 사람을 온전히 전할 수가 있나? 직접 얼굴을 봐야 한다고. 한 번만 봐도 평생 가슴속에 남게 되는 사람이 간혹 있지. 니콜라이 니콜라예비치, 톨스토이를 내게 보여주지 않은 자네를 결코 용서하지 않겠네!"

도스토옙스키의 아내인 안나의 회상에 따르면, 도스토옙스키는 이후로도 톨스토이를 만나지 못한 것을 매우 아쉬워했다고 합니다. 결국 두 거장은 생전에 한 번도 만나지 못한 채 죽습니다. 단 그들의 아내는 달랐습니다. 톨스토이의 아내 소피야는 남편의 작품을 직접 출판하는 일과 관련하여 조언을 구하기 위해 먼저 안나를 방문했고, 이 일을 계기로 두 아내는 서로의 집을 방문하는 사이가 됩니다. 이때 안나는 딱 한 번 톨스토이를 접견할 기회가 있었는데, 그는 그녀를 크게 환대했고, 안나는 이 만남을 평생 소중한 기억으로 간직하게 됩니다.

(안나 그리고리예브나 도스토옙스카야, 『도스토옙스키와 함께한 나날들』, 최호정 옮김, 그린비, 2003 참조)

제4장 머나먼 세계문학

벌써 마지막 장입니다. 마지막이니만큼 무언가 결론을 내려야 하겠지만, 현실적으로 그것은 조금 힘들 것 같습니다. 처음 예상했던 것보다 논의의 범위가 점점 커지게 되어 최소한 이제까지의 논의만큼 추가논의가 필요하게 되었기 때문입니다. 그래서 무리하게 마무리를 짓기보다는 지금까지의 논의를 약간 다른 관점에서 확장시키는 쪽을 택하겠습니다. 따라서 무언가 확실한 답을 원하셨던 분들에게는 실망스러울지 모르겠습니다. 하지만 적어도 이 책의 논의가 한국비평 (또는 한국문학)에 대해 가지게 되는 실망의 근원지가 어딘지 추측할 수 있는 실마리가 되어줄 것으로 믿습니다.

1 양국을 뒤흔든 드라마

가끔 신문이나 잡지를 보다 보면, 일반독자들의 독서경향과는 다소 거리가 먼 작가들의 이름이 호출되는 것을 발견하곤 합니다. 그들 중에는 일본작가, 그것도 보통 대중작가로 분류되는 사람들이 많은데, 시바 료타로司馬遼太郎도 그중 한 명입니다. 그는 분명 국내에서 널리 읽히는 작가가 아닙니다. 하지만 그럼에도 불구하고 신문 등에서 심심치 않게 그의 이름을 볼 수 있습니다. 그렇다면 그는 왜 그처럼 종종 언급되는 것일까요? 그것은 아마 어느 정도 연배가 있는 한국 언론인의 상당수가 일본문화나 일본사정에 익숙하여 국내상황을 이야기할 때 항상 유용한 비교대상이 되기 때문이 아닐까 합니다.

그런데 최근 그가 자주 등장하는 데에는 약간 다른 이유가 있는 것 같습니다. 얼마 전 한 신문에서 다음과 같은 글을 읽은 적이 있습니다.

일본의 국민작가로 정평이 나 있는 역사소설가 시바 료타로(1923~96년)의 장편소설인 『언덕 위의 구름』 (1968)이 일본 공영방송사인 NHK에서 대하드라마로

제4장 머나먼 세계문학

기획하여 2009년 11월부터 12월까지 제1부(5회)가 방영되었고, 2010년과 2011년 12월에 제2부와 3부가 각각 방영될 예정이다. 이 작품은 일본의 근대화가 진행되었던 메이지 초기에 발발하였던 청일전쟁(1894년)과 러일전쟁(1904)이 주요 배경으로 전개되면서 19세기 말에서 20세기 초엽 급변하는 동아시아 국제정세 속에서의 한-일 관계가 상세히 묘사되어 있다.

역사소설과 역사서는 둘 다 역사적 사실史實에 근거하여 서술되지만, 독자의 문제, 표현하는 주체(역사가나 작가)와 방법에서 차이점이 드러난다. 이것에 의해서 일반 국민의 역사의식에 커다란 영향을 미치고 있다는 것은 당연한 일이다. 또한 역사의 해석원리나 그 사실에 어떤 가치를 부여하는 가치관에 따라 얼마든지 달라질 수 있다. 시바의 사후, 역사소설에 내재되어 있는 그의 역사관이 연구자들에 의해 '시바사관'으로 거론되면서 현재까지 크게 각광을 받고 있다. 바로 이 **시바사관이 집대성된 작품이『언덕 위의 구름』이다. 러일전쟁의 승리를 찬양하며 영광스런 메이지국가를 만든 인물상을 부각시키는 픽션으로 현재까지 1,800만부가량 판매된 베스트셀러이다.** 시바는 여기에서 1894년 청국과의 전쟁이 조선의 지리적 위치가 주요 원인이 되어 일어났다는 주장을 하고 있다. 반도국가라는 존재가 유지되기 어려운 위치라는 시바의 이론을 드라마에서는 여과 없이 전달하고 있다. 또한 러시아가 1900년 청국의 '의화단사건' 이후 만주에 주둔함으로써 한반도의 식민화를 적극 추진하였고, 이에 일본이 러시아의 위협적인 남하정책에 맞서 일으켰다고 하는 러일전쟁을 시바는 '조국방위전쟁'이라고 지칭하고 있다.

이러한 시바사관을 대중들에게 어필하는 NHK의 기획의도는 다음과 같다. "〈언덕 위의 구름〉은 메이지 국민 한 사람 한 사람이 소년과 같은 희망을 갖고 국가의 근대화에 몰두하고, 국가의 존망에 따른 러일전쟁을 극복한 '소년의 국가·메이지'의 이야기로서, 오늘날의 일본과 같이 새로운 가치관의 창조에 고뇌하고 분투했던 메이지라는 시대의 정신이 생생하게 묘사되어 있다. 이 작품에 담긴 메시지는 일본이 지금부터 나아갈 길을 제시하는 커다란 힌트를 가져다줄 것이 틀림없다."

즉 메이지의 부활인 셈이다. 부국강병을 슬로건으로 언덕 위 파란 하늘의 구름(희망과 목표)을 향하여 하나로 뭉쳤던 메이지기의 일본적 정신을 이 대중소설로써 상기시키는 것이다. 메이지란 일본에서는 팽창의 시대로 일컬어지지만, 인접한 국가에서는 침략의 시대로 인식되어 있다. 일본 국내에서는 메이지의 부활이 희망을 부여해준다고 할지라도, 우리에게는 씁쓸한 울림으로 다가온다. 경술국치 100년을 맞은 2010년에 일본 국민을 자극하는 대중매체 속 역사소설의 위력을 우리는 이 시점에서 세심하게 들여다봐야 하지 않을까?[1]

---

1 이복임, 「경술국치 100년과 '언덕 위의 구름'」, 〈한겨레〉, 2010년 7월 16일자, 강조는 인용자.

제4장 머나먼 세계문학

다소 길게 인용했습니다만, 이 글에서 우리가 알 수 있는 것은 크게 두 가지입니다. 첫째는 NHK에서 시바 료타로의 소설 『언덕 위의 구름』을 드라마로 만들어 방영함으로써 다시 시바 료타로 붐이 일고 있다는 것이며, 둘째는 러일전쟁을 찬양하고 메이지국가를 만든 인물을 부각시키는 『언덕 위의 구름』을 일본의 공영방송 NHK가 드라마화하여 방영하는 것에 문제가 있다는 것입니다. 여기에는 『언덕 위의 구름』을 둘러싸고 일본에서 형성되고 있는 분위기가 심상치 않다는 입장이 표현되어 있습니다. 그리고 이는 일본의 군국주의화(우경화)의 연장선상에 존재하는 것이기 때문에, 결국 동아시아의 평화에 심각한 위협이 될 것이라는 주장입니다.

저는 독자란에 실린 위 칼럼을 새삼스럽게 문제 삼을 생각은 없습니다. 그저 『언덕 위의 구름』의 드라마 방영을 둘러싼 한국 쪽의 인식을 잘 보여준다는 점에서 인용했을 뿐입니다. 사실 이 글은 무언가 새로운 주장을 하고 있지는 않습니다. 언론매체 등을 통해 이야기된 것을 잘 정리해 놓은 수준입니다. 따라서 말이 나온 김에 최근에 나온 『언덕 위의 구름』에 대한 언론의 언급을 살펴보도록 하겠습니다.

위에서도 언급된 것이지만, 우리가 이 작품의 드라마화에 민감하게 반응하는 것은 올해가 '경술국치 100년'이라는 것과도 밀접한 관련이 있습니다.

시바 료타로는 일본 국민작가다. 그는 자기 나라의 역사적 성취와 영광에 심취했다. 그것을 그의 문학적 감

수성에 녹였다. 그리고 일본의 혼과 자부심을 재생산
했다. 『언덕 위의 구름』도 그의 그런 작품이다. NHK는
그 소설을 13부작 대하드라마로 만들었다. 지난해 12
월 다섯 편을 방영했다. (…)

『언덕 위의 구름』의 주요 배경은 일본과 러시아 전쟁
(1904~1905)이다. 시바에게는 조국방위 전쟁이다. **그
는 한반도 침략전쟁이란 사실을 거부한다. 일본제국주의
역사관이 깔려 있다.** 시바는 소설에서 새 인물을 발굴
하고 영웅을 배출했다.[2]

　일본식 해석에 따르면, 운요호의 강화도 해역 침입 이
후 청일전쟁과 불법점령, 명성황후 시해, 동학농민봉기
군과 의병 학살, 을사늑약과 통감부 설치, 그리고 한일'합
방'이 모두 합법이었던 셈이 된다. 그러니 과거사와 관
련해 사죄할 이유도 배상할 이유도 없다. 실제로 일본
조야, 민초들은 말할 것도 없고 좌우를 막론한 지식인
대다수는 1905년 러일전쟁까지 일본은 국제법상 잘못
을 저지른 적 없는 모범국이었다고 생각하고 있고, 일
제의 전쟁범죄나 사죄를 거론할 때도 1931년 만주침략
이후 패전 때까지 15년간의 전쟁행위에 대해서만 그것
을 적용한다. **일본 국민적 작가라는 시바 료타로의 『언덕
위의 구름』 따위가 그런 사관을 대표한다.**[3]

---

[2] 「'언덕 위의 구름' 이후: 박보균의 세상 탐사」, 〈중앙SUNDAY〉, 제
157호 (2010년 3월 14일), 강조는 인용자.

[3] 한승동 선임기자, 「"한일합방 무효"…하토야마는 할 수 있을까?」, 〈한
겨레〉, 2009년 11월 20일, 강조는 인용자.

제4장 머나먼 세계문학

위 두 인용문은 정치적으로 정반대의 입장을 갖고 있는 신문에서 각각 가져온 것입니다만, 다른 것은 몰라도 시바 료타로와 『언덕 위의 구름』에 대해서만큼은 확실한 의견 일치를 보이고 있음을 확인할 수 있습니다. 요약하면 시바 료타로는 메이지 일본의 영광을 찬양하고 일본의 제국주의를 옹호하는 사관을 만든 우익소설가라는 것입니다. 사실 이런 견해가 여러 형태로 재생산되고 유통되고 있는 것이 현실입니다. 문제는 이런 이해가 꼭 국내만의 시각은 아닌 것 같습니다. 최근 고국을 방문한 재일작가 양석일은 인터뷰 중에 다음과 같은 말을 한 바 있습니다.

질문자: 작가의 소설은 주류에서 벗어난 소외된 사람들의 삶이 주를 이룬다. 특별한 이유가 있나?

양석일: 작가는 기본적으로 약자, 억압받는 사람에 대해 생각하고 알리는 사람이다. 물론 **권력을 대변하는 작가도 있다. 시바 료타로의 소설에는 언제나 영웅만이 등장하지 않나?** 그러나 나는 작가는 약자의 삶, 어둠의 이야기를 드러내야 한다고 믿는다. 나는 소설에서 밝은 사회 속 어둠을 말하고 싶다.[4]

여기서도 시바 료타로는 영웅주의 사관을 가진 작가로 언급되고 있으며, 한 신문의 도쿄주재원도 다음과 같은 소

---

[4] 양석일 대담, 「밝은 사회 속 어둠을 말하고 싶다: 재일소설가 양석일」, 〈주간한국〉, 2010년 4월 7일, 강조는 인용자.

식을 타전한 바 있습니다.

시바는 남하하는 러시아를 견제하기 위해 만주와 조선을 일본의 영향력 아래에 둬야 하며, 이 외세로부터 일본을 지키는 자구책이었다는 주장을 펼친다. **일제의 침략을 이렇게 합리화한 시바의 역사관은 고스란히 일본의 대중적인 역사인식이 됐음은 물론이다.** 이 책은 일본인이 정체성을 강렬하게 자각하고 침략전쟁에서 패배한 데 대한 자괴감을 떨쳐내는 데도 큰 역할을 했다. 하지만 **한국은 형편없는 나라로 인식되면서 혐한론의 원류가 되기도 했다. 일본인 최고의 애독서가 한국의 이미지와 문화를 깎아내리는 역할에 앞장선 것이다.**[5]

여기서는 일본국민의 애독서인 『언덕 위의 구름』을 대표적인 혐한嫌韓소설로까지 언급하고 있습니다. 이처럼 국내외에서 유통되는 언급이나 논의를 살펴보면, 마치 시바 료타로가 일본의 가장 나쁜 점만을 한데 모아 응축시켜놓은 괴물처럼 생각됩니다. 우리가 인용하지 않은 다른 기사들도 크게 다르지 않습니다. 그런데 우리는 여기서 이런 질문을 던져볼 수 있습니다. "과연 그럴까? 시바 료타로의 대표작 『언덕 위의 구름』은 일본 제국주의를 합리화하는 소설이고, 소위 '시바 사관'은 일본의 군국주의화를 뒷받침하고 있는 것일까?"

---

[5] 김동호 도쿄특파원, 「'욘사마 불단'까지 등장한 한류」, 〈중앙일보〉, 2009년 11월 20일, 강조는 인용자.

2 한국과 일본 사이의 섬

장기간 일본에서 체류하면서 그곳의 언론(신문이든 TV든)이나 서점가를 주의 깊게 보신 분이라면 모두가 동의하시겠지만, 일본은 우리가 생각하기에도 몹시 당황스러울 정도로 '북한 관련 담론'이 넘쳐나는 곳입니다. 거의 하루도 빠짐없이 등장할 정도이니까요. 그것도 아주 부정적인 형태로만 말입니다.

그런데 그런 신문기사나 TV프로그램, 그리고 관련서적을 보고 있노라면, 그것들의 목적이 사실의 '전달'에 있다기보다는 '소비'에 있다는 느낌이 듭니다. 즉 단순한 정보들로서 존재한다기보다는 오늘날의 일본사회를 구성하는 핵심장치의 하나로서 작동하고 있다는 결론에 도달하게 됩니다. 일본이라는 국가가 북한(이라는 악)에 의해 겨우 존재하는 것은 아닐까 하는 생각까지 들 정도입니다.

그런데 어떻게 보면 한국(언론)과 일본(이라는 국가)의 관계도 그와 유사하지 않나 하는 생각을 해봅니다. 물론 일본과 북한의 관계를 한국과 일본의 관계와 단순비교는 할 수 없을 것입니다. 하지만 '위협적인 존재'로서 상대방을 소비하고 있다는 점에서 그것이 작동하는 방식은 매우 유사하다 하지 않을 수 없습니다. 이런 관계는 보통 '적대적 공존'으로 표현되는데, 이런 적대감이 작동하는 곳에서는 '사전판단'에 존재하는 문제점이 희석되어 '굳이 확인하지 않아도 알 수 있다는 논리'가 아무렇지 않게 횡행합니다. 그리고 그런 논리가 낳은 분위기는 대개 민족감정이나 국가감정과 결합되어 진실처럼 유통됩니다. 따라서 이를 의심하는 것은 엄청난 비난을 감수한다는 것을 의미합니다. 한국에게 일본은 정치적 필요에 따라 언제든지 손쉽게 호출할 수 있는 만능악萬能惡이라 하겠습니다.

지난 겨울인가 일본의 한 대학에서 연구자로 체류하는 분(한때 국내 모 대학의 교수이기도 했습니다)을 만날 기회가 있었습니다. 그런데 그분 말씀이 현재 도쿄대학에서 공부하는 한국인 대학원생만 약 200명 정도 된다고 합니다. 도쿄대학이 이 정도이니 다른 대학까지 포함하면, 그 수는 엄청나게 많을 것입니다. 그런데 그들과 이야기를 해본 결과, 대부분 바보가 될 위험성이 다분하다는 것이었습니다. 무슨 말인고 하니 한국보다 교육여건이 좋은 일본에서 공부를 하다보면, 자연스럽게 '친일파'가 될 수밖에 없다는 것이었습니다.

여기서 친일파란 우리가 일반적으로 사용하는 의미라기보다는 '일본과의 거리감을 상실한 사람' 정도를 뜻합니다. 솔직히 말해 한국의 대학교수들은 너무나 바쁘기 때문에(무엇보다 학생부터가 너무 많습니다) 학생지도에 소홀한 게 사실입니다. 한국에서 일반적으로 행해지는 미국식 토론수업은 교수들에게 수업준비의 부담을 덜어주는 제도로 악용되고 있는 게 현실이고(적당히 코멘트만 하면 되기 때문에), BK야 외부지원금이야 학내행정이야 강의 외에도 할 일이 너무 많아 지도하는 대학원생의 논문조차 꼼꼼히 읽는 사람이 그리 많지 않습니다.

이런 여건에서 공부를 하던 학생들이 일본에 가보니 그곳의 교수들은 외국학생들의 수업용 논문들까지 하나하나 체크해줄 정도로 친절한 것입니다. 사정이 그러하다 보니 그들이 자신의 학문적 아이덴티티를 그곳에서 발견하는 것도 무리는 아닙니다. 그런데 이런 '발견'은 사실 그 자체로 문제가 되는 것은 아니라고 생각합니다.

문제는 그들이 그렇게 쌓은 능력을 일본에서 발휘하기보다는(그런 사람은 한 손으로 꼽을 정도로 매우 적습니다), 결국 한국으로 돌아온다는 데에 있습니다. 물론 돌아오는 거야 뭐라고 비난할 수는 없습니다. 다만 귀국한 이들이 한국에는 자신들의 경쟁상대가 없다고 생각한다면, 한번쯤 짚고 넘어갈 필요가 있을 것입니다. 왜냐하면 한국에서 이루어지는 그들의 연구는 물신화된 일본식 학문에 대한 확신과 그것들이 가져다주는 향수병 가운데서 어떤 만족감을 찾는 데에 그칠 것이기 때문입니다.

한국과 일본은 가장 가까운 나라이고, 실제로 가장 많은 왕래가 이루어지고 있습니다.[1] 뿐만 아니라 두 나라의 언어는 같은 알타이어 계통이어서 다른 언어에 비해 '상대적으로' 배우기 쉽습니다. 이런 지리상의 가까움, 그리고 그

---

[1] 2010년 기준 약 500만 명이 오가고 있습니다 [2024년 기준으로는 약 1,200만 명입니다].

것에서 파생된 영향관계와 언어상의 유사성 때문인지 현재 다른 어떤 언어권의 책보다 많은 책들이 국내에 수입되고 있습니다. 이런 배경을 고려한다면, 우리는 당연히 일본에 대해 잘 아는 나라여야 정상일 것입니다.

하지만 아쉽게도 한국엔 아직 '일본문학 연구', '일본학 연구'가 성립되어 있지 않다고 해도 과언이 아닙니다. 물론 여러 대학에 일문학과나 일어학과가 존재하고 꽤 많은 학생들이 그곳을 졸업합니다.[2] 하지만 교수들부터가 대학원 진학을 희망하는 학생이 있으면 "그냥 일본으로 가서 공부하라"라고 말합니다. 왜 그런 태도를 취하는지는 일단 차치하더라도, 분명한 것은 그들부터가 한국에 아직 독립적인 일본학(일본연구)이 존재하지 않다는 사실을 자인하는 형국이라 하겠습니다.

세계에서 일본어를 구사할 수 있는 인구가 가장 많은 한국에 괜찮은 일본 연구서[3]가 거의 없는 이유는 아마 여기에 있을 것입니다. 그렇다면 왜 이런 사태가 벌어지고 있는 것일까요? 그것은 아마 일본에 대한 한국인들의 '이중적 태도'와 관련이 있을 것입니다. 여기서 말하는 이중적 태도란 근대지식의 매개자로서의 일본에 대한 높은 평가와 35년 간의 식민지 지배를 한 일본에 대한 생리적 거부감과 관련이 있습니다. 간단히 말해 문화적인 측면에서는 우리가 뒤져 있을지 모르지만, 윤리적인 측면에서는 우리가 앞서 있다는 것입니다.

---

[2] 일본어 관련 학과는 영어 관련 학과 다음으로 많습니다.
[3] 이어령의 『축소지향의 일본인』 정도가 예외이지 않나 합니다.

제4장 머나먼 세계문학

따라서 우리는 문화적인 측면에서는 '쉽게' 일본에 감탄하지만, 윤리적인 측면에서는 '쉽게' 일본을 비판하는 경향이 있습니다. 이런 이중적 태도는 기본적으로 정체성을 둘러싼 혼란과 관련이 있는데, 그 때문에 어느 쪽으로든 상대방을 객관적으로 받아들이는 데에 실패하고 있습니다. 좀 더 설명해 보지요. 우리가 일본문화에 '쉽게' 동화되는 것은 일본문화가 뛰어나기 때문이라기보다 우리 생활문화의 상당 부분이 일본의 근대문화에 기초하고 있기 때문입니다. 사회제도에서 일상적으로 사용하는 수많은 한자어와 언어표현에 이르기까지 그러합니다.

최근 한국문학연구자들 중에 일본어를 배우는 게 유행인데, 그것은 오늘날 근대문학 연구의 주류가 된 풍속사나 소위 문화연구Cultural Studies와 밀접한 관련이 있습니다. 그런데 이는 사실상 한국근대문학이 이식된 문학[4]이라는 것을 인정하는 태도라 하겠습니다. 주지하다시피 한국에서 풍속사 연구란 근대문화의 이식과정을 재구성하는 것인데, 이때 중요한 것은 누가 뭐래도 '원본 확인'입니다. 단도직입적으로 말해 한국문학연구자들이 일본어 공부에 열심인 것은 일본을 '제대로' 연구하기 위해서라기보다는 그저 한국근대문학 연구에 필요한 근거와 논리를 찾기 위함입니다. 그런데 놀랍게도 일본근대문학의 그것은 한국근대문학에 잘 들어맞습니다.

---

[4] 주지하다시피 이것은 임화의 '이식문화론'으로, 이것의 극복을 평생의 과제로 삼았던 김윤식조차도 최근 임화 쪽으로 기울고 있는 느낌입니다. 들리는 말에 의하면, 사석에서 그는 임화가 옳았다고 말했다 합니다.

일본문화를 대할 때 우리는 어떤 기시감, 그리고 그것이 불러일으키는 노스탤지어에 사로잡히곤 합니다. 이런 착각은 물론 우리 근대문화의 기층에 깔려있는 일본문화 때문입니다. 이것은 물론 좋고 나쁘고의 문제가 아닙니다. 따라서 우리는 무의식중에 그것을 우리가 나아갈 방향, 또는 찾아내야 하는 원형으로 수용하는 경향이 있습니다. 그런데 이런 막연한 '친근감'이 역으로 일본문화를 객관적으로 대하는 것을 막는 것 같습니다.

다른 한편으로 일본은 한국인들에게 가장 불쾌한 존재이기도 합니다. 그러므로 항상 지난 과거에 대한 반성을 요구합니다. 이것이 대화의 전제입니다. 따라서 반성이 부족하다고 생각되면 자세히 들어 보지 않고 '쉽게' 비난의 화살을 날립니다. 사정이 이러하니 우리에게 있어 그들의 오십보백보는 사실상 같은 것으로 치부됩니다. 사죄하거나 하지 않거나, 우리 편이거나 우리 편이 아니거나 하는 흑백논리가 이 영역에서만큼 마음껏 활개를 치는 곳도 없을 것입니다.

저는 일전에 '문학전문기자' 최재봉이 『반도에서 나가라』 (무라카미 류의 장편소설)에 대해 쓴 비판적인 기사를 문제 삼은 적이 있습니다.[5] 그는 여러 신문기사에서 이 소설을 일본의 군국주의화 경향과 연결시켰는데, 그런 주장이 '너무 쉽게', 그리고 '너무 단호히' 내려지고 있는 것에 깜짝 놀랐습니다. 그래서 『반도에서 나가라』를 자세히 분석하면서

---

5 「비평과 반복」이라는 글로, 『한국문학과 그 적들』(2009)에 수록되어 있습니다.

제4장 머나먼 세계문학

이제 그런 단순하고 단호한 태도는 버릴 때가 되지 않았나 하는 취지의 말을 했습니다. 하지만 당분간 그런 태도는 변하지 않을 것 같습니다. 왜냐하면 그것을 통해 이득을 얻는 사람들이 여전히 많기 때문입니다.

예컨대 최근 엄청나게 주가가 상승한 무라카미 하루키에 대한 태도를 보면 그렇습니다. 제가 생각하기에 전후 일본을 대표하는 국민작가로는 크게 3명 정도가 있습니다. 마쓰모토 세이초, 시바 료타로, 무라카미 하루키가 바로 그들입니다. 이중 가장 무난한 쪽은 마쓰모토 세이초입니다. 다른 곳에서 자세히 서술한 바 있지만[6], 세이초의 경우 약 2년간을 조선에서 복무한 탓인지(의무병이었습니다) 조선에 대해 기본적으로 깊은 공감을 가진 인물이었고[7] 정치적으로도 왼쪽에 가까웠습니다. 즉 일본공산당에 동조적이었습니다.

그래서 문제가 되는 것은 무라카미 하루키와 시바 료타로라 할 텐데, 앞서 살펴본 것처럼 시바 료타로는 한국에서 동네북 취급을 받는 반면에, 무라카미 하루키는 최근 경이로운 존재로 평가받고 있습니다. 『1Q84』(1, 2권)의 한국어판이 출간되면서 1억 엔이라는 엄청난 선인세로 화제가 되었고[8], 해가 바뀌어 제3권의 예약이 시작되자 더 놀

---

[6] 졸고, 「문학의 기적: 마쓰모토 세이초의 삶과 문학」,『마쓰모토 세이초 단편 걸작 컬렉션』(하권), 북스피어, 2009의 해설.

[7] 그는 한국작가가 아직 한 번도 시도하지 못한 '임화를 주인공으로 내세운 장편소설'을 쓰기도 했습니다.

[8] 입찰에 떨어진 일부 출판사들의 비난이 있었지만, 선인세를 훌쩍 넘어서는 대성공을 거두자 도리어 아쉬워 하는 눈치였습니다.

라운 사태가 벌어졌습니다. 한국을 대표하는 두 작가인 황석영과 신경숙의 신작이 뒤로 밀리기 시작한 것입니다.

아직 출간되지도 않은, 즉 존재하지도 않은 책이 언론과 광고를 등에 업고 실제로 서점에 깔려있는 소위 '국민작가들의 책'을 밀어낸 형국입니다. 그런데 문제는 일본작가 한 명이 한국의 대표작가를 순위에서 밀어냈다는 점에 있지 않습니다. 최근 문학동네는 민음사 〈세계문학전집〉에 자극을 받아 문학동네판 〈세계문학전집〉을 의욕적으로 출간하고 있습니다. 그런데 민음사에 의해 시장이 이미 선점된 상태인지라 차별화를 위해 상대적으로 인지도가 낮은 작품들을 끼워넣게 되었는데, 이에 대한 시장의 반응은 매우 차가웠습니다. 즉 내면 낼 수록 적자만 쌓여갔습니다. 이 때문에 문학동네 내에서는 "하루키 팔아서 〈세계문학전집〉을 낸다"는 말이 있을 정도라고 합니다.

그러고 보면 팬서비스라는 점에서 다소 거만한[9] 하루키지만, 다른 한편으로 그는 문학동네라는 출판사를 통해 한국독자들에게 훌륭한 서비스를 하고 있는 셈입니다. 즉 그 덕분에 한국독자들은 상대적으로 덜 유명한 세계의 명작들을 만날 수 있게 되었으니까요. 그런데 한국 최고의 문학출판사가 한 명의 일본작가에게 이토록 기대고 있는 모

---

[9] 엄청난 러브콜에도 불구하고 한국방문을 거절하고 있다고 합니다. 전 세계를 누비고 다니는 하루키가 왜 가장 가까운 나라인 한국(아시아)은 방문하지 않는지 여러 가지 추측들이 난무하는데, 그의 말대로 공식행사에 대한 거부감이 그 이유라면, 아마도 그는 영원히 한국 땅을 밟지 않을 것 같습니다. 따라서 그는 이대로 한국출판계의 신화가 될 가능성이 높습니다.

제4장 머나먼 세계문학

습은 정말이지 아이러니하다 하지 않을 수 없습니다. 아니 어떻게 보면 이게 정상일지도 모르겠습니다. 왜냐하면 한국독서계는 이미 일본소설에 의해 점령된 지 오래고, 하루키는 그런 점령의 상징적 존재로서 원본에 대한 노스탤지어를 역으로 충족시켜 주고 있으니까요.

저는 최근 일어나고 있는 하루키에 대한 재평가 움직임(정확히는 커밍아웃)을 문제 삼은 적이 있습니다.[10] 불과 몇 년 전만 하더라도 금기시 되었던 하루키에 대한 애정표현이 지금은 언제 그랬냐는 듯이 노골적으로 이루어지고 있습니다. 그리고 이는 일본문학 전체에 대한 재평가로 연결되고 있는 것처럼 보입니다. 하지만 그럼에도 불구하고 그런 움직임에서 여전히 제외된 이가 바로 시바 료타로입니다. 그렇다면 그는 왜 구원받지 못한 것일까요? 여기서 우리는 다음과 같은 점을 생각할 필요가 있습니다. 두 작가에 대한 우리의 서로 다른 대우는 어쩌면 '뒤집힌 형태'로 서로 연결되어 있을지도 모른다고 말입니다.

의외일지 모르지만 한국에서 하루키가 폭넓게 수용될 수 있었던 것은 그가 한국에 무관심했기 때문입니다. 덕분에 우리는 그와 '윤리적으로' 얽매일 여지가 애당초 없었습니다. 따라서 그를 순수하게 '문화적으로' 대하는 것이 가능했습니다. 이에 반해 시바 료타로는 한반도에 관심이 많았던 역사소설가로서 필연적으로 우리와 '윤리적으로' 얽매일 수밖에 없었습니다. 앞에서 언급한 것처럼 우리는 다른

---

[10] 졸고, 「돈키호테와 문학소녀」, 『작가들』, 2010년 봄호. [2025년에는 이것이 정반대의 형태로 반복되고 있습니다].

것은 몰라도 '윤리적인 측면'에서만큼은 일본을 앞설 수 있는 특권 같은 것을 가지고 있다고 생각합니다. 따라서 시바의 소설들이 한국에서는 문학적 차원이 아닌 이데올로기적 차원에서 일방적으로 정리되고 있는 것인지도 모릅니다.

3 시바 료타로와 대한민국

그렇다면 그는 일방적으로 비판을 받아야 마땅한 작가고, 그의 대표작 『언덕 위의 구름』은 한국사람이라면 마음껏 침을 뱉어도 되는 작품일까요? 결론부터 말하자면, 어느 쪽에도 동의할 수 없습니다. 그렇다고 해서 시바의 모든 부분을 긍정하는 것은 아닙니다. 확실히 그는 우리가 듣고 싶어 하는 말만 하는 사람이 아닙니다. 피해국가의 국민의 입장에서 듣기에 껄끄러운 이야기도 종종 합니다. 예를 들자면 이렇습니다.

1988년 제1회 신조新潮학예상 수상자로 쓰노다 후사코角田房子(1914~2010)의 『민비암살』이 선정되는데 당시 심사위원이었던 시바는 이와 관련하여 다소 긴 심사평을 쓰게됩니다. 청일전쟁(1894~1895)과 러일전쟁(1904~1905)을 배경으로 하는 『언덕 위의 구름』에서 조선 문제를 의도적으로 회피했다는 비판을 받은 그인지라, 을미사변(명성황후 시해사건)에 대해 나름의 입장(긍정적이든 부정적이든)을 밝혔을 것으로 기대하셨다면 실망하실 것입니다.

그는 명성황후 시해사건을 다룬 책에 대한 글에서 명성황후에 대해서는 한 마디도 하지 않고 도리어 당시의 조선이 왜 그런 참담한 처지에 놓이게 되었는지와 관련해서만 대부분을 지면(약 10쪽)을 소비합니다. 즉 그에게 있어 중요한 것은 일본이 조선에 얼마나 못된 짓을 했는지에 대한 반성이 아니라, 조선은 어쩌다 자신의 황후가 자객들의 손에 무참히 죽는 것조차 막지 못한 나라가 되었는지에 물음이었습니다.

그리고 그는 그 원인으로 시대의 변화에 빠르게 대처하지 못한 점을 듭니다. 그렇다면 무엇이 조선으로 하여금 시대변화에 제대로 대처하지 못하게 한 것일까요? 시바는 그것을 조선시대에 도그마로서 기능한 주자학(관념론) 지배를 이야기합니다. 즉 중국보다 더 극단적인 형태로 존재했던 동양적 전제주의가 제3의 세력(그는 그 한 예로 동학운동을 듭니다)이 성장하는 것을 막아 결국 스스로 자멸할 수밖에 없었다는 것입니다.

> 일본의 경우, 도쿠가와막부德川幕府 체제가 봉건적 다양성을 갖고 있었기 때문에, 도쿠가와 세력이 쇠약해지거나 잘못이 있다면, 그것을 대신할 다른 세력이 항상 내장內藏되어 있었다. 메이지유신은 '국민'을 창출하기 위해 일어난 혁명으로, 그 주도세력은 번藩이라는 봉건제하의 내장세력이었다.
>
> 조선의 체제는 이 점에서 투명할 정도로 단순했다.
>
> 왕권과 농사를 짓는 농민밖에 존재하지 않았다고 말할 수 있을 정도다. 물론 과거제에 의한 관료세력과 그 기반이 되는 양반세력이 존재했다. 하지만 그들은 왕

제4장 머나먼 세계문학

권 외의 세력이 아니라 '왕의 심복(수족)'으로서 왕권에 기생하는 사람들이었고, 특히 이조 말기에는 대부분 왕의 외척(민씨 일족)에 기생했고 당쟁에 에너지를 소비한 나머지 결국 국가를 구원할 제3의 세력이 될 수는 없었다.[1]

같은 말이라도 누가 하느냐에 따라 그 의미가 다르게 해석되기 마련인데, 특히 '가해자와 피해자'라는 구도를 도입하면 필연적으로 극단적이 됩니다. 솔직히 말해 위와 같은 발언이 한국 사람의 입에서 나왔다면, 약간의 다툼이 있었을지 모르지만, 크게 문제가 되지는 않았을 것입니다. 하지만 일본인의 입에서 나온 것이라면 우리는 적잖은 불쾌감을 느낄 수밖에 없습니다. 왜냐하면 그것은 가해자가 자신의 가해사실을 정당화하는 것처럼 보이기 때문입니다. 저는 한국인으로서 그런 불쾌감이 어떤 것인지 잘 이해하고 있으며, 따라서 그것을 문제 삼고 싶은 생각은 없습니다. 하지만 그렇다고 해서 곧바로 '시바 료타로=일본의 극우작가'라는 등식에 이르는 것에는 결코 동의할 수 없습니다.

이와 같은 문제에서 타당함이란 구체적인 사실보다는 정해진 판단을 확인하는 것에 그치는 경우가 많습니다. 즉 일본을 가해국가로 보았을 때, 명성황후는 객관적 판단의 대상이라기보다는 조선의 불우한 처지를 온몸으로 체현한 비극적인 존재로 부각됩니다. 따라서 그녀에게는 흠짓이 있

---

[1] 司馬遼太郎, 「雑談としての『閔妃暗殺』」, 『司馬遼太郎が考えたこと』(第14卷), 新潮文庫, 2002, 225頁.

어서는 안 되며, 설사 있다고 하더라도 그녀의 책임이라기보다는 시대의 책임이 되어야 합니다. '외부의 악'(절대악)인 일본이 존재하니 우리의 모든 것은 선이 될 수 있습니다. 그리고 이에 대해 이의를 제기하는 사람은 '내부의 악'(친일파)이 됩니다.

이런 상황에서는 일본을 이해하는 것도 그리고 우리를 이해하는 것도 불가능합니다. 아니 애당초 우리는 일본을, 그리고 우리를 이해하고 싶은 생각이 없는 것인지도 모릅니다. 이는 국가의 지원금에 의해 굴러가는 한국의 인문학이 갈라파코스화에서 벗어나기 힘든 이유이기도 합니다. 담론 생산의 방향이 기본적으로 패해국가로서의 윤리적 우위의 유지, 그리고 그것을 유지 발전시키기 위한 내수소비 담론의 진작이기 때문입니다.

그런데 자가생산적 담론에서 벗어나 세계사적 관점에서 이 문제를 바라본다면, 우리는 시바 료타로의 비교(일본과 조선)에 존재하는 내용을 곱씹어 볼 필요가 있습니다. 일본은 왜 근대화에 성공하고 조선은 왜 그렇지 못했을까요? 시바가 자주 사용하는 표현을 빌리자면, 이는 '좋고 나쁘고의 문제'가 아닙니다. 그리고 '자생적 근대화론이냐 식민지 근대화론'이냐의 문제도 아닙니다. 우리가 종종 빠지는 오류이지만, '근대화'라는 것 자체가 절대선이 될 수는 없기 때문입니다.

4 '뤼순'이라는 사상

여기서 번거롭지만 시바에 관한 논평을 한 편만 더 읽기로 하겠습니다.

"정말로 작은 나라가 개화기를 맞고 있었다." 러일전쟁에서의 일본 승리와 국가를 위해 몸바친 일본 젊은이들의 활약을 그린 시바 료타로의 '언덕 위의 구름'은 이렇게 시작된다. 1972년 출판돼 2,000만부가 팔린 소설이다. **이를 드라마로 만들자는 방송사들의 끈질긴 요청이 있었지만 시바는 생전에 모두 사양했다. 러일전쟁 승리는 그 자체로는 영광이었지만 일본을 브레이크 안 듣는 제국주의의 길로 내몰아 40년 후 원자폭탄과 패전을 불러왔다는 그 나름의 사관**史觀 **때문이다.**

시바가 죽은 지 13년 만인 작년 12월 일본 공영방송 NHK는 '언덕 위의 구름'을 13부작 대하드라마로 만들어 5회 방영했다. 올 연말 나머지 5회, 내년 3회를 내보낼 예정이다. 드라마 얼개는 소설 '언덕 위…'를 바탕으로 했지만 몇 가지 강조점은 다른 것 같다. **이토 히로부미를 주인공 중 하나로 띄우고 '어리석을 정도의 평화주**

의자'로 부각시키려는 것도 그중 하나다. 드라마에서 이
토는 "전쟁을 피하기 위해 혼신을 다한 메이지시대 영웅"
이다.

1904년 2월 8일 일본 연합함대는 인천과 뤼순旅順의
러시아 함대를 기습공격했다. 아시아의 '보잘것없던'
작은 나라가 유럽의 거인 러시아를 거꾸러뜨린 러일전
쟁의 시작이다. **러일전쟁 승리는 일본엔 영광의 정점이
었겠지만 한국에겐 나락의 시작이었다.** 미국과 영국 · 러
시아로부터 한국 지배를 승인받은 일본은 을사늑약 ·
정미7조약 등을 통해 한국을 거침없이 식민지로 몰아
갔다.

일본의 어느 평론가는 **"민족의 서사시를 기억하지 못
하는 민족은 언젠가는 망한다"**고 했다. 지금 일본 국내
외 사정이 러일전쟁 승리의 기억을 떠올리고 그때의 에
너지를 되살려야 할 만큼 절박한지 모른다. 그러나 일
본은 그 전쟁의 결과로 강제합병의 국치國恥를 당한 지
올해로 100년을 맞는 이웃 나라 입장은 조금이라도 헤
아리고 있는 걸까.[1]

전체적인 논지는 앞에서 다룬 것들과 크게 다르지 않습
니다. 하지만 다른 글들에서는 볼 수 없었던 몇 가지 객관
적인 사실과 나름대로 생각해볼 만한 꺼리를 발견할 수 있
습니다. 먼저 지적할 것은 『언덕 위의 구름』의 드라마화에

---

[1] 김태익 논설위원, 「[만물상] 러일전쟁 106주년」, 〈조선Biz〉, 2010년 2
월 7일, 강조는 인용자.

제4장 머나먼 세계문학

대한 것입니다. 사실 영상화에 대한 논의는 이 소설이 출간되고서부터 줄곧 있어왔습니다. 다만 원작자인 시바 료타로가 고사해 왔다고 합니다.

이런 단순한 사실 확인은 지금 방영되고 있는 드라마 〈언덕 위의 구름〉이 시바의 뜻과 전혀 무관하다는 것을 새삼 환기시켜 줍니다. 물론 NHK는 시바 사후 오랜 설득 끝에 저작권자인 유족의 동의를 얻어냈겠지만 말입니다. 따라서 우리는 다음과 같은 사실을 강조할 필요가 있습니다. 즉 시바 료타로에 대한 평가와 이번 드라마에 대한 평가는 구분해서 논의되어야 한다는 것을 말입니다.

여기서 자연스럽게 이런 의문이 생깁니다. 그렇다면 그는 왜 드라마화를 거부했을까? 이에 대해 시바는 '밀리터리 취미로 오해될 위험이 있기 때문'이라고 답하는데, 이런 단순한 답변에 수긍할 사람은 많지 않을 것입니다. 당연히 보다 근원적인 이유가 있었을 것이라는 추측이 가능한데, 그 이유는 위 칼럼의 다음 문장을 주의 깊게 읽는 것으로 충분합니다.

러일전쟁 승리는 그 자체로는 영광이었지만 일본을 브레이크 안 듣는 제국주의의 길로 내몰아 40년 후 원자폭탄과 패전을 불러왔다는 그 나름의 사관 때문이다.

제가 생각하기에 전체적인 논지 때문에 무심코 지나칠 수 있는 이 부분이야말로 우리 논의에서 가장 주목해야 할 부분인데, 왜냐하면 만약 이것이 사실이라면 시바 료타로가 드라마화를 거부한 이유가 러일전쟁을 일본의 영광으로 생각하지 않기 때문이라는 추측이 가능하기 때문입니다. 물론 특정 부분만을 강조하면 그렇게(일본의 승리를 찬양하는 것으로) 볼 수 없는 것은 아닙니다. 하지만 그것은 세부를 전체로 확대해석하는 오류에 빠지는 것입니다.

실제로 시바는 그런 오해를 마치 예상이라도 하듯 다른 작품과는 달리 상당한 분량의 「후기」를 매 권마다 첨부하고 있습니다. 시바는 보통 자신의 작품에 후기를 첨부하지 않지만 이 작품만은 예외였습니다. 다만 이 소설은 한국에도 여러 번 번역되었지만(정식계약에 의한 것은 아니었습니다), 마치 약속이라도 한 것처럼 모두 후기를 생략하고 있습니다. 따라서 앞으로 우리는 이 후기까지를 포함하여 『언덕 위의 구름』을 살펴볼 텐데, 이는 작품보다 작가의 말에 해석적 우위를 두는 입장과는 전혀 무관합니다.

시바의 방대한 에세이를 어느 정도 일별해본 사람이라면, 이 「후기」에 담긴 내용들이 다른 글들에서 여러 형태로 변주되고 있음을 아실 것입니다. 「'뤼순'으로부터 생각한다」[2]라는 글도 그런 에세이 중 하나라 할 수 있는데, 우리는 일단 이 글을 입구로 삼아 이야기를 풀어가도록 하겠습니다.

시바는 이 글에서 일본인에게 뤼순은 단순히 '지명'이기보다는 '사상(용어)'으로 받아들여지는 경향이 있다면서 운을 뗍니다. 그러면서 적어도 자신은 그것에 저항하고 싶다면서

---

[2] 司馬遼太郎, 「'旅順'から考える」, 『歴史の中の日本』, 中公文庫, 1994.

제4장 머나먼 세계문학

덧붙입니다. 여러분, '뤼순' 하면 무엇이 떠오르시나요? 한국인이라면 당연히 뤼순형무소가 생각날 것입니다. 뤼순형무소는 원래 이곳에 진주했던 러시아가 자신들에게 저항하는 중국인들을 제압하기 위해 건립한 곳이었는데(1902년), 러일전쟁 후 일본이 접수한 뒤로는 한국인, 중국인, 러시아인을 수감하는 대표적인 감옥이 되었습니다. 아시는 것처럼 이곳은 안중근 의사가 순국하고 신채호 선생이 옥사한 곳이기도 합니다.[3] 그러나 일본인들에게 뤼순은 형무소가 있었던 장소라기보다는 러일전쟁의 최대 격전지로 각인되어 있습니다.

소설을 읽어 보신(또는 드라마를 보신) 분들은 아시겠지만, 『언덕 위의 구름』에는 세 명의 주인공이 등장합니다. 러일전쟁을 승리로 이끄는 데 큰 공헌을 한 아키야마 요시후루秋山好古, 아키야마 사네유키秋山真之 형제와 일본근대시가 개혁에 큰 공헌을 한 마사오카 시키正岡子規가 바로 그들입니다. 그러나 마사오카 시키는 작품이 채 절반도 진행되기 전에(즉 러일전쟁이 일어나기 전에) 죽고, 아키야마 형제도 러일전쟁이 막상 시작되면 스포트라이트를 받을 수 있는 자리에서 끌어내려져 전쟁에 참여한 수많은 인물들 속에 묻히게 됩니다.

애써 의식하고 읽지 않으면 그들(아키야마 형제, 마사오카 시키)이 주인공이라는 사실조차 깨닫지 못할 정도입니

---

[3] 이곳은 1945년 소련의 붉은 군대가 진주한 뒤에야 사용중지 결정이 내려졌고, 1971년 복원을 통해 전시관으로 꾸며진 뒤, 1988년 중국정부에 의해 국가중점역사문화재로 지정되었습니다.

다. 따라서 어떤 관점에서 보느냐에 따라 주인공이 바뀔 수도 있는 작품이라 하겠습니다. 예를 들어 이 작품의 하이라이트를 뤼순공방전으로 간주했을 때, 이 작품의 진짜 주인공은 비극적인 인물로 묘사된 노기 마레스케乃木希典일 수도 있습니다. 앞서 일본인들은 뤼순을 사상적 용어로 받아들이는 경향이 있다고 말했는데, 이때의 '뤼순의 사상'이란 구체적으로 말하면 노기의 신화화와 연결되어 있다고 말할 수 있습니다.

시바의 붓을 거친 인물 중 가장 문제적인 인물은 누가 뭐래도 바로 노기 장군입니다. 사카모토 료마가 아닙니다. 그렇다면 왜 하필이면 노기일까요? 그것은 그를 어떻게 평가하는지에 따라 러일전쟁이 가진 의미가 달라지기 때문입니다. 그렇다면 작가 시바는 누구를 주인공으로 삼았던 것일까요? 아키야마 형제, 마사오카 시키일까요? 그렇지 않으면 노기 마레스케일까요?

이 문제는 불필요한 양자택일만 고수하지 않는다면 쉽게 해결이 가능합니다. 짐작컨대 아마 처음에는 아키야마 형제와 마사오카 시키를 주인공으로 생각했을 것입니다. 하지만 이야기가 진행되는 와중에 자연스레 그들보다는 노기 장군에게로 관심이 옮겨 갔을 것입니다. 왜냐하면 아키야마 형제가 한 역할은 그들이 아니었더라도 어느 누군가가 대신했을 테지만(이는 제1권 후기에서 시바 자신이 하고 있는 말입니다), 노기 장군의 역할은 그렇지 않았기 때문입니다.

5 『언덕 위의 구름』과 낙천주의의 소멸

　시바가 오해를 받는 이유 중 하나는 그가 이 시기를 낙천적으로, 다시 말해 밝게 그리고 있기 때문입니다. 그러나 메이지시대를 낙천적으로 묘사하고 있다는 점이 이 시대를 전면적으로 긍정하고 있다는 것을 의미하지는 않습니다. 시바는 다음과 같이 말하고 있습니다.

　끊임없이 머리에 있던 막연한 주제는 일본인이란 무엇인가? 라는 것이었는데, 그것을 이 작품의 등장인물들이 놓인 조건하에서 생각해 보고 싶었다.
　메이지유신 이후 러일전쟁까지 약 30여 년은 문화사적으로도 정신사적으로도 긴 일본역사에서도 매우 특이하다.
　이 정도로 낙천적인 시대는 없다.
　물론 견해에 따라 그렇지 않을 수 있다. 서민은 무거운 세금에 허덕였고, 국권은 너무나 무거웠으나 민권은 너무나 가벼웠으며, 아시오足尾광독鑛毒사건이 있었고 여공애사女工哀史가 있어서 그와 같은 피해의식 속에서 보면 이때만큼 어두운 시대는 없었을 것이다. 그러나 피해의식으로만 보는 것이 서민의 역사는 아니다. 메이지는 좋았다고들 말한다. 그 시대를 살았던 직인이나 농부나 교사 등 많은 이들이 그렇게 말한다. 나는 소년 시절부터 그런 이야기를 들었다.[1]

시바는 그 시대를 다른 관점에서 볼 수 있음을 충분히 인정하고 있습니다. 하지만 '그럼에도 불구하고' 많은 사람들이 그 시대를 그리워하고 있다고 말합니다. 그렇다면 그런 회고는 현실과 과연 얼마나 일치할까요? 혹시 정신분석에서 이야기하는 '기억이 만들어낸 착각'은 아닐까요? 그렇지 않으면 정말 낙천적인 무언가가 그 당시에 있었던 것일까요? 시바의 입장은 당연히 후자입니다.

그렇다면 그와 같은 낙천주의를 만들어낸 것은 구체적으로 무엇이었을까요? 여기서 시바는 '(근대)국가', 그리고 그와 더불어 발생한 '국민'을 들고 나옵니다. 주지하다시피 일본은 메이지유신 이후 처음으로 '국가'라는 것을 가지고 일본인들도 스스로를 '국민'으로서 간주하게 되었는데, 이런 대변혁기에 등장한 '어떤 고양된 분위기'를 시바는 '낙천주의'로 본 것입니다.

그렇다면 시대적 변혁기에 생긴 고양된 분위기와 국가는 구체적으로 어떻게 연결되고 있었을까요? 시바는 그것을 관료제에서 찾습니다.

---

[1] 司馬遼太郎,「あとがき 1」,『坂の上の雲』(八), 文春文庫, 1999, 309-310頁.

제4장 머나먼 세계문학

메이지는 극단적인 관료국가시대다. 우리라면 두 번 다시 경험하고 싶지 않은 제도이다. 하지만 마음을 들여다보면, 당시 신국민이 그것을 그 정도로 싫어했는지는 매우 의심스럽다. 사회 어느 계층의 어느 집 자식이라도 어느 정도의 자격을 얻기 위해 필요한 기억력과 끈기만 있으면, 박사도 관리도 군인도 교사도 될 수 있었다. 그런 자격의 취득자가 항상 소수였다고 해도, 다른 대다수도 자신이나 자신의 자식이 의지만 있으면 언제든지 그렇게 될 수 있다는 점에서, 권리를 가진 자로서의 풍요로움이 있었다. 이런 '국가'라는 열린 기관의 고마움을 상당한 수준의 사상가, 지식인도 의심하지 않았다.

게다가 일정 자격을 취득하면 국가성장의 첫 단계에서는 중요한 부분을 맡을 수 있었다. 확대해서 말하면, 신화의 신과 같은 힘을 갖게 되어 국가의 어떤 부분을 만들고 열어갈 수가 있었다. 혈통이 확실하지 않은 서민의 상승이 가능했다. 게다가 국가는 작았다.

정부도 작은 세대世帶였고, 여기에 등장하는 육해군도 거짓말처럼 작았다. 그런 마을공장처럼 작은 국가에서 부분마다 의무와 권능을 갖게 된 스태프들이, 세대가 작기 때문에 생각대로 충분히 일해 그 팀을 강하게 만든다는 오직 하나의 목적을 향해 나아갔으며 그 목적을 의심조차 하지 못했다. 이 시대의 밝음은 이런 낙천주의에서 왔을 것이다.[2]

---

2 司馬遼太郎, 「あとがき 1」, 위의 책, 311-312頁.

메이지유신과 더불어 만들어지고 어느새 정착된 관료제는 한편으로 많은 문제를 낳았지만 다른 한편으로 하급사무라이나 일반국민에게 (물론 쉽지는 않았을지라도) 어떤 '풍요로움'을 부여했습니다. 이 소설의 앞부분은 하급무사의 자식으로 태어난 아키야마 형제가 고향을 떠나 사회에 발을 내딛는 과정을 자세히 서술하고 있습니다. 형 요시후루는 생활비와 수업료가 전혀 들지 않는다는 이유 하나로 사범학교에 들어가고, 동생 사네유키는 형의 도움으로 상경하여 대학예비교에 들어가기 위해 공립학교에서 공부를 하게 됩니다.

이후 요시후루는 프랑스로 유학을 가 그곳에서 배운 기병전술을 일본에 도입, 일본기병대의 창시자로서 러일전쟁에서 큰 공을 세우게 되고, 사네유키는 대학에 진학하여 마사오카 시키와 함께 문학도로서의 꿈을 키우지만, 이내 자신과 맞지 않다는 것을 깨닫고 형의 조언에 따라 군사학교에 진학합니다. 그리고 이후 미국으로 건너가 미서전쟁[3]을 참관하는 기회를 갖게 됩니다. 이때의 경험은 이후 발트함대와의 대결전에 결정적인 도움을 줍니다.

이처럼 당시 일본은 별 볼일이 없는 집안의 출신이라도 약간의 능력과 끈기만 있으면 신분상승이 가능했던 시대였습니다. 더구나 아직 일본은 작은 나라이자 시스템이 완전히 확립된 나라가 아니었기 때문에 자신이 맡은 분야에서 소신껏 일하는 것만으로 직간접적으로 국가에 영향을

---

[3] 1898년에 벌어진 '미국-스페인 전쟁'으로, 스페인 식민제국의 몰락과 미국 식민제국의 등장을 알리는 상징적인 사건입니다.

줄 수 있는 시대이기도 했습니다.

과도기란 불합리한 사건들이 부지기수로 발생하는 혼란스러운 시기를 말합니다. 하지만 역으로 보면 사회체계의 경직성이 아직 낮은 시기입니다. 따라서 인적 자원의 이동이 활발하여 개인의 의지가 마음껏 발휘될 수 있는, 그러므로 사회 전체적으로 활력이 넘치는 시기이기도 합니다. 시바도 지적한 바와 같이 사회경제적 안정이라는 관점에서 보면 메이지시대는 매우 불행하고 비극적인 시기였을지 모릅니다. 하지만 단지 그뿐이었다고 한다면, 설사 인간의 뇌에 과거를 왜곡하는 장치가 있다고 하더라도, 대다수 일본인들이 그 시기를 '밝게' 추억하지는 못할 것입니다.

그런데 시바는 메이지시대를 마냥 낙천적으로만 그리고 있지 않습니다. 아니 어떻게 보면 그 반대라고까지 말할 수 있습니다. 실제 작품에서 마사오카 시키(그는 메이지적 낙천성을 매우 높은 순도로 가진 인물로 묘사됩니다)가 죽자 작품의 분위기가 조금씩 변하기 시작하더니 러일전쟁에 이르면 그 정도는 더욱 심해집니다. 그리고 작품의 말미에 이르면 아키야마 형제가 시키와 공유한 낙천성은 일본의 승전과는 정반대로 완전히 너덜너덜해지고 맙니다. 동생 사네유키는 전쟁의 참화에 큰 충격을 받고 속죄를 위해 중이 되려고 했고(주위의 만류로 중이 되는 것은 포기하지만, 유언으로 아들로 하여금 중이 되도록 했습니다), 형 요시후루는 시골의 중학교 교장으로서 말년을 은거하다시피 하며 보냅니다.

그렇다면 무엇이 한때 일본을 지배한 낙천적인 분위기를

일소시킨 것일까요? 그것은 러일전쟁이라는 일본이 그동 안 경험하지 못한 전쟁 때문이라 할 수 있는데, 『언덕 위의 구름』에서 그것은 뤼순공방전을 통해 가장 강렬한 형태로 표현되고 있습니다. 러일전쟁의 판세는 사실상 이 공방전 에 의해 결정되었다고 해도 과언이 아닙니다. 일본군은 우 여곡절 끝에 이 공방전에서 이기지만, 그 과정에서 보여준 어처구니없는 모습들(그 결과는 엄청난 사상자였습니다) 은 마냥 낙천적일 수만은 없는 근대일본의 어두운 이면을 응축적으로 보여주었다 하겠습니다. 그리고 이것을 온몸으 로서 체현한 존재가 있었는데, 그가 바로 노기 마레스케였 습니다.

그런 의미에서 『언덕 위의 구름』은 전반부의 주인공인 마사오카 시키의 낙천성이 후반부의 주인공인 노기 마레 스케의 비극성에 바통을 건네는 작품이라 하겠습니다. 따 라서 이 소설을 메이지시대의 낙천성을 다룬 소설이라기보 다는 그것의 소멸을 다룬 소설로 보는 편이 더 설득력이 있 지 않나 합니다. 노기 장군의 비극성은 시키의 낙천성을 완 전히 가릴 정도로 강력했습니다. 그렇다면 노기라는 인물 은 과연 어떤 인물이었을까요? 일본근대문학에 조금이라 도 관심이 있는 한국의 독자가 그의 이름을 처음 본 것은 아마 나쓰메 소세키의 『마음』에서일 것입니다. 메이지천 황이 죽자 천황을 따라 순사한 인물로서 간접적으로 등장 하는 그는, 충격적인 죽음으로 인해 소세키에 의해 메이지 정신을 상징하는 존재로 간주되었습니다.

모든 나라가 각자의 영웅을 갖고 있다고 했을 때, 노기

제4장 머나먼 세계문학

마레스케는 근대일본인의 마음에 깊숙이 각인된 존재로서 순사 후 군신軍神의 위치까지 올랐으며, 태평양전쟁은 물론 패전 이후에도 군인정신(군국의 정신)을 상징하는 인물로 일본인의 존경을 받아왔습니다.[4] 그런데 바로 그렇기 때문에 시바 료타로가 그리는 노기의 모습은 매우 논쟁적일 수밖에 없습니다. 이에 대한 논의는 지금도 계속되고 있습니다. 시바는 "노기는 과연 뛰어난 군인이었는가?" 하는 질문을 던지고 '노기 신화'가 가진 의미를 추적해 가는데, 제가 생각하기에는 바로 이것이 『언덕 위의 구름』의 주제가 아닌가 합니다.

---

4 이런 노기(와 노기 가족)에 대한 우상화의 그늘은 일제 말기에 시대와 타협한 조선의 작가들에게도 나타납니다. 예컨대 박태원의 「군국의 어머니」(1942), 김상덕의 『어머니의 힘』(1943), 채만식의 『여인전기』(1944)와 같은 작품이 그러합니다.

6 사상과 현실 – 노기 마레스케와 이토 히로부미

여기서 우리는 앞서 든 김태익의 칼럼으로 잠시 돌아갈 필요가 있습니다. 여기서 소설 『언덕 위의 구름』과 드라마 〈언덕 위의 구름〉의 차이점은 다음과 같이 이야기되고 있습니다.

> 드라마 얼개는 소설 『언덕 위의 구름』을 바탕으로 했지만 몇 가지 강조점은 다른 것 같다. 이토 히로부미를 주인공 중 하나로 띄우고 '어리석을 정도의 평화주의자'로 부각시키려는 것도 그중 하나다. 드라마에서 이토는 "전쟁을 피하기 위해 혼신을 다한 메이지시대 영웅"이다.

한국인에게 이토 히로부미는 조선침략의 원흉으로 절대악과 같은 존재이기에, '평화주의자 이토 히로부미'란 결코 용납할 수 없는 평가라 할 수 있습니다. 어려서부터 그렇게 교육을 받아왔기 때문에 그것은 생리적 반응에 가깝습니다. 하지만 이런 반응에 그치고 만다면 우리는 '우리 안의 일본' 이외의 일본을 영원히 보지 못할 것입니다. 따라서 우리는 일본의 입장이나 제3자의 입장에서 이토 히로부미라는 인물을 바라볼 필요가 있습니다.

칼럼의 필자는 드라마가 원작소설과는 달리 이토 히로부미를 미화시키고 있다는 점을 주로 비판하고 있는데, 이토가 전쟁을 피하기 위해 혼신을 다한 것만큼은 분명한 사실로(막후협상을 위해 고령임에도 불구하고 유럽의 여러 나라를 돌아다니는 수고를 아끼지 않았습니다), 이는 시바가 소설에서 강조하고 있는 부분이기도 합니다. 다만 그가 전쟁을 막으려고 한 것은 평화를 사랑했기 때문은 아닙니다. 현실주의자로서 이토는 러시아와 싸워서는 승산이 없다고 냉정히 판단한 것에 지나지 않았습니다. 시바가 노기와 달리 이토를 높이 평가한 것은 이런 현실주의적인 측면이었습니다.

소위 '시바사관司馬史観'이라고 불리는 것이 있습니다. 이것은 간단히 말해 '합리주의'나 '현실주의'에 대한 강한 옹호를 의미합니다. 따라서 현실을 무시하는 사상주의(사상성)에 대해 매우 비판적입니다. 시바는 제2권의 후기에서 바로 이 문제를 근대일본이 낳은 두 명의 거인을 비교함으로써 논하고 있습니다. 이토 히로부미와 일본육군의 창시자인 야마가타 아리토모山県有朋가 바로 그들입니다.

두 사람은 동문수학한 사이로, 이들의 스승이었던 요시다 쇼인吉田松蔭은 에도 말기를 대표하는 '매우 순도가 높은'(시바 료타로의 표현) 사상가였습니다. 그런데 야마가타가 평생 스승에게 호의를 가졌던 데에 반해 이토는 그렇지 않았습니다. 왜냐하면 쇼인은 사상이 없는, 즉 무사상無

思想인 이토를 탐탁치 않게 여겼고, 이토는 과잉사상過剩思想인 스승에게 공감할 수 없었기 때문이었습니다.

우리의 생각과 달리 당시 일본정부는 러시아와의 전쟁에 매우 부정적이었습니다. 이토로 대표되는 현실주의적 정치가들은 일본이 러시아를 이길 확률은 매우 낮으며, 따라서 승리할 가능성이 없는 전쟁은 무의미하다고 보았습니다. 그런 의미에서 이토와 마찬가지로 젊은 시절에 조슈長州공격1을 경험한 야마가타도 처음에는 전쟁회피론자였습니다. 그런데 머지않아 개전론자로 전향하는데, 이에 대해 시바는 다음과 같은 설명을 하고 있습니다.

하지만 야마가타가 이내 개전론으로 기울고 이토처럼 철저하지 못했던 것은, 군인이라는 전쟁을 직업으로 하는 남자로서 원로가 된 후에도 제일선의 공명을 몽상할 정도로 원래 전쟁을 싫어하지 않았고, 이토와 마찬가지로 현실주의자였다고 하더라도 이토에 비하면 다분히 '사상성'이 있었기 때문이다. 사상성이란 과장된 언어다. 그런데 사물이나 사태를 현실주의적으로 판단할 때 사상성이 있다는 말은 농도가 짙은 필터를

---

1 '시모노세키전쟁'으로 불립니다. 1863년 조슈번은 양이攘夷를 내세우며 시모노세키 해협을 지나가는 외국선박을 공격하여 미국, 프랑스, 네덜란드, 영국의 상선에 피해를 입힙니다. 이에 4개국 연합이 함대를 파견하여 조슈번을 공격합니다. 이때 조슈번은 서양군대와의 군사력 차이를 절실히 느끼며 완패합니다. 조슈 출신 청년이었던 이토 히로부미와 야마가타 아리토모는 이 전쟁을 목격한 후 서양문명 수용의 필요성을 절실히 느끼게 됩니다.

사용하여 사물을 보는 것과 같아서 현실에 대한 측량을 잘못하기가 쉽다. 때로는 측량조차도 부정하고 "설령 현실이 그러하다고 하더라도 이래야 한다"는 쪽으로 기울기 쉽다. 예술에서는 이런 필터가 일상적으로 필요하지만 정치의 장場에서는 때로 정치 자체를 전진시키는 자극제나 발아제 역할을 하는 경우가 있지만 때로 정치 그 자체를 망칠 위험성이 있다.[2]

시바에게 있어 사상성이나 예술성은 현실정치에서 반드시 거부되어야 하는 것으로 제시됩니다. 왜냐하면 그것은 믿음(당위)을 내세움으로써 현실을 무시하는 경향이 강하기 때문입니다. 여기서 우리는 시바가 진정으로 중요하게 생각한 것이 무엇이었는지 알 수 있습니다. 시바가 문제 삼은 것은 일본이 수많은 난관을 극복하고 러일전쟁을 승리로 이끌었다는 사실이 아니라, 러일전쟁 자체가 무모한 전쟁이었다는 사실이었습니다. 즉 그가 보기에 개전론자들은 현실을 무시한 판단으로 국민들을 도탄에 몰아넣은 '사상적 인물'들에 지나지 않았습니다. 이기긴 했지만 그것은 천운에 가까웠습니다. 그리고 이 승리는 이후 비극의 씨앗이 됩니다. 시바가 소설에서 그런 사상들과 싸운 이토의 행적을 비교적 상세히 묘사한 것은 이런 맥락에서입니다.

---

2 司馬遼太郎, 「あとがき 2」, 위의 책, 315頁.

7 러일전쟁의 기원과 국민서사시의 탄생

그렇다면 여기서 우리의 궁금증은 러시아와의 전쟁에 시종일관 부정적이었던 일본정부가 어떻게 해서 전쟁에 나서게 되었는지에 있을 것입니다. 흥미롭게도 개전론의 진원지는 일반대중과 언론 그리고 대학과 재야정치계였고, 군부가 이에 동조하는 형태를 띠었습니다. 정말이지 학습효과는 무서운 것 같습니다. 청일전쟁 때 받은 막대한 배상금[1]은 사회기반시설을 확충하고 철강산업을 육성하는 데에 사용되었는데, 이 과정을 지켜본 일본의 민중들은 막연히 새로운 전쟁이 또 다른 호황을 가져다 줄 것이라고 기대했습니다.

뿐만 아니라 청일전쟁을 계기로 크게 성장하던 언론이 이런 분위기를 확산시키는 데 결정적인 기여를 했으며[2], 시대의 흐름을 쫓기 바빴던 지식인들도 이에 적극 동조했습

---

[1] 일본정부 예산의 4.5배가 되는 금액이었습니다.

[2] 전쟁은 그야말로 뉴스의 보고입니다. 무엇이든 뉴스가 되기 때문입니다. 종군기자는 이것을 잘 보여주는 상징적인 존재입니다. 참고로 오늘날 중도좌파 신문으로 이야기되는 〈아사히신문〉은 이 시기에 크게 활약하여 엄청나게 성장합니다. 그리고 일본의 국민작가가 이 신문의 전속작가가 되어 일본근대문학사에 남게 되는 작품들을 연재합니다.

제4장 머나먼 세계문학

니다. 소위 '제국대학 일곱박사'는 개전을 촉구하기 위해 정부를 방문했고, 재야의 정치인들도 개별적으로 정부요인과 접촉하여 개전의 필요성을 강조했습니다.

이런 분위기에서 이토 히로부미는 자신을 찾아온 재야정치인에게 "나는 여러분들의 명론탁설보다도 대포의 수와 상담하고 싶다"고 말했고, 당시 수상이었던 가쓰라 다로桂太郎는 총 한번 쏴보지 않은 주제에 전략전술을 운운한다며 '지금이 개전의 적기'라고 주장한 '제국대학 일곱박사'를 조롱했습니다. 참고로 가쓰라는 육군대장 출신입니다. 하지만 대세는 현실주의자들이 어떻게 할 수 없을 정도로 이미 기울어져 있었습니다.

> 일본인은 국민적 정서 속에서 전쟁으로 기울었다. 이런 정부 측의 전쟁회피론자나 자중론자가 결국 개전의 결의자가 되고 전쟁의 운영자가 되었는데, 여론 자체가 전쟁을 향해 힘차게 내딛고 있었기 때문에 국민을 전쟁으로 내몰기 위한 선전을 할 필요가 전혀 없었다.[3]

이 부분에서 우리는 잠시 루카치의 주장을 살펴보고자 합니다. 그것은 다음과 같은 내용입니다.

> 혁명 이전 시대 절대주의국가의 전쟁은 소수의 직업군인에 의해 치러졌다. 전쟁수행에서는 무엇보다도 시민대중들로부터 군대를 가능한 한 엄격히 고립시키는

---

3 司馬遼太郎, 「あとがき 2」, 위의 책, 319頁.

것이 중요했다. (…) 이것이 프랑스혁명으로 인해 치명적인 타격을 입고 뒤바뀌고 만다. 절대군주들의 동맹에 대항한 방어전쟁에서 프랑스공화국은 국민군을 조직하지 않을 수 없었다. 용병과 국민군은 일반대중과의 관계를 고려해 볼 때 질적인 차이가 있다. 몰락한 계급 중의 일부를 직업군인으로 모집하거나 강제징집하는 것이 아니라 국민군을 구성해야 한다면, 전쟁의 내용과 목표가 대중들에게 선전적으로 명시되지 않으면 안 된다.[4]

얼마 전 저는 위 부분을 인용하고, 다음과 같은 설명을 덧붙인 바 있습니다. "여기서 그가 이야기하고자 하는 바는 명백합니다. 과거의 전쟁은 직업군인의 몫이었던 데 반해, 근대의 전쟁은 온전히 시민대중의 몫이 되었다는 것입니다. 여기서 우리가 주목해야 할 것은 일반민중에게 전쟁은 그 어떤 정당성도 가질 수 없었다는 점입니다. 바꿔 말해 이것은 그들을 전쟁에 참여시키기 위한 이데올로기적(선전적) 설득작업이 중요한 일로 등장했다는 것을 의미합니다.

국민국가의 성립은 이런 과정을 통해 비로소 성립하기 때문에 이는 비단 프랑스에 국한된 문제는 아닙니다. 국민군을 조직할 필요성은 그것을 훌륭히 활용한 나폴레옹에 의해 유럽 전역으로 퍼져나갔고, 그런 과정을 통해 더할 나위 없이 강력해진 군대를 가진 유럽의 국가들은 이를 식민지 지배에 적극 활용했다고 말할 수 있습니다.

---

4 루카치, 『역사소설론』, 이영욱 옮김, 거름, 1999, 23쪽.

제4장 머나먼 세계문학

그렇다면 국민군 성립(민중의 전쟁참여)의 정당성(필연성)은 어떻게 설득되었을까요? 루카치는 이것을 알기 위해서는 예나전투(1805) 이후 독일문학(낭만주의)과 철학이 담당한 역할을 상기할 것을 주문합니다. 이는 국민국가의 형성과정에서 근대문학과 근대철학이 담당한 역할이 전쟁'선전'과 무관하지 않았다는 것을 의미합니다. 그런데 거꾸로 보면 전쟁이 '문학의 역할'을 확장시켰다는 뜻이기도 합니다. 근대문학에 내재된 '사회적 책임의식'이라는 것도 이 과정에서 파생된 것인지도 모릅니다. 그렇다면 그것은 어떤 형태로 확대되었던 것일까요? 그것은 물론 '근대교육(의무교육)'으로서입니다."[5]

여기서 루카치의 논점은 근대문학이 '전쟁선전'과 밀접한 관련이 있다는 것입니다. 그런데 주의해야 할 점은 이것을 '원인과 결과'의 문제로 협소하게 받아들여서는 곤란하다는 것입니다. 즉 근대문학이 전쟁동원에 큰 공헌을 했다는 말도 맞지만, 근대전쟁이 근대문학 발전에 큰 공헌을 했다는 말도 맞기 때문입니다. 그러므로 중요한 것은 순서가 아니라 그것들이 상호협력하는 방식입니다. 그러고 보면 전쟁이란 문학적으로(또는 사상적으로) 바라보았을 때 비로소 정당화되는 것인지도 모르겠습니다. 그리고 그것은 전쟁 이전이나 전쟁 이후나 마찬가지인 것 같습니다.

앞 장에서 저는 "근대문학은 전후문학이다"라고 주장하면서 일본근대문학은 러일전쟁을 기점으로 시작되었다고

---

[5] 이와 관련해서는 다음 글을 참조하기 바랍니다. 졸고, 「역사소설이란 무엇인가」, 『문화과학』, 2010년 여름호.

말한 바 있습니다. 그리고 소세키를 예로 들어 당시 일본의 문학인들이 러일전쟁에서의 승리에 얼마나 도취되고 고무되어 있었는지도 살펴보았습니다. 사실 일본의 근대문학은 그때의 승리감(바꿔 말해 기개) 없이는 불가능했을지 모릅니다. 하지만 정작 그 승리가 가진 의미를 묻는 문학인이 거의 없었다는 점을 고려하면, 어쩌면 그것을 묻지 않음(봉인함)으로써만 가능한 것이 문학(또는 사상)인지도 모르겠습니다.

따라서 우리는 『언덕 위의 구름』을 이 문제를 정면에서 다루고 있는 작품으로 주목할 필요가 있습니다. 시바의 관심은 애당초 러일전쟁 자체나 러일전쟁의 승리에 있었다기보다 그것이 가져온 결과에 있었기 때문입니다. 당연히 그것은 러일전쟁에 대한 평가와도 직접적으로 관계합니다. 시바의 관점에서 보았을 때 이 전쟁에서의 승리는 한마디로 '아슬아슬한 승리'[6], '요행에 가까운 승리'에 지나지 않았습니다.

하지만 러일전쟁 이후 일본인은 그와 같은 요행 내지 우연을 능력·필연·자신감으로 '번역'(이것이 바로 '사상'이고 '문학'입니다)하는 바람에 일본 전체가 치매에 걸렸고 결국 반세기도 되기 전에 되돌이킬 수 없는 패전에 이르게 되었다는 것, 바로 이것이 『언덕 위의 구름』이 말하고자 하는 핵심이 아닐까 합니다.

전후[러일전쟁 이후: 인용자]의 일본은 이 냉엄한 상

---

[6] 司馬遼太郎, 「あとがき 2」, 위의 책, 321頁.

제4장 머나먼 세계문학

대관계를 국민에게 가르치지 않았고 국민도 그것을 알려고 하지 않았다. 오히려 승리를 절대화하고 일본군의 신비로운 강력함을 신앙처럼 여기게 하여 민족적으로 치매에 걸리게 만들었다. 러일전쟁을 기점으로 일본인의 국민적 이성이 크게 후퇴하여 광조狂躁의 쇼와기昭和期로 접어든다. 러일전쟁으로부터 불과 40년 후다. 패전이 국민에게 이성을 부여하고 승리가 국민을 광기에 빠뜨린다면, 긴 민족의 역사에서 보았을 때 전쟁의 승패란 정말로 불가사의한 것이다.[7]

이쯤 되면 그가 왜 드라마화를 거부했는지 추측이 가능합니다. 그것은 아마도 『언덕 위의 구름』이 '시각화'될 경우, 자신의 의도가 왜곡될 가능성이 있다고 생각했기 때문이 아닐까 합니다. 소설만으로도 이미 충분히 오해를 사고 있는데, 연출자가 자칫 초점을 잘못 맞추기라도 한다면(이것은 장르가 전환되는 과정에서 비일비재하게 일어나는 일입니다), 러일전쟁을 찬양하여 국민의식을 고취시키거나 '전쟁취미'를 드러내는 작품이 될 것이라는 우려가 컸을 것입니다.

물론 이런 오해의 가능성은 소설 내에 존재하는 것이기도 합니다. 실제 중반부를 넘어서면 초반부와는 달리 소설보다는 전쟁논픽션에 가까워집니다. 즉 문학적으로 보았을 때 『언덕 위의 구름』은 그리 성공한 작품이라 할 수 없습니다. 왜냐하면 후반부에 가면 전쟁의 경과에 너무 몰입

---

7 司馬遼太郎, 「あとがき 2」, 위의 책, 321-322頁.

한 나머지 다른 것은 모두 내팽개치고 있다는 느낌이 들기 때문입니다. 따라서 시바에 비판적인 사람들이 이런 '과도한 몰입'에서 숨은 의도를 찾으려는 것도 일견 타당한 것처럼 보입니다.

시바 료타로가 단행본을 낼 때마다 긴 후기를 첨부한 것은 바로 이런 오해를 사전에 차단하기 위함이 아니었나 합니다. 하지만 대부분은 이 후기들을 문학 외적인 것, 즉 군말로 간주하여 그리 중요하게 취급하지 않는 것 같습니다. 하지만 저는 그것들을 본문과 유기적으로 연결되어 있는 것, 즉 소설의 일부로 봐야 한다고 봅니다(『전쟁과 평화』의 「에필로그Ⅱ」처럼). 왜냐하면 시바에게 소설이란 이런 것까지를 다 포함하는 장르였기 때문입니다.

> 소설이라는 표현형식의 즐거움은 마요네즈를 만들 정도의 엄밀함도 없다는 점이다. 소설이라는 것은 일반적으로 당사자나 독자에게 마음에 들지 않는 작품은 있을 수 있어도 잘못된 것은 있을 수 없기 때문이다.
> 그런 소설이 가진 형식이나 형태의 무정의, 비정형 때문에 안심하고 이 긴 소설을 쓰기 시작했다.[8]

즉 그는 일반적인 문학성을 희생하면서까지 소설적 자유로움을 최대한 누리면서 『언덕 위의 구름』을 쓴 것입니다. 그리고 결과적으로 이 작품은 대중작가라는 그의 작가적 위치와는 상관없이 '국민서사시'로서 우뚝 서게 됩니다.

---

8 司馬遼太郎, 「あとがき 1」, 위의 책, 309頁.

8 한국의 국민서사시 – 소설로서의 안중근

다시 앞으로 돌아가면, 우리가 계속 살펴보고 있는 칼럼은 다음과 같이 끝나고 있습니다.

> 일본의 어느 평론가는 "민족의 서사시를 기억하지 못하는 민족은 언젠가는 망한다"고 했다. 지금 일본 국내외 사정이 러일전쟁 승리의 기억을 떠올리고 그때의 에너지를 되살려야 할 만큼 절박한지 모른다. 그러나 일본은 그 전쟁의 결과로 강제합병의 국치를 당한 지 올해로 100년을 맞는 이웃 나라 입장은 조금이라도 헤아리고 있는 걸까.

여기서 제가 주목하고 싶은 것은 '민족의 서사시'(또는 국민서사시)라는 표현입니다. 근대문학이 발달한 나라의 특징 중 하나는 그들 나름의 국민서사시를 가지고 있다는 점인데(러시아의 경우는 『전쟁과 평화』, 일본의 경우는 『언덕 위의 구름』), 한국에도 그런 작품이 존재할까요? 언뜻 떠오르는 작품으로는 『임꺽정』, 『장길산』, 『토지』, 『아리랑』 등이 있습니다. 하지만 『임꺽정』과 『장길산』은 도적 소설의 틀을 크게 벗어나고 있지 않으며,『토지』는 가족사 소설이라는 형식에 얽매여 있으며(후반부로 갈수록 그 관계가 느슨해지며 확장되지만, 바로 그 때문에 또 다른 문제가 발생하지요),『아리랑』은 수난사에만 초점을 맞춘 감이 없지 않아 있습니다. 설사 그럴 수밖에 없었다고 하더라도 말입니다.

그러나 앞 장에서 말씀을 드린 것처럼 이런 상황은 문학적 능력의 부족이 그 원인은 아닙니다. 국민서사시의 부재는 전 국민이 하나가 되어 싸우는 '국민전쟁'을 겪지 못한 것과 관련이 있기 때문입니다. 한국소설에서 가장 자주 다루어지는 두 전쟁(한국전쟁과 베트남전쟁)의 경우도, 전자는 내전의 성격이 강하고 후자는 전쟁의 주체가 아니었다는 점에서 그 어느 것도 '국민전쟁'으로 보기 어려운 면이 있습니다. 그래서 한국근대문학이 그릴 수 있었던 전쟁이란 과연 어떤 것이었을까? 하는 질문을 던져보았습니다. 바로 그때 떠오른 작품이 최근에 출간된 이문열의『불멸』이었습니다. 흥미롭게도 작가는 이 소설을 '국민서사시'로서 썼다고 창작의도를 스스로 명확히 밝히고 있기까지 합니다.

주지하다시피 이 소설은 안중근을 주인공으로 하는 역사소설인데, 이 작품에서 중요하게 다루어지는 시기는『언덕 위의 구름』의 그것과 대체로 일치합니다. 실제 이문열은『언덕 위의 구름』을 의식한 발언을 하기도 하는데, 이 부분에 대해서는 뒤에서 다시 다루겠습니다. 메이지유신을 통해 300년간 지속된 에도시대를 종식시키고 근대화에 박

제4장 머나먼 세계문학

차를 가하고 있던 일본이, 두 번에 걸친 국민전쟁을 통해 일본을 빠르게 근대국가로 만들어 가면서 조선을 식민지로 삼으려던 시기에, 지방호족의 일원으로서 태어난 안중근은 난을 일으킨 동학군과 싸우다가 조선정부와 갈등을 겪고, 사회적 방패로서 천주교를 받아들여 포교에 힘쓰다가 애국계몽운동의 일환으로서 학교를 세우기도 하고, 또 국채보상운동에도 열심을 보이지만, 이도저도 여의치 않자 해삼위로 건너가 망명세력을 규합하여 국내진공작전을 시도합니다. 하지만 그 어떤 행동도 조선의 멸망을 막기는 역부족이었습니다.

이문열은 이 작품을 통해 한국인의 집단무의식 속에 살아있는 안중근을 불멸의 모습으로 형상화하려고 했다고 고백하고 있습니다. 하지만 어떻게 보면 안중근만큼 역사소설의 주인공으로 삼기 힘든 존재도 없을 것입니다. 왜냐하면 한국인들의 무의식에 새겨진 그의 이름은 이미 역사적 평가를 초월한 위상을 획득하고 있기 때문입니다. 쉽게 말해 그는 일본의 노기 마레스케와 같은 존재라 하겠습니다. 노기 장군이 일본의 군인정신을 상징하는 대표적 존재라면, 안중근은 (이순신과 더불어) 조선의 상무尙武정신을 상징하는 대표적 존재이기 때문입니다.

다만 노기 신화의 경우는 시바 료타로에 의해 파괴된 후 지금은 논란의 한복판에 있는 반면, 안중근의 경우는 여전히 신화적 존재로서 살아 숨쉬고 있다는 점이 다르면 다르다 하겠습니다. 그러므로 이 두 인물의 비교는 여러 가지 면에서 의미가 있을 것입니다.

9 희극적인 너무나 희극적인 - 『불멸』에 대하여

하지만 일반적으로 안중근과 비교되는 인물은 이토 히로부미입니다. 안중근이 신화적 존재가 될 수 있었던 것은 그가 암살한 인물이 다름 아닌 이토 히로부미였기 때문입니다. 따라서 이 두 사람은 항상 함께 호출되는데, 엄밀히 말해 둘은 비교대상이 아닙니다. 왜냐하면 안중근에게 있어 이토 히로부미는 절대적인 존재이지만, 이토에게 있어 안중근은 그렇지 않기 때문입니다. 그런 의미에서 안중근은 이토 히로부미에 온전히 구속된 존재라 하겠습니다. 따라서 그의 짧은 삶에서 이토를 제거하면, 그를 둘러싼 신화는 이내 빛이 바랠 것입니다.

한 인물에 대한 이런 과도한 집중(의존)은 상대적으로 그의 입지가 취약하다는 것을 의미하는데, 이런 취약함이 잘 드러나지 않는 것은 국민적 영웅에 대한 숭배의식이 그것을 가리고 있기 때문이 아닐까 합니다. 만약 그의 거사가 성공하지 못했다면(총알이 빗나가기라도 했다면)? 또는 그가 암살한 인물이 직급이 낮은 인물이었다면? 아마 그는 수많은 독립운동가 중의 한 사람 정도로 기억되었을 것입니다. 하지만 모두가 이런 취약성을 모르는 체하고 있는데, 이문열도 예외는 아닙니다.

따라서 섣부른 해석보다는 사실에 충실하기로 했다는 작가의 말을 의심하는 것은 아니지만, 적어도 '충분히' 충실하지 않았다는 비판은 가능할 것입니다. 이런 '충분하지 않음'은 일본 쪽 인물에 대해 설명할 때 편파적인 태도를 취하는 것으로 드러나는데, 이때 그는 시바 료타로와 정반대 입장에 서게 됩니다. 예컨대 이문열은 이토 히로부미에 대해서는 일말의 호의도 드러내지 않는 반면, 노기 마레스케에 대해서는 상당한 호감을 보입니다. 그런데 이런 태도는 나름의 역사적 평가에서 나온 것일까요? 그렇지 않으면 한국인의 집단무의식에 각인된 안중근상에서 벗어나지 못한 증거에 불과할까요?

단도직입적으로 질문을 해보지요. 『불멸』이라는 작품은 기존의 안중근 서사를 재탕하는 작품에 지나지 않을까요? 저는 꼭 그렇지만은 않다는 점에서 이 작품의 의의를 일정 정도 평가합니다. 왜냐하면 『불멸』은 작가의 의도와는 무관하게 한 인물의 엄숙한 발자취를 좇는 데 그치지 않고 그런 엄숙성에 담긴 희극성을 드러내는 데에 일정 정도 성공하고 있기 때문입니다.

이 작품은 어떤 의미에서 이문열의 다른 소설을 떠올리게 하는데, 그것은 바로 『황제를 위하여』라는 작품입니다. 제가 생각하기에 이 두 작품은 쌍둥이 소설입니다. 작가 스스로도 의식하지는 못했을 거라고 생각하는데, 이는 우리로 하여금 『황제를 위하여』를 단순히 작가의 이야기꾼으로서의 재능과 반리얼리즘적 창작의도가 결합된 작품이라는 통상적인 해석에 저항하도록 만듭니다.

그렇다면 『황제를 위하여』와 『불멸』에 공통적으로 존재하는 희극성은 도대체 어디에서 온 것일까요? 저는 그것을 주인공의 성격을 규정하는 시대착오성과 그로부터 파생되는 몰유머성에서 찾고 싶습니다. 먼저 시대착오성에 대해 설명하자면 이렇습니다. 『황제를 위하여』의 황제든 『불멸』의 안중근이든 특별히 시대에 뒤떨어진 인물이라고 보기는 힘듭니다. 안중근의 경우는 도리어 당시 평균적 인물들보다 앞선 시대감각의 소유자였습니다. 그는 이른 시기에 천주교를 받아들인 인물 중 한 명이기도 합니다. 그런 그가 종종 시대착오적으로 보이는 것은 한발 앞선 그의 행동성과 관련이 있습니다. 즉 한발 앞선 시대감각의 소유자인 그의 지나치게 앞선 행위가 오히려 그로 하여금 한 걸음 뒤쳐진 세계인식을 보이게 하는 것입니다.

이런 인식과 행위 사이에 존재하는 불균형은 필연적으로 그를 융통성이 없는 인물로 만듭니다. 인식과 행위가 보조를 맞추기 위해서는 종종 인식은 뒤를 돌아볼 수 있어야 하는데, 안중근은 반성·회의라는 것을 모르고 행위에 올인하는 인물입니다. 그런데 이런 인물이 주인공으로서 세계에 등장하면, 세계는 그가 가진 엄숙함(몰유머) 때문에 현실성을 일부 보류하고 희극적으로 변하게 됩니다. 제가 『불멸』을 읽으면서 『황제를 위하여』를 떠올린 장면은 국내진공작전을 위해 강연여행을 다니는 장면(녹녹치 않은 현실 속에서도 그는 한 점 흐트러짐 없이 꿋꿋이 자신의 일

을 합니다. 그리고 어떤 실패도 상대방의 탓으로 돌리지
않습니다)과 국내진공작전 중에 발생한 소규모 전투에서
발생한 에피소드입니다. 후자를 좀 더 살펴보면 다음과 같
습니다.

국내진공작전을 수행하는 과정에서 안중근이 이끄는 부
대는 (주력이 빠져나가고 남은) 10명의 일본군과 그 군속
들과 싸워서 결국 일본군 6명과 여남은 명의 민간인을 죽
이고, 서너 명의 일본군과 장사꾼 대여섯 명, 그리고 일본
군의 탄약을 나르고 진지 보수공사를 하던 경흥 관아 관속
과 사정들을 포로로 잡습니다. 그리고 곧바로 이들을 심문
하는데, 일단 조선인들은 풀어주기로 결정합니다. 왜냐하
면 그들이 일본군에 협력한 것은 사실이지만, 그 죄는 결국
힘없는 나라의 백성이라는 사실에서 생긴 것이라고 보았기
때문입니다. 여기까지는 특별히 이견은 없었습니다. 그런데
일본군들에 대한 처리를 둘러싸고는 내분이 일어나게 됩
니다.

안중근은 다시 일본인 포로들을 끌어오게 해 물었다.
"보아하니 그대들은 모두 일본국의 선량한 신민들이
다. 그런데 왜 천황의 거룩한 뜻을 받들지 않는가? 일
로전쟁을 시작할 때 천황은 선전서宣戰書에서 동양평
화를 유지하고 대한 독립을 굳건히 한다고 하셨다. 그
런데 오늘날에 와서 그대들은 이렇게 이웃 나라를 침
략하고 다투니 이것을 어찌 평화라 하며 독립이라 할
수 있겠는가? 이렇게 하는 것이 역적이고 강도가 아니

고 무엇이겠는가?"

"그것은 우리들의 본심이 아니고 부득이한 사정으로 그리된 것입니다. 사람이 세상에 나서 살기를 좋아하고 죽기를 싫어하는 것은 떳떳한 정입니다. 더군다나 우리들은 만 리 바깥 싸움터에서 참혹하게 죽어 이제 주인 없는 원통한 넋이 되게 되었으니 이 어찌 통분할 일이 아니겠습니까? 오늘 우리가 이 지경에 이른 까닭은 달리 있지 아니하고, 오로지 이토 히로부미의 허물 탓입니다. 그자는 천황의 거룩한 뜻을 받들지 않고 제 마음대로 권세를 주물러서, 일본과 조선 두 나라 사이에 귀중한 생명을 무수히 죽이고, 저는 편히 누워 복을 누리고 있습니다. 우리도 역시 분개한 마음이 없지 않으나, 달리 어찌해 볼 길이 없어 오늘 이 지경에까지 이른 것입니다. (…)"

마치 안중근의 속을 들여다보듯, 안중근이 그냥 들어 넘기지 못할 소리만 골라 하고 말을 그친 일본인들은 소리 높여 통곡하기를 그치지 아니했다. 안중근이 그대로 있지 못하고 숙연한 낯빛이 되어 말했다.

"내가 그대들의 말을 들어 보니 과연 충의로운 사람들이다. 이제 그대들을 놓아 보내 줄 것이니, 돌아가거든 그런 난신적자亂臣賊子를 쓸어버려라. 만일 또 그와 같이 간악하고 음흉한 무리들이 까닭 없이 동족과 이웃나라 사이에 전쟁을 일으키고 참해慘害하려는 언론을 내놓거든 그 이름을 쫓아가 쓸어버리면, 그렇게 죽는 자가 열 명을 넘기 전에 동양평화의 기틀이 잡힐 것이다. 그대들이 그렇게 할 수 있겠는가?"

그러자 그때까지도 눈물범벅이 되어 울고 있던 일본 군과 장사꾼들이 기뻐 날뛰며 그렇게 하겠다고 약속했다. 이에 안중근은 의병들을 시켜 그들을 놓아주게 하였더니, 그들 가운데 군인들이 다시 나서 울며 애원했다.

"장군께서 저희들을 놓아주신다 해도 군기軍器와 총포를 안 가지고 돌아가면 군율軍律을 면치 못하니 이를 어찌하면 좋겠습니까?"

"그러면 총포도 돌려주마."

안중근이 그렇게 시원스럽게 말하고 한마디 보탰다.

"그대들은 속히 돌아가서 뒷날에도 우리에게 사로잡힌 오늘의 이야기는 입 밖에 내지 말고 삼가 큰일을 꾀하라."

그러자 일본인들은 입에 침이 마르도록 안중근을 칭송하고 천 번, 만 번 감사하면서 돌아갔다.[1]

안중근이 사로잡은 일본군과 관속을 풀어주자, 후한을 두려워한(이런 염려는 곧바로 현실화됩니다) 의병장교들이 그에게 강력히 항의했습니다. 그러자 안중근은 만국공법을 들어 그들을 도리어 타이르면서 자신이 풀어준 적들이 한 말들은 진심이었다고 답합니다. 그는 자기만이 아니라 타인을 의심하는 데에도 서투른 것입니다. 그러자 그들도 물러서지 않고 "그렇다면, 무엇하러 우리가 이 고생을

---

[1] 이문열, 『불멸』(제2권), 민음사, 2010, 195-196쪽.

하고 있습니까?" 하고 되묻는데, 이에 대한 안중근의 답변은 다음과 같습니다.

> "(…) 왜적들이 그같이 모진 폭행을 하는 것은 하늘과 사람을 다 함께 노하게 하는 짓이오. 그런데 이제 우리들마저 저들과 같은 야만의 짓을 하려고 하는 것이오? (…) 지금 우리는 약하고 저들은 강하니 저들과 더불어 구태여 모진 악전惡戰을 벌일 필요는 없소. 뿐만 아니라 충성된 행동과 의로운 거사로 이등박문의 포악한 정략을 성토하여 세계에 널리 알림으로써 열강의 동정을 얻은 다음에라야, 한을 풀고 국권을 회복할 수 있을 것이외다. 그것이 이른바 약한 것으로 강한 것을 물리치고, 어진 것으로 악한 것을 대적한다는 뜻이 되기도 하는 것이오. 그대들은 부디 더는 여러 말을 하지 마시오!"[2]

그러자 의병장교들은 이런 안중근의 말을 '홀로 취해 꿈길 가는 소리'라고 비난하면서 만국공법이 없어 황궁이 침범당하고 황제가 폐위 당했냐고 몰아세우며 다음과 같은 말을 덧붙입니다. "제발 꿈 깨시오!" 그때 아주 고약한 소식이 들려옵니다. 안중근이 풀어준 포로들이 모두 일본진영으로 도망갔다는 것이었습니다. 더구나 그중 한 명은 의병부대의 기밀문서가 담긴 짐까지 훔쳐 달아나 이제 일본군이 이쪽의 사정을 훤히 알게 될 것이 분명했습니다. 그러

---

[2] 이문열, 『불멸』(제2권), 202쪽.

자 의병장교들은 안중근과 더 이상 함께 행동하지 못하겠다며 그를 떠납니다. 심지어는 그와 의형제를 맺었던 인물마저도 그를 버립니다.

그리고 이런 혼란 가운데 일본군 수비대의 급습이 이루어지고(풀려난 포로들이 정보를 제공한 것입니다), 안중근이 이끌던 부대는 혼비백산하여 완전히 흩어지고 맙니다. 이후 안중근은 몇 명의 부하와 함께 굶주림 속에서 산속을 헤맨 후 우여곡절 끝에 귀환하지만, 다른 부대들과는 달리 처참한 몰골로 돌아온 안중근에 대한 평판은 땅에 떨어지게 됩니다. 하지만 이런 경험도 안중근을 변화시키지 못합니다. 자신의 판단과 행동에 그 어떤 의심도 품지 않기 때문입니다. 마치 황제나 돈키호테처럼 말입니다. 이런 인물들의 공통점은 자신의 판단이나 행동에 의심을 품는 순간이 곧 죽음의 시간이라는 것입니다.

10 사상가로서의 안중근

　이문열은 이 소설을 처음에는 자기형성소설로 쓰려고 했던 것 같습니다. 하지만 그것은 애초에 불가능한 일이었습니다. 왜냐하면 그것은 단순히 안중근이라는 인물을 재구성하는 작업이기 이전에 집단무의식과의 싸움이었기 때문입니다. 물론 그는 이 계획을 도중에 포기합니다. 하지만 그런 시도 자체가 무의미한 것은 아니었습니다. 한 점도 흠이 없는 인물로 바뀌어가는 과정에서 '자기형성'을 대체할 것으로는 '본성적 강직성' 외에는 없는데, 이와 같은 변경은 자기형성의 부재가 곧 현실인식의 왜곡이기도 하다는 점을 역설적으로 보여주고 있기 때문입니다.

　바꿔 말해 오로지 이토 히로부미를 죽이기 위해 태어난 안중근은 자신의 궁극적 목적을 방해하는 모두를 부차적인 것으로 치부할 수밖에 없었는데, 그로 인해 그는 어떤 의미에서 '텅 빈 인간(인형)'이 될 수밖에 없었습니다. 그런데 이런 '내면의 부재'는 아이러니컬하게도 그의 강한 행동성을 '사상성'으로까지 끌어올릴 수 있게 만들었습니다. 그렇습니다. 안중근 신화에서 중요한 것은 그가 "이토 히로부미를 죽였다"는 데에 있지 않습니다. 왜냐하면 그것도

제4장 머나먼 세계문학

결국은 암살에 지나지 않기 때문입니다. 그러므로 중요한 것은 그가 "사상을 가지고 이토 히로부미를 죽였다"는 데에 있습니다.

이를 뒷받침하는 것으로서 소위 '동양평화론'이 이야기됩니다. 이문열도 다른 사람들과 마찬가지로 이를 근거로 소위 '안중근의 사상'이라는 것을 피력합니다. 그런데 문제는 그것이 사상 자체로서는 의미를 가질지 모르지만, 육체를 가진 한 인간의 생애와 결합하여 전개될 때는 시대착오적인 것이 된다는 점입니다. 소설 속에서 안중근은 종종 번뜩이는 통찰을 보여주기도 하고 감동적인 연설도 하지만, 현실에서의 활동에서는 끊임없이 패배합니다(벌이는 사업마다 실패합니다). 사상가 안중근은 오로지 자신의 비현실주의적 태도에 의해서만 피와 살을 가진 인간일 수 있었던 것입니다. 육체를 입은 사상, 그리고 그것이 보여주는 유머란 이처럼 자기형성의 불가능성에 뿌리를 두고 있는지도 모릅니다.

『불멸』을 『언덕 위의 구름』과 나란히 놓았을 때, 두드러지는 것은 어떤 답답함입니다. 비슷한 격변의 시기를 다루면서도 『불멸』에서는 주위에서 무슨 일이 어떻게 진행되고 있는지 알 수가 없습니다. 작가가 개입하여 설명을 해줘도 그렇습니다. 그것은 일단 안중근의 좁은 시야와 관계가 있을 테지만, 그보다는 어쩌다 이렇게 되었는지 모른 채로 멸망으로 내몰리고 있는 조선이라는 나라의 한계와 관련이 있을 것입니다.

즉 그는 자신이 무엇을 해야 하는지는 잘 알고 있었지만,

그 행위가 정확히 어떤 의미를 갖고 있는지, 또 그로 인해 어떤 결과가 도출될 것인지를 예측하는 데 항상 실패합니다. 그렇다면 그는 왜 이를 넘어설 수가 없었던 것일까요? 그것은 일본이라는 국가와 싸우고 있었지만 정작 그 자신은 국가가 아니었기 때문이 아닐까 합니다. 당시 한반도에는 근대적 의미의 국가가 존재하지 않았습니다. 따라서 그가 국가에 대해 명확한 관념을 가지고 있었는지는 의문입니다.

개인과 국가의 대결, 상식적으로 그것은 불가능합니다. 하지만 사전에 두 가지 전제만 주어진다면 반드시 불가능한 것만은 아닙니다. 첫째는 '사상'을 매개로 삼는 것입니다. 하지만 이를 위해서는 자신의 '현실감각'을 먼저 반납하지 않으면 안 됩니다. 둘째는 대항하고자 하는 국가를 그것을 대표한다고 생각되는 개인으로 대체하는 것입니다. 하지만 이 경우도 여전히 문제가 남습니다. 당시 이토 히로부미는 일본이라는 국가에 꼭 필요한 존재는 아니었습니다. 그는 분명 일본이라는 근대국가가 성립하는 데 큰 공을 세운 인물이긴 하지만, 러일전쟁을 기점으로 일본은 그의 통제에서 벗어나 스스로 움직이는 존재가 되어있었습니다. 따라서 안중근이 대결한 것은 일본이라는 국가라기보다 돈키호테의 풍차였는지도 모릅니다.

11 나쓰메 소세키와 이토 히로부미

여기서 우리는 잠시 제2장에서 다룬 나쓰메 소세키를 호출해보도록 하겠습니다. 그를 다시 끌어들이는 것은 앞에서 행해진 부정적인 평가와 어느 정도 균형을 맞추기 위함이기도 하지만, 그보다는 앞에서 살펴본 그의 입장이 소설에도 그대로 나타나고 있다는 것을 확인하기 위함입니다. 저는 이 절의 제목을 '나쓰메 소세키와 이토 히로부미'로 잡았는데, 이는 둘 사이의 관계를 특별히 강조하기 위함이 아닙니다. 실제 이 두 사람은 멀리서나마 서로를 본 적도 없습니다.

하지만 전혀 무관한 사이인가 하면 꼭 그렇지만도 않습니다. 일본의 지폐를 보면 가장 많이 사용되는 1,000엔 권의 경우 현재 노구치 히데요野口英世라는 과학자가 들어가 있습니다.[1] 하지만 얼마 전까지만 해도 그 자리는 나쓰메 소세키가 차지하고 있었습니다(1984년에서 2004년까지). 그렇다면 소세키 이전은 누구였을까요? 바로 이토 히로부미(1963년에서 1984년까지)였습니다. 사정이야 어찌 됐든

---

1 [2024년에 의학자 기타자토 시바사부로北里柴三郎로 변경되었습니다.]

11 나쓰메 소세키와 이토 히로부미

이토 히로부미가 나쓰메 소세키에게 자신의 자리를 물려준 셈이지요. 그리고 우연이라고 해야 할지 모르지만, 메이지 원훈이었던 이토 히로부미는 화폐모델로서 고도성장기의 일본과 함께 했지만, 신경증환자였던 소세키는 버블이 붕괴되고 장기침체에 빠진 우울한 일본과 함께 했습니다. 물론 이것은 그들의 의지와는 무관하게 이루어진 것이라고 말할 수 있습니다.

그럼에도 불구하고 제가 이 두 사람을 나란히 놓는 이유는 어떻게 보면 안중근 때문입니다. 앞에서의 내용을 약간 되풀이 하자면, 나쓰메 소세키는 1909년 동창이었던 만철 총재 나카무라 요시코토中村是公의 초청으로 약 42일간(9월 2일~10월 14일) 만주와 조선을 여행합니다. 그리고 귀국한 지 얼마 되지 않은 10월 21일부터「만한 이곳저곳」을 신문에 연재합니다. 그런데 연재를 시작하자마자 하얼빈역에서 이토 히로부미가 안중근에게 암살을 당하는 사건이 발생합니다(10월 26일). 그런데 하얼빈역은 만한여행 중에 그가 들린 곳이기도 했습니다.[2] 그리고 두 달 후「만한 이곳저곳」은 12월 30일자로 갑자기 중단됩니다. 우연인지 모르지만, 그의 여행기는 하얼빈 이전인 푸순 부분에서 끝나고 있습니다. 여기까지는 우리가 앞에서 살펴본 그대로입니다.

[2] 소세키가 일본에 도착한 날(10월 14일), 바통터치라도 하듯 이번에는 이토 히로부미가 만주여행(이번 일정은 속사정이야 어찌됐든 겉으로는 '개인적 유람'이었습니다)을 시작합니다. 그 역시 소세키처럼 오사카상선으로 일단 다롄으로 향했습니다. 그리고 창춘 등을 거쳐 10월 26일 마침내 하얼빈역에 도착하게 됩니다.

제4장 머나먼 세계문학

　그런데 그로부터 두 달 후, 그러니까 이듬해 3월 1일부터 소세키는 『문[門]』이라는 소설을 〈아사히신문〉에 연재하기 시작합니다. 같은 해 6월 12일로 완결된 이 소설은 『산시로』(1908), 『그 후』(1909)와 더불어 소위 〈전기 3부작〉으로 불리는 작품입니다. 우리의 입장에서 이 작품이 주목할 만한 가치가 있는 것은, 한편으로 소세키가 만주여행 이후 처음 쓴 소설로서 작품 내에 이토 히로부미에 대한 언급이 있기 때문이지만, 다른 한편으로는 직접적으로 언급되지는 않지만 작품 전체에 안중근의 그림자가 짙게 드리워져 있다는 일부의 주장 때문입니다.

　예컨대 '이토 히로부미 암살' 후 3월 26일 뤼순형무소에서 사형이 집행될 때까지 안중근이라는 이름은 거의 하루도 빠지지 않고 일본의 신문에 등장했는데, 소세키가 전속작가로 있던 〈아사히신문〉도 예외는 아니었습니다. 그런데 흥미롭게도 안중근에 대한 기사는 당시 주로 2면을 장식한 반면, 소세키의 『문』은 정확히 그 다음 면인 3면에 연재되었습니다. 따라서 독자들은 본의 아니게 이 두 가지를 겹쳐볼 수밖에 없었을 것입니다.

　물론 여기에는 많은 소세키 연구자들이 지적하는 것처럼 『문』이라는 소설 자체가 그런 겹쳐보기를 추동시킨 면도 있습니다. 즉 이 작품은 이토가 죽고 약 반년 뒤에 연재가 시작된 작품이지만, 정작 소설 속 시간은 암살사건 즈음(정확히는 5~6일 뒤)으로 설정되어 있어서 2면에 실리는 기사를 반년 전에 일어난 암살사건에서 바라보도록 만들고 있습니다. 그리고 소설 속 이야기도 안중근이 사형을 당하

는 즈음에서 마무리가 됩니다.[3]

그리고 내용적으로 보면, 주인공 소스케의 재산을 그의 숙부가 가로채는 것과 그런 숙부가 죽음을 맞게 되는 것은 조선이 일본에 의해 침탈당하는 과정과 그런 침탈의 수장이었던 이토 히로부미의 죽음을 떠올리게 하기도 합니다. 그래서 와카마쓰 신야와 같은 연구자는 『문』이라는 작품을 해석하는 열쇠로서 자신 있게 '안중근'을 이야기합니다.[4] 뿐만 아니라 그는 이것을 같은 시기 모리 오가이에 의해 번역된 안드레예프(1871~1919)의 소설 「치통」과 연결시키기도 합니다. 이 소설은 한 예루살렘의 상인이 예수가 십자가에 달리는 것을 보고도 치통 때문에 외면한다는 내용을 담고 있는데, 여기서 예수의 죽음은 안중근의 죽음을 의식한 것이라는 주장입니다. 그러고 보면 『문』에도 주인공 소스케가 치통을 참다못해 치과에 가는 장면이 나오긴 합니다.

하지만 이런 해석에는 적잖은 문제가 존재합니다. 먼저 '믿었던 누군가에게 배반을 당한다는 모티브'는 소세키 소설에서 매우 자주 등장하는 것으로서(예컨대 대표작 『마음』부터가 그러합니다), 만약 『문』을 그렇게 해석할 수 있다면(설득력이 전혀 없는 것은 아닙니다), 다른 소세키 소설에서도 똑같은 해석이 도출될 수 있어야 합니다. 하지만 그것은 아무리 생각해도 무리입니다. 그리고 『문』에서 되

---

[3] 고모리 요이치, 『포스트콜로니얼』, 송태욱 옮김, 삼인, 2002, 76-77쪽.

[4] 若松伸哉, 「安重根へのまなざし: 漱石『門』と鴎外訳『歯痛』」, 『日本近代文学』, 2005年 72号.

제4장 머나먼 세계문학

물어지고 있는 것은 '왜 암살당했는지'이지 '왜 암살했는지'가 아닙니다. 즉 '암살당한 자'가 문제가 되고 있지 '암살자'가 문제가 되고 있지는 않습니다. 더구나 여기서 '왜'라는 물음은 그저 회피되고 있을 뿐입니다.

"왜 살해당했을까요?"

오요네는 호외를 보았을 때 소스케에게 물었던 말을 고로쿠에게도 똑같이 물어보았다.

"총을 탕탕 연발로 쏘았는데 명중했답니다"라고 고로쿠가 정직하게 대답했다.

"그런데 왜 살해당했을까요?"

고로쿠는 난처한 표정을 지었다.

소스케는 침착한 말투로 **"역시 운명이겠지 뭐"**라고 대답하면서 찻잔의 차를 맛있게 마셨다.

오요네는 그래도 납득이 가지 않는지 **"왜 만주 같은 곳에 갔을까요?"**라고 또 물었다.

"그러게 말이야."

소스케는 배가 부른지 충분히 만족스러워 보였다.

"러시아에 무슨 비밀용무가 있었다고 하던데요."

고로쿠가 진지한 표정으로 말했다.

"그래요. 하지만 싫어요. 살해당하는 것은"하고 오요네가 말했다.

"나 같은 하급 공무원이야 살해당하는 게 싫지만, 이토 같은 사람은 하얼빈에 가서 살해당하는 편이 나아"하며 소스케가 비로소 본격적으로 말을 꺼냈다.

"어머 **왜요?**"

"왜라니? 이토는 살해당했기 때문에 역사적으로 훌륭한 사람이 되는 거야. 그냥 죽었어 봐, 신문에서 그렇게 다루겠나."

"하기야 그럴지도 모르겠네요."[5]

『문』에서 이토 히로부미의 죽음은 그저 운명, 그것도 이토를 사람들에게 각인시켰다는 점에서 나쁘지 않은 운명으로 치부되고 있을 뿐만 아니라, "왜"라는 물음은 소스케의 생리적 만족감에 의해 무시되고 있기까지 합니다. 위의 대화 이전, 그러니까 소스케가 처음 '이토 히로부미 암살사건'을 접했을 때에 대한 기술은 다음과 같습니다.

소스케는 5, 6일 전 이토 히로부미 암살에 대한 호외를 보았을 때 오요네가 일하고 있는 부엌까지 달려가서 "정말 큰일이군. 이토 히로부미가 암살당했어"라며 손에 들고 있던 호외를 오요네의 앞치마 위에 올려놓고 서재로 들어갔는데, 그 말투는 오히려 침착했다. "당신은 큰일이라면서 전혀 큰일이 아닌 목소리예요"라며 오요네가 나중에 반쯤 농담으로 애써 지적했을 정도였다. 그 후 신문에는 매일 이토 히로부미에 관한 기사가 대여섯 단씩 나왔는데, 소스케는 그 기사를 보는지 마

---

5 夏目漱石, 『門』, 『漱石全集』(第9卷), 岩波書店, 1956, 20-21頁(나쓰메 소세키, 『문』, 유은경 옮김, 향연, 2004, 31-32쪽), 강조와 밑줄은 인용자.

는지 암살사건에 대해서는 태연스러웠다.[6]

그러므로 우리가 『문』에서 안중근의 그림자를 읽고, 이를 근거로 삼아 망해가는 조선에 대한 일본 대문호의 연민이나 일본 제국주의에 대한 비판을 도출하려는 노력은 그리 생산적이지 않다고 말할 수 있습니다. 따라서 우리는 이런 것에 집착하는 대신, 이토 히로부미의 죽음에 대한 이와 같은 반응과 2년 뒤(1912년) 노기 마레스케의 죽음에 대한 반응을 비교하는 것이 더 생산적이라고 생각합니다.

앞서 언급한 것처럼 『문』과 『마음』은 내용상 매우 유사한 구조를 가지고 있습니다. 두 명의 주인공(소스케와 선생) 모두 숙부의 배신으로 재산을 빼앗기지만, 그 자신들도 여자 때문에 친구를 배신하게 되는데, 이 '배신하고 배신당하는 경험'은 소설 전체를 움직이는 핵심원동력으로서 기능하고 있습니다. 하지만 이런 유사함에도 불구하고 두 소설은 전혀 다른 전개를 보이는데, 그 차이는 특정 인물의 죽음에 대한 태도와 밀접한 관련이 있습니다. 예컨대 『마음』에는 앞서 『문』에서 인용한 부분과 유사한 부분이 존재하지만 그 분위기는 전혀 다릅니다.

천황의 장례식날 밤, 나는 평소와 같이 서재에 앉아 있다가 예포 소리를 들었습니다. 나에게는 그것이 메이지가 영원히 사라졌다는 것을 알리는 소리로 들렸습니

---

6 夏目漱石, 『門』, 19-20頁 (소세키, 『문』, 30쪽).

다. 후에 생각해보니, 그것은 노기 대장이 영원히 사라졌다는 소식이기도 했습니다. 나는 호외를 손에 들고 엉겁결에 아내에게 순사야, 순사 라고 말했습니다.

나는 신문에서 노기 대장이 죽기 전에 남긴 글을 읽었습니다. 세이난西南전쟁 때 적에게 깃발을 빼앗긴 이래 면목이 없어서 죽어야지 죽어야지 하면서도 어느덧 오늘날까지 살아왔다는 의미가 담긴 구절을 보았을 때 나는 무의식중에 노기 씨가 죽을 각오를 하면서 살아온 햇수를 손가락으로 헤아려보았습니다. 세이난전쟁은 메이지 10년이었기 때문에 메이지 45년까지는 35년이라는 거리가 있습니다. 노기 씨는 35년 동안이나 죽어야지 죽어야지 하면서 죽을 기회를 기다린 것 같습니다. 나는 그에게 있어 살아 있던 35년이 괴로웠을까, 아니면 칼로 배를 찌르는 순간이 괴로웠을까 하는 생각을 해보았습니다.

그로부터 2, 3일 후, 나는 드디어 자살할 결심을 했습니다. 노기 씨가 죽은 이유를 내가 잘 모르듯이 당신도 내가 자살하는 이유를 명확히 납득할 수 없겠지만, 그것은 시세時勢의 추이에서 오는 인간의 상위相違이기 때문에 어쩔 도리가 없는 것입니다. 아니, 각 개인의 성격 차이라고 하는 편이 옳을지도 모릅니다.[7]

---

7 夏目漱石,『こころ』,『漱石全集』(第12卷), 岩波書店, 1956, 232-233頁(나쓰메 소세키,『마음』, 박유하 옮김, 웅진출판, 1995, 309-311쪽).

제4장 머나먼 세계문학

이토 히로부미의 죽음에 별다른 감응이 없었던 『문』의 주인공과 달리 『마음』의 주인공은 노기 마레스케의 죽음을 계기로 자살을 결심합니다. 주지하다시피 노기의 순사는 당시 일본인들에게 엄청난 충격을 안겨주었습니다.[8] 소세키만이 아니라 오가이도 이 사건을 계기로 더 이상 당대를 배경으로 하는 소설쓰기를 포기하고 오로지 역사소설에 매진하게 된 사실은 너무나 유명합니다. 그렇다면 당시 일본의 문학인들은 왜 이토의 죽음보다 노기의 죽음에 그토록 민감하게 반응했던 것일까요? 단순히 전자는 타살(암살)이었지만 후자는 자살(순사)이었기 때문일까요? 아니면 전자의 죽음이 상징하는 것(조선합병)보다 후자의 죽음이 상징하는 것(메이지의 종언)이 더 크게 다가왔던 것일까요?

이에 대해서는 좀 더 세밀한 논의가 필요하기 때문에 다음 기회로 미루지만, 어찌 됐든 이를 통해 우리가 알 수 있는 것은 이토가 문학적 영감을 촉발시키지 않는 인물이었던 데에 반해, 노기는 그렇지 않았다는 것입니다. 두 사람 모두 메이지가 낳은 걸출한 인물이었습니다. 하지만 사후 근대일본의 영웅으로 추앙된 것은 이토가 아닌 노기였는데, 이런 '현실에 대한 정신의 우위'는 '근대문학적인 것' 없이는 아마 불가능했을 것입니다.

---

8 참고로 노기 마레스케는 이토 히로부미가 암살로 죽은 것을 내심 부러워했다고 합니다. 이는 아마도 당시 메이지 원로들이 가진 일반적인 생각이었던 것 같습니다. 다다미 위에서 힘없이 죽는 것보다 만주 벌판에서 자객의 손에 죽는 것이 훨씬 사무라이다운 최후라고 여긴 것입니다.

참고로 이토 히로부미와 관련하여 다음 사실을 덧붙일 수 있습니다.

(1) 이토 히로부미의 장례는 11월 4일 히비야공원에서 국장으로 성대하게 거행됩니다.

(2) 이토 히로부미 사망 20주기 즈음, 조선총독부는 이토의 공적을 기리기 위해 그의 이름을 따 박문사博文寺라는 절을 세웁니다(지금의 신라호텔 자리가 바로 이 절이 있던 곳입니다). 무려 4만평이 넘는 부지에 건평만 500평에 이르는 대규모 사찰이었습니다.

(3) 이토 히로부미 사망 30주기 즈음인 1939년 10월 15일 안중근의 차남 안준생은 총독부 관리와 함께 박문사를 찾아가 아버지의 행위에 대해 사죄합니다(어떤 이유에서인지 그는 이미 친일파가 되어 있었습니다). 그리고 16일 이토 히로부미의 차남 이토 분키치(일본광업 사장이었던 그는 얼마 전에 매수한 평안북도 운산탄광을 둘러보기 위해 조선에 와 있었습니다)를 만난 후, 다음날 함께 박문사를 다시 찾아가 '화해'(?)를 했습니다.

(4) 그로부터 5개월 후인 3월 26일 안중근의 장녀 안현생은 남편 황일청과 함께 박문사를 참배했습니다. 그리고 "아버지의 죄를 사죄한다"고 말했습니다. 이 날은 안중근의 기일이었습니다.

12 역사소설의 충돌 – 이문열과 시바 료타로

　최근의 역사소설들은 작품의 시대적 배경을 등장인물이 연관된 사건을 통해 드러내기보다는 서술자가 직접 등장하여 교과서적으로(중립적으로?) 정리하는 경향이 있습니다. 그런데 이때 발생하는 문제는 그와 같은 설명으로만 묘사된 인물과 그렇지 않은 인물들 사이의 불균형입니다. 예컨대 『불멸』에 등장하는 이토 히로부미와 안중근 사이에는 심각한 불균형이 존재합니다.

　물론 이 소설에서 이토의 의미는 오로지 안중근에게 총격을 당하는 데에 있기 때문에, 이런 추궁 자체가 핀트가 어긋나는 것인지도 모르겠습니다. 하지만 적어도 '역사'소설이라면 어떤 균형감 같은 게 수반되어야 한다는 생각이 듭니다. 물론 온전히 '내수용 소설'로 창작된 것이라면 이야기가 약간 다를 수 있지만요.[1] 우리가 서술자의 적극적 개입과 교과서적 서술에 대해 가지는 불만도 작자의 과도한

---

[1] 한국에서 『언덕 위의 구름』이 비판 받는 가장 큰 이유는 조선에 대한 언급을 거의 하고 있지 않아서입니다. 이를 무시나 외면으로 해석하는 것이지요. 그런데 일본의 상대였던 러시아(의 입장)에 대해서만큼은 적잖은 지면을 할애하여 나름 균형을 맞추고 있습니다.

개입에 따른 예술적 효과의 감소, 즉 형상화의 부족보다는 아마 이런 균형의 상실과 관련이 있을 것입니다.

이를 좀 더 구체적으로 다루어 보지요. 『불멸』에는 사실상 이 소설의 숨겨진 한 축인 이토 히로부미의 생애에 대해 서술하는 부분이 나옵니다(제1권, 364~368쪽). 그런데 비중에 걸맞은 설명까지는 바랄 수 없다고 하더라도, 작가는 시작부터 그를 한국의 또 다른 절대악인 도요토미 히데요시와 비교함으로써 객관적 사실을 서술하기보다 부정적 이미지를 각인시키는 데에 열심입니다. 뿐만 아니라 그에 이어 나온 설명도 일본근대사를 고도로(나쁘게 말하면 대충) 압축한 형태여서[2] 일본근대사에 대해 사전지식이 없는 일반독자의 경우 이토가 대체 어떤 인물이었는지 알 길이 없습니다. 따라서 이토에 대한 이해는 결국 한국의 사상, 즉 국민교육에 의해 만들어진 집단무의식에서 크게 벗어나 있지 못하다고 말할 수 있습니다.

그러면서 은근히 강조되는 것이 이토 히로부미 자신이 본래 암살과 관련이 있는 인물이라는 사실입니다. 이토 자신이 젊은 시절에는 암살자로서 활동한 적이 있었고, 그가 정계에서 크게 성공하는 계기도 실은 당시 실세였던 오쿠보 도시미치大久保利通가 갑자기 암살을 당했기 때문이라는 것입니다. 여기서 오쿠보 도시미치가 왜 불려나오는지 잘 이해가 가지는 않지만, 뭐 이것까지는 그렇다고 하지요. 문제는 그 다음이니까요. 최근 한국소설에는 일본의 근대

---

[2] 이런 식의 일본사에 대한 압축은 황석영이 『심청』에서도 시도한 바 있습니다.

제4장 머나먼 세계문학

사가 심심치 않게 배경으로 등장하고, 배경까지는 아니더라도 자주 언급되곤 합니다. 그런데 저는 그런 부분이 나올 때마다 가슴을 졸이며 읽곤 합니다. 왜냐하면 어처구니 없는 오류들과 자주 만나기 때문입니다.[3]

그렇다면 왜 이런 오류들이 자꾸 등장하는 것일까요? 일차적으로 그것은 불충분한 자료조사와 공부에 있을 것입니다. 하지만 이것만으로는 충분하지 않다고 느끼는 것은 비단 저뿐일까요? 앞 장에서도 말한 바 있지만, 한국은 일본어를 구사하는 사람이 가장 많은 나라이자 자의든 타의든 일본의 영향을 어느 나라보다 가장 많이 받은 나라입니다. 하지만 바로 그렇기 때문에 일본에 대해 진지하게 생각하기를 본질적으로 거부하는 무언가가 우리 안에 있는 것 같습니다.

좀 과격하게 말하자면, 근대한국의 정체성이란 일본을 부정함으로써만 비로소 가능한 것인지도 모릅니다. 한국의 근대문학이 바로 그런 부정성이 가장 노골적으로 나타나는 예술양식일 테고 말입니다. 원본은 자신의 원본성을 애써 주장할 필요가 없을 것입니다. 최근 소설 『덕혜옹주』를 둘러싼 표절논란은 그것을 잘 보여준다고 해도 과언이 아닙니다. 그러고 보니 최인훈 소설에 등장하는 요설은 우리 안에 존재하는 부정성과의 치열한 싸움이었다고 말할 수 있을 것입니다. 그것이 성공했는지와는 상관없이 말입니다.

---

3 일전에 저는 김연수 소설 『꾿빠이 이상』에 등장하는 오류를 지적한 바 있습니다.

일본에 대한 의도적 몰이해가 근대문학을 선택했다는 이유만으로 짊어져야 하는 짐이라면, 그것은 작가 개개인의 박식함과는 별개의 문제라고 말할 수 있습니다. 한국에서 가장 박식한(때론 현학적인) 소설가로 손꼽히는 이문열이라고 해서 이 함정을 피할 수 있는 것은 아니었습니다. 구체적인 예를 하나 들어 보지요. 그는 이토 히로부미의 생애를 설명하는 부분에서 도요토미 히데요시와 비교한 후, 다음과 같이 덧붙이고 있습니다.

> 열여섯 때는 뒷날 '마쓰시타松下 정경숙政經塾'으로 더 잘 알려진 쇼카손주쿠松下村塾에서 공부하게 된다.
>
> 쇼카손주쿠는 일본 개화파의 선구자 요시다 쇼인吉田松蔭이 세운 사립학교로서 관학에서는 가르치지 않는 난학(蘭学, 네덜란드어)과 영어를 비롯해 주로 서양문물을 가르쳤다. 이토는 거기서 1년 동안 공부했는데 세계정세, 특히 서양 사정에 눈뜨게 된 것 못지않게 중요한 소득은 이른바 쇼카 인맥에 닿게 된 것이었다. 이토는 요시다 쇼인을 존경하는 만큼이나 그로부터 총애를 받았고, 뒷날 조선공사와 외무상을 거쳐 수상에 이르는 이노우에 가오루井上馨와 메이지시대의 혁명아 다카스기 신사쿠高杉晋作 등을 만나 일생의 동지가 되었다.[4]

---

4 이문열, 『불멸』(제1권), 364-365쪽.

제4장 머나먼 세계문학

불과 몇 줄도 되지 않는 부분이지만, 여기서 우리는 약 일곱 개의 오류를 잡아낼 수 있습니다. ① 먼저 서술자는 "'마쓰시타 정경숙'으로 더 잘 알려진 쇼카손주쿠松下村塾"라는 표현을 사용하는데, 최근 유명 정치인과 경제인을 다수 배출함으로써 유명해진 마쓰시타松下 정경숙政經塾은 마쓰시타松下전기산업의 창업자이자 '경영의 신'으로 불리는 마쓰시타 고노스케松下幸之助(1894~1989)가 1979년에 설립한 인재양성소로 백년도 이전에 설립된 쇼카손주쿠松下村塾와는 아무런 관계가 없습니다. ② 또 그는 "쇼카손주쿠는 일본 개화파의 선구자 요시다 쇼인吉田松蔭이 세운 사립학교로서"라고 쓰고 있는데, 쇼카손주쿠松下村塾는 요시다 쇼인의 숙부였던 다마키 분노신玉木文之進이 설립한 사학으로(1842년), 요시다 쇼인 자신도 어린 시절 이곳에서 공부를 했습니다. 물론 이후 그가 이것을 물려받아 유수한 인재들을 많이 배출한 것은 사실이지만(다만 안세이대옥安政大獄으로 처형당하는 바람에 그가 실질적으로 운영한 시기는 겨우 3년간(1855~1858년)에 지나지 않았습니다), 무턱대고 그가 세웠다고 말하는 것은 사실과 많이 어긋난다 하겠습니다. 그리고 요시다는 개화파의 선구자라기보다 '존황양이파尊皇攘夷派'의 선구자였다고 말하는 것이 정확합니다.

또 그는 요시다 쇼인이 쇼카손주쿠에서 난학과 영어를 비롯하여 서양문물에 대해 가르쳤다고 하는데, ③ 우선 '난학'이란 그가 괄호로 보충설명을 하는 것처럼 '네덜란드어'를 가리키는 것이 아니라 에도시대 네덜란드를 통해 드러난 서양의 문화나 기술을 연구하는 학문을 가리키는 것으로 사실상 '양학洋學'에 가까운 의미였습니다. 그것이 당시 '난학'이라고 불렸던 것은 에도막부가 포교를 하지 않는 네덜란드에게만 제한적으로 교역을 허용해서(강력한 쇄국 정책이 유지되던 시기였습니다) 네덜란드어가 사실상 서양문물을 접할 수 있는 유일한 통로였기 때문입니다.

그리고 ④ 요시다 쇼인이 스승인 사쿠마 쇼잔佐久間象山에게 난학을 배운 것은 사실이지만, 여건상 그가 네덜란드어나 영어를 타인에게 가르칠 정도로 능숙했다고 보기 힘들며, 쇼카손주쿠松下村塾가 유명하게 된 것은 단순히 서양문물을 가르쳤기 때문이라기보다는 스승이 일방적으로 제자를 가르치기보다는 제자와 함께 의견을 교환하는 방식의 교육을 했을 뿐만 아니라 지식의 전수 외에 수영이나 등산도 함께 함으로써 '살아있는 학문'을 지향했다는 점에 있습니다.

또 이문열은 ⑤ "이토는 요시다 쇼인을 존경하는 만큼이나 그로부터 총애를 받았고"라고 쓰고 있는데, 앞서 살펴본 시바 료타로의 언급처럼 사상가라기보다는 현실주의자였던 이토는 스승 요시다 쇼인으로부터 곱지 않은 시선을 받았으며, 이토도 스승을 그다지 존경하지 않았습니다. 이어서 ⑥ "뒷날 조선공사와 외무상을 거쳐 수상에 이르는 이노우에 가오루井上馨"라고 말하는데, 이노우에는 수상을 역임한 적이 없습니다. 그리고 ⑦ "메이지시대의 혁명아 다카스기 신사쿠高杉晋作"라고 말하는데, 다카스기는 메이지유신 전에 죽었습니다. 즉 그는 에도시대 말기에 활동한 인물입니다.

제4장 머나먼 세계문학

이런 오류는 의도적인 것일까요? 그렇지 않으면 단순한 실수일까요? 주지하다시피 이 소설은 〈조선일보〉에 연재되었습니다. 이는 수많은 독자나 편집자에 의해 적어도 책으로 출판되기 전 수정될 기회가 있었다는 의미일 텐데, 그것이 전혀 이루어지지 않은 것은 혹시 근대일본의 거물 이토 히로부미에 의해 안중근의 존재감이 위협받지 않게 하기 위해 우리 모두가 자동적으로(무의식적으로) 몰이해라는 기제를 작동시켰기 때문은 아닐까요?

그건 그렇고 여기서 드는 또 다른 의문은 이런 것입니다. 그렇다면 이문열은 노기 마레스케를 어떻게 보고 있을까요? 앞서 잠깐 언급한 것처럼 이문열은 이토 히로부미에 대해서는 부정적인 입장을, 노기 마레스케에 대해서는 동정적인 입장을 보이고 있는데, 이는 시바 료타료의 입장과 정반대라고 할 수 있습니다. 그런 의미에서 우리는 『불멸』을 『언덕 위의 구름』에 대한 한국적 답변으로 간주할 수 있을 것입니다. 실제 이 소설에서는 시바 료타로의 이름이 직접 호출되기도 하는데, 그것은 정확히 노기 마레스케에 대해 서술하고 있는 부분입니다.

노기의 승리는 이미 시작된 근대전을 이해하지 못해, 견고한 요새와 최신 병기인 기관총으로 무장한 대군이 지키는 고지를 정면으로 무모하게 공격하여 보병의 피해를 키웠다는 험담을 들었다. 그러나 그 엄청난 장병들의 피해를 자신의 탓으로 돌려 자결하려 한 노기의 담백한 무사 기질과, 자신이 살아있는 한 노기는 자살

242

할 수 없다는 메이지천황의 칙명이 어우러진 후일담은 두 아들의 죽음이 담보한 진정성과 더불어 당대에 이미 신화가 되었다.

"아들 하나 잃었다고 서러워 마라. 아들 둘을 잃은 삶도 있다."

그 무렵 유행했다는 그런 노래에는 노기를 향한 일본인들의 애정과 믿음이 실려 있다. 그러다가 메이지천황이 죽자 자결로 순사하면서 노기는 군신으로 숭앙받기도 했다.

같은 일본인이면서도 소설가 시바 료타로처럼 노기 대장의 군사적 재능을 의심하고 여순 함락의 득실을 달리 보는 사람도 있다. 하지만 어쨌든 그 일은 한 전투의 승리로서도 빛나는 것일 뿐 아니라, 교착의 형태까지 띠어가던 러일전쟁의 국면을 일시에 전환시킨 계기로서도 의미가 크다. 지구를 반 바퀴나 돌아오던 러시아 발트함대는 여순 함락의 충격에 사기가 크게 꺾였고, 뒤이은 봉천 대회전도 큰 영향을 받게 된다.[5]

그러나 시바 료타로에 대한 이문열의 비판은 그다지 공정하지 않습니다. 일단 그는 시바 료타로가 노기를 비판하는 맥락을 놓치고 있습니다. 시바는 결코 뤼순(여순) 함락의 득실을 문제 삼고 있는 것이 아닙니다. 물론 그도 러일전쟁에서 뤼순이 가지는 중요성을 여러 번에 걸쳐 강조하고 있습니다. 뤼순을 함락하지 못했다면 일본은 전쟁에서

[5] 이문열, 『불멸』(제1권), 357쪽.

졌을지도 모른다는 것은 대부분의 전쟁사가들이 지적하는 바입니다. 문제는 설사 그렇다고 하더라도 불필요한 사상자가 너무 많이 나왔는데, 이는 전장의 상황을 제대로 파악하지 못하고(노기는 지휘소를 총소리도 잘 들리지 않는 후방에 설치했습니다) 어떻게 싸워야 하는지 감조차 잡지 못했던 지휘관 노기의 책임이 크다는 점입니다. 그리고 시바의 이런 비판은 노기라는 한 인물에 대한 평가 이상을 의미합니다. 즉 그는 노기의 무능력보다는 전쟁에 도무지 적합하지 않았던 그를 전장으로 보내 싸우게 한 '무엇'을 더 크게 문제 삼았기 때문입니다.

> 그의 최대의 불행은 그의 참모장으로서 소장 이지치 고스케伊地知幸介라는 능력도 협조성도 낮은 인물이 배정된 것이다. 육군의 총수인 야마가타 아리토모山県有朋의 인사감각은 군사령관에 조슈사람이 한 사람도 없는 것이 불만이어서 제3군에는 노기를 선택했는데, 그 대신 사쓰마벌에 대한 서비스로서 이지치 고스케를 노기의 콤비가 되게 했다고 한다.[6]

시바가 비판하는 것은 당시 유신정부에 존재한 이런 비합리적인 행동방식이었습니다. 왜냐하면 이런 비합리성은 전후에 이어진 논공행상을 통해 확대 재생산되어 러일전쟁이 얼마나 아슬아슬한(위험천만한) 전쟁이었는지를 은폐하고 일본군이 신비화되는 데에 일조했기 때문입니다.

---

6 司馬遼太郎, 「あとがき 4」, 위의 책, 336-337頁.

그리고 노기의 자살 문제와 관련해서는 확실히 러일전쟁 후 메이지천황의 저지가 있었던 것은 사실이지만, 그에게 가장 큰 충격을 주었던 것(즉 자살의 계기를 부여한 것)은 러일전쟁 이전 세이난전쟁에서의 경험(군기를 빼앗긴 것)이었습니다. 당시 그는 마치 죽고 싶어 하는 사람처럼 전장에 나가 싸웠고(부상을 당해 후송되었음에도 불구하고 병사를 박차고 나갔다고 합니다) 천황께서 하사하신 군기를 잃었기 때문에 뵐 낯이 없다는 이유로 할복을 하려고 했지만, 주위의 만류로 겨우 그만두었습니다.

그런 의미에서 그의 순사는 러일전쟁의 결과라기보다 그의 기질(과도한 순정주의 또는 문학적 기질)에서 찾는 편이 더 설득력이 있지 않나 합니다. 아니 아무리 양보해도 칭송할 만한 '담백한 무사적 기질'과는 거리가 있습니다. 왜냐하면 군인에게 중요한 것은 목숨을 초개처럼 버리는 게 아니라 실질적인 전쟁수행 능력이기 때문입니다. 만약 이런 역사적 사실을 알지 못했다면 별개의 문제이겠지만, 알고서도 그렇게 평가한 것이라면 다분히 문제적인 서술이라 하겠습니다.

그렇다면 이문열은 왜 그런 식의 평가를 했던(또는 할 수밖에 없었던) 것일까요? 우리는 이에 대한 답을 앞에서 여러 번 암시한 바 있습니다. 그렇습니다. 그것은 바로 주인공 안중근을 둘러싼 신화를 파괴하고 싶지 않았기 때문입니다. 이문열에게 안중근은 노기 마레스케와 유사한 인물이었습니다. 그래서 이토 히로부미를 폄하하고 그와는 정반대로 현실보다 사상에 온몸을 바쳤던 노기를 높이 평가

한 것입니다.

극적인 순간을 통해 신화가 된 두 사람과 달리 이토에게는 그런 극적 순간 따위는 존재하지 않았습니다. 안중근과 노기가 자신의 죽음을 통해 영웅이 되었다면, 이토는 순전히 자신의 삶을 통해 영웅이 되었기 때문입니다. 짐작컨대 시바 료타로의 눈에는 노기만이 아니라 안중근도 긍정적인 인물로 비치지 않았을 것입니다. 시바는 암살이라는 것 자체를 매우 싫어한 인물이었습니다. 왜냐하면 역사란 암살을 통해 바뀌는 것이 아니라고 보았기 때문입니다. 그리고 노기 신화나 안중근 신화 같은 것에도 부정적이었을 것입니다. 왜냐하면 신화는 많은 경우 현실성의 결핍을 메우기 위해 설정된 '허구적 서사'인 경우가 많아서 과거는 물론이고 현재를 이해하는 데에도 아무 도움이 되지 않기 때문입니다.

그렇다면 우리는 안중근 신화와 그런 신화에 굴복한 이문열을 비판해야 할까요? 여기서 그렇다고 말하는 사람은 아마 한국인이 아닐 것입니다. 그래서 예스나 노로 답하기를 강요하기보다 이런 질문을 던져보는 것은 어떨까 합니다. "왜 우리는 안중근 신화를 파괴하는 것을 주저하는 것일까?" 저는 그 이유 중 하나로 '라이벌적 존재'의 부재를 들고 싶습니다.

예컨대 일본인의 경우 노기 마레스케를 비판하게 되면, 그런 비판만큼 그와 정반대의 입장에 서있던 다른 인물에게 '평가'가 옮겨가는 반면에, 한국인에게 있어 안중근 비판은 그렇지 않기 때문입니다. 『불멸』에서 가장 아쉬운 부분은 안중근의 라이벌을 '제대로' 설정하지 않은 점입니다. 물론 라이벌적 인물이 전혀 등장하지 않는 것은 아닙니다. 김구와 안중근 사이에는 확실히 어떤 긴장감이 존재합니다. 하지만 소설의 중반에 이르면 김구라는 인물은 흐지부지 사라집니다.

하지만 김구를 비중 있게 다루었다고 해도 마찬가지였는지도 모릅니다. 왜냐하면 어떤 의미에서 이 둘은 라이벌이라기보다는 도플갱어에 가까운 존재라 할 수 있기 때문입니다. 즉 두 사람의 삶은 특정 시대를 산 인간의 서로 다른 면을 보여주고 있다기보다는 같은 면의 연장을 보여주고 있다고 해도 과언이 아닙니다. 주지하다시피 김구는 암살지도자로서 활약했으며 결국 그 자신도 암살당합니다. 앞서 살펴본 이문열의 관점을 대입하자면, 그는 '형식적으로' 이토 히로부미와 비슷한 삶은 살았습니다. 하지만 '내용적으로' 보면 그 역시 노기적 인간이라 하지 않을 수 없습니다.

하지만 노기와 안중근·김구의 차이 또한 명확합니다. 전자에게는 충성을 바칠 국가라는 것이 분명히 존재했고 또 그의 인간적(그리고 사상적) 성장은 국가의 성장과 더불어 이루어졌지만, 후자에서는 동일시 대상으로서의 국가 자체가 없었습니다. 따라서 그들은 '사상으로만' 비로소 국가를 가질 수 있었는데, 문제는 그것이 자기형성을 뒷받침해줄 수 있을 정도로 튼튼하지 못했다는 점입니다. 따라서 『불멸』의 실패는 처음부터 예정된 것이었는지도 모릅니다. 단 문제는 이문열이 그 실패를 전면적으로 받아들이기보다는 손쉽게 안중근 신화로 다시 도피한 데에 있다 하겠습니다.

만약 그가 신화와 대결했다면, 아니 적어도 그것을 경계했다면, 일본 쪽 인물들을 우리식으로 단순화시키지(왜곡하지) 않아도 되었을 것이고, 그로 인해『불멸』은 훨씬 생동감 넘치는 작품이 되었을지도 모릅니다. 즉 '내수용 소설'로 머물지는 않았을 것입니다. 물론 앞서 지적한 것처럼 이 작품에 미덕이 전혀 없는 것은 아닙니다. 예컨대 안중근에게서 발견된 희극성은 그 자체로 안중근 신화에 처음으로 균열을 가했다는 점에서뿐만 아니라 한국근대사에 내재된 우울한 도착을 예리하게 드러내고 있다는 점에서 기존의 안중근 서사보다 진일보한 면이 분명 있습니다. 하지만 바로 그렇기 때문에『불멸』은 두고두고 아쉬운 작품으로 기억될 것 같습니다.[7]

---

7 [본서가 나온 2011년 이후로도 '안중근 이야기'는 반복·재생산되고 있습니다. 2022년에 뮤지컬 〈영웅〉을 영화화한 〈영웅〉이 개봉하고 김훈의 소설『하얼빈』이 출간되었고, 2024년에는 대대적으로 홍보된 영화 〈하얼빈〉이 개봉했습니다(참고로 영화 〈하얼빈〉의 원작은 소설 『하얼빈』이 아닙니다). 소설『불멸』과 소설『하얼빈』을 비교하는 것은 여러 측면에서 흥미로운데, 기회가 생기면 이야기해 보겠습니다.]

13 이식문학과 세계문학

결론적으로 말하면 다음과 같습니다. "국가가 부재한 시대를 산 이들을 주인공으로 내세워 민족서사시 내지 국민서사시를 쓰는 것은 불가능하다." 왜냐하면 이 경우 그들의 삶은 사상적인 면에서만 평가가 가능하며, 또 신화화되지 않고서는 일반국민의 공감을 얻어내기 매우 힘들기 때문입니다. 저는 모든 근대문학은 본질적으로 전후문학이고, 국민전쟁을 제대로 경험하지 못한 국가의 문학은 본질적으로 부실할 수밖에 없다고 주장했습니다. 이것을 이제까지의 논의와 함께 정리하면 다음과 같이 될 것입니다.

"근대문학은 어떤 공통의 경험을 통해 국민문학으로서 성립할 수 있다. 그런데 그것이 결핍된(부족한) 나라는 어떻게든 그것을 문학적으로 상상해내지 않으면 안 된다. 많은 경우 그것은 특정 인물을 신화화함으로써 이루어진다. 하지만 아무리 그렇게 하더라도 국민서사시를 가지기 힘들다. '이식문학론'이 문제가 되는 것은 바로 이 지점이다."

하지만 이식된 근대문학도 그 나름의 특징이 있을 것입니다. 역사적 경험과 괴리된 형태로(즉 문학사상으로) 도입된 한국의 근대문학은, 바로 그 때문에 역으로 역사적

제4장 머나먼 세계문학

변화에 대해 비교적 자유로운지도 모릅니다. 이 부분을 이해하지 못하면 여러 사회경제적 증거들(단적인 예로 독자 수의 급격한 감소 등)이 이미 '근대문학의 종언'을 증거하고 있음에도 불구하고, 여전히 근대문학이 자신의 존재감을 과시하고 있는 현실이 그저 미스터리하게만 여겨질 것입니다. 하지만 한국의 근대문학이 애당초 역사적 필연성(국민적 경험) 없이 그저 이식되어진(상상된) 것에 불과하다는 사실을 떠올리면, 새삼스럽게 당황해 할 필요는 없을 것입니다.

일찍이 괴테는 민족문학(국민문학)에서 세계문학으로 나아가야 한다고 주장했습니다. 최근 이 말은 심심치 않게 인용되고 있는데, 여기서 우리가 놓치는 것 중 하나는 민족문학이라고 해서 다 같은 민족문학이 아니라는 사실입니다. 즉 국민서사시를 가진 민족문학과 그렇지 못한 민족문학이 존재합니다. 그런데 여기서 주목할 것은 전자의 국민문학인 경우 그 자체로 이미 세계문학(물론 이념으로서의 세계문학이라기보다는 현실로서의 세계문학을 말합니다)이라는 점입니다. 사정이 이러하다면, 한국문학의 세계화는 단순히 돈과 마케팅으로 해결될 수 있는 문제가 아닌지도 모릅니다.

그렇다면 앞으로 한국문학이 나아가야 할 방향은 어디일까요? 제가 생각하기에 그것은 '문학성'이 아니라 우리에게 절대적으로 부족한 '경험'(비문학성)의 확장을 통해서입니다. 이는 "어떻게 쓸 것인가"라는 고민에서 "세계를 어떻게 이해할 것인가"라는 고민으로 옮겨가는 것을 말합니다. 그리고 여기서 중요한 것은 장르의식이라기보다는 그것의 부정, 바꿔 말해 문학이라는 행위의 가장 밑바닥(문학성이 소멸되는 지점)까지 내려감을 의미합니다. 아직 그곳까지 내려간 사람이 없기 때문에 거기서 무엇이 발견될지는 모르지만 말입니다.

하지만 적어도 그곳까지 내려가 본 사람이라면 한국문학이 얼마나 가벼운 존재인지를 알게 될 것이며, 그것을 깨닫게 된 이상은 국가보조금을 받기 위해 문학(예술)을 팔거나 문학적 성공을 위해 특정 문단그룹에 줄을 서거나 '한국문학의 세계화'에 가슴 뿌듯해 하며 손뼉을 치거나 하지는 않을 것입니다. 그리고 아마 그렇게 될 때, 우리는 비로소 괴테가 말하는 '세계문학'을 사유할 수 있는 자격을 얻게 될 것입니다.

* 여기까지 따라오신 분들에게 드리고 싶은 말씀은, 번거로우시겠지만 맨 앞으로 돌아가 제1장을 다시 읽어 주십사 하는 것입니다.*

[보론] 세계문학전집의 구조

"바로 그 점이 교양의 목적이 아닐까? 모든 것에서 쾌락을 만들어내는 것 말이야."

"그것이 목적이라면, 나는 차라리 야만인이 되겠네."

— 톨스토이, 『안나 카레니나』 중에서 —

지금 문학계는 매우 조용합니다. 이명박 정권이 들어서고 이런저런 트러블이 있기도 했지만, 어느 정도 시간이 지나고 나니 그마저도 모두 사라진 것 같습니다. 물론 예나 지금이나 여전히 소설은 쓰이고 그에 대한 평가도 이루어지고 있습니다. 그리고 누군가는 등단을 하고 또 누군가는 상을 타고 있습니다. 하지만 그것들은 대부분 관성에 따른 것이어서 새로운 분위기랄까 그런 것을 찾아보기 힘든 것 같습니다. 하지만 출판계나 학계는 이런 문단과 약간 다른 분위기인 것 같습니다. 뭐랄까 변화의 움직임 같은 것이 포착되는데, 그것은 최근 들어 더욱 분명해진 어떤 독서경향과 관련이 있다 하겠습니다.

독서가로 자처하시는 분들은 이미 눈치를 채셨겠지만, 지금 우리가 문제 삼고자 하는 것은 바로 '세계문학전집'입니다. 최근 문학과 관련된 학계에서 가장 많이 등장하는 단어 중의 하나가 바로 '세계문학'입니다. 물론 이때의 '세계문학'은 세계문학전집의 '세계문학'과는 조금 다릅니다. 자주 혼동되기는 하지만 말입니다. 하지만 분명한 사실 중 하나는 세계문학전집의 유행이 없었다면 학계에서의 '세

255

세계문학전집의 구조

계문학' 논의도 지금처럼 활발히 진행되지는 않았을 거라는 점입니다. 그 점에서 이 둘은 다르지만 명확히 구분하여 이야기하기는 힘든 측면이 있습니다.

세계문학전집에 대해 이야기를 해달라는 부탁을 받았을 때, 그것이 정확히 '세계문학전집'으로 제한된 것인지 아니면 '세계문학'에 관한 논의도 포함된 것인지 알 수는 없지만, 어쨌든 양쪽을 오갈 수밖에 없게 되더라도 우선 '세계문학전집'에 이야기를 집중하도록 해보겠습니다. 그럼 시작하겠습니다.

1 '세계문학전집'이라는 문제

먼저 어떻게 이야기를 풀어갈까 고민하다 우연히 회원 수만 10만이 넘는 한 인터넷 독서카페에 들어가게 되었습니다. 그런데 그곳에 다음과 같은 글들이 올라와 있는 것을 읽게 되었습니다. 전문으로 인용해 보겠습니다(줄바꾸기는 무시했습니다).

1) 어제 우연히 홈쇼핑광고를 보고 있었는데요/ 글쎄 민음사에서 나오는 세계문학전집을 싸게 팔고 있더라고요~/ 민음사 세계문학전집 200권정도 되잖아요~/ 그걸 1만원으로만 계산해도 200만원인데/ 그걸 1,055,000원에 파는 거예요/ 거의 반값으로 말이죠~~/ 으흐흐~~~~ 사고 싶다 ㅜ,ㅜ/ 그걸 12개월 무이자로 팔던데 한 달에 87,900원꼴이더라고요~/ 아~ 아직 돈 벌이가 시원치 않은 저로서는/ 한 달에 87,900원이나 빠져나가면/ 생활이 어려워지므로/ 그림의 떡이 되어 버렸어요 ㅜ,ㅜ/ 차라리 보지 않았다면 이렇게 우울하지 않았을 것을

세계문학전집의 구조

2) 드디어 샀어요~ 홈쇼핑에서 싸게 팔기에/ 고민도 해보고 이리저리 생각해보고 알아보다가/ 결국!! 12개월 무이자로 샀습니다/ 아 앞으로 돈이 나가겠지만/ 책장에 꽂혀있는 책들을 보니/ 배가 불러옵니다 ㅋㅋ/ 언제 다 읽을지는 모르겠지만/ 조급해하지 않고 천천히 읽으려고요~/ 고전 읽는 여자가 되렵니다^^

이와 비슷한 글은 이것 외에도 꽤 많이 있었는데, 아무튼 이를 통해 우리가 짐작할 수 있는 것은 최근 책을 좋아한다고 자부하는 일반독자들의 가장 큰 '고민' 중 하나가 세계문학전집을 '살 것인가 말 것인가'라는 것입니다. 그(녀)들의 '고민'의 정체가 무엇인지는 앞으로 자연스럽게 드러날 테지만, 여기서는 일단 몇 개의 단어를 추려놓기로 하지요. 홈쇼핑, 반값, 그림의 떡, 우울, 고전 읽는 여자.

현재 출판계는 '세계문학전집'전쟁이라고 해도 과언이 아닙니다. 민음사의 세계문학전집에 고무된 것인지 어느 정도 덩치를 가진 출판사라면 너나 할 것 없이 이 시장에 뛰어들고 있는 형국입니다. 하지만 실질적으로 '문제가 되는 것'은 민음사판 전집 정도가 아닐까 합니다. 왜냐하면 다른 출판사의 전집들은 이제 막 내기 시작한 터라 성공 여부를 판가름하기는 아직 이르기 때문입니다. 실제로 방금 인용한 독자들을 '우울하게' 하는 전집도 바로 민음사판 전집을 가리킵니다. 그러므로 지금부터 이야기하는 세계문학전집도 주로 이것을 염두에 둔 것이라는 점을 미리 말씀드립니다.

하지만 '세계문학전집이라는 문제'가 최근 시작된 것으로 보기는 힘듭니다. 대표격인 민음사판 전집의 제1권이 출간된 것이 1998년이니까 이미 10여 년 전에 시작된 것이라고 말할 수 있습니다. 그러나 이 역시 정확한 이야기는 아닌 것 같습니다. 왜냐하면 민음사가 세계문학전집을 내기 시작했을 당시에는 그다지 화제가 되지 않았을 뿐만 아니라, 지금처럼 '문제적 출판물'이 될 것이라고 생각한 사람도 없었습니다. 그렇다면 언제부터 그것이 출판계의 화두로 등장한 것일까요? 제가 보기에 그것은 정확히 2005년 초, 그러니까 정확히 100권을 넘어서던 시기였습니다. 여기서 잠시 신문기사 하나를 살펴보기로 하지요.

국내 세계문학전집 시장이 급팽창하고 있다. 민음사의 성공에 자극받은 대형 출판사들이 잇따라 이 시장에 뛰어들고 있다. 문학동네가 5년의 준비과정을 거쳐 이달 중순 1차분 20권을 시작으로 '세계문학전집' 발간에 나섰다. 3년 전부터 준비해온 시공사는 내년 8월 '시공 세계문학의 숲'을 제목으로 전집 1차분을 내놓는다. 세계문학전집 시장이 1960~70년대 전집 판매 전성기의 영화를 재현할 것인가?

1998년부터 전집 발간에 나선 민음사는 최근 11년 만에 전집 목록 230권을 넘어서며 700만 부 판매를 돌파했다. 장은수 민음사 편집인은 "초기 5년은 고전을 면치 못했지만, 목록이 100권을 넘어서는 즈음부터 시장의 반응이 확 달라졌다"며 "2006년부터 4년 동안 해마

세계문학전집의 구조

다 100만여 부, 100억여 원어치씩 판매됐다"고 밝혔다. 이른바 '돈 되는 시장'임을 입증한 셈이다.[1]

이 기사에서 우리가 주목할 점은 크게 두 가지입니다. 첫째는 기사 제목이 말하고 있는 것처럼 이번 세계문학전집 붐이 '두 번째'라는 점이고, 둘째는 그 '두 번째' 부흥 시기가 2005년 즈음이라는 점입니다. 먼저 후자부터 이야기해 보도록 하지요. 세계문학전집이 출판계에서 일종의 '문제'로서 등장한 것은 2004년 12월 말 100권짜리 전질(약 50만 원)이 겨우 30분 만에 약 1,300여 세트(약 6억 5,000여만 원) 가량 팔려나가면서부터입니다. 그리고 3주 후 다시 1,000여 세트(약 5억 원)가 30분 만에 나갔습니다. 물론 이는 홈쇼핑이었기에 가능했던 일입니다.

정부의 주도하에 홈쇼핑이 국내에서 운영되기 시작한 것은 1995년으로, 첫해 매출은 35억 원에 지나지 않았다고 합니다. 그러던 것이 10년도 안 되어 4조 원(2004년)이라는 거대한 시장으로 성장합니다. 그런데 흥미로운 사실은 이런 새로운 거대유통망에서 가장 성공한 사례 중의 하나가 바로 전집류 서적이라는 점입니다. 한 기사에 따르면[2], 다른 상품의 경우 매진이 되는 경우가 그리 많지 않은데, 서적은 반대로 매진이 되지 않는 쪽이 오히려 드물다고 합니다. 그렇다면 홈쇼핑에서 전집류 서적이 이처럼 인기가

---

[1] 「세계문학전집 '제2의 전성기'」, 〈한겨레〉, 2010년 1월 12일자.
[2] 「전집시장, 홈쇼핑이 주무른다」, 〈한겨레21〉, 2006년 3월 17일 제601호.

있는 이유는 무엇일까요? 여러 가지가 있겠으나 크게 두 가지만 들면 다음과 같습니다.

첫째는 저렴한 가격입니다. 홈쇼핑에서는 보통 정가의 반값(50%)에 책을 판매하는데, 상당수는 거기에다 사은품(예를 들어 다른 세트도서나 심지어 책장까지)도 줍니다. 일반출판물과 유통구조가 다소 다른 서적들(일테면 유아서적이나 학습서적)이라면 애당초 정가와 실제 판매가 사이에 차이가 존재하기 때문에 크게 문제될 것은 없지만, 버젓이 일반서적으로 유통되는 책을 반값으로 살 수 있다는 것은 그 자체로 이미 충분히 메리트가 있습니다. 따라서 독자의 입장에서는 마다할 사항은 아니라고 생각합니다.

그런데 여기에는 여러 가지 문제가 존재합니다. 첫째는 홈쇼핑 수수료입니다. 기사에 따르면 홈쇼핑의 평균 수수료는 판매가의 35~38% 수준이라고 합니다. 이는 정가를 기준으로 60~70%로 배본되는 서점공급가(인터넷서점 포함)와 차이가 있습니다. 물론 이 차이는 매우 미비한 것일 수 있습니다. 그러나 인터넷서점에서 이루어지는 할인의 경우 그 부담을 서점들이 지는 반면에, 홈쇼핑의 경우는 그것을 출판사 측에 부담시키는 형태를 띠고 있기에 실제 차이는 매우 크다 할 수 있습니다.

이렇게 팔아서 출판사에 남는 게 있는지 걱정하시는 분들도 있을지 모릅니다. 하지만 그런 염려는 하지 않으셔도 됩니다. 왜냐하면 요즘 출판사들은 정가를 책정할 때 할인까지 고려하기 때문입니다. 인터넷서점을 통한 '할인판매'가 등장하자 책값 역시 인상된 것이 그 증거입니다. 일종의

세계문학전집의 구조

조삼모사인 셈입니다.[3] 그러므로 어차피 마찬가지가 아니냐고 물으실 분이 있을지 모릅니다. 낮은 정가의 책을 제값주고 사든 높은 정가의 책을 그만큼 할인해서 사든 크게 다르지 않기 때문입니다. 그러나 이를 통해 분명해진 사실이 두 가지가 있습니다.

첫째는 정가대로 책을 사는 사람은 바보가 되었고, 그 덕분에 수천 개의 서점이 문을 닫았습니다. 그리고 인터넷서점과 홈쇼핑의 횡포(상품노출을 빌미로 납품가 조정)로 인해 광고비를 부담하기 힘든 중소출판사의 책은 이전보다 독자를 만날 확률이 줄어들었습니다.[4] 이 때문에 "어렵다, 어렵다" 하는 말을 입걸이처럼 달고 다니는 출판계지만 소위 메이저 출판사들의 덩치는 갈수록 커져 가고 있습니다. 한국의 비판적 지식인의 문제점은 미국이나 현정부 또는 세계화와 같이 크고 추상적인 대상에 대해서는 거침없는 비판을 쏟아내지만, 정작 자신과 이해관계가 있는 분야에 대해서는 당연하다는 듯이 침묵한다는 데 있습니다.

예컨대 여러 방식을 통해 MB정부를 비판하는 소위 깨어있는 문학인도 문학계나 출판계 내부의 모순이나 문제점에 대해서는 말을 아끼거나 대충 넘어갑니다. "원래 그런 것이다, 그래도 문학계만큼 깨끗한 곳도 없다, 좋은 게 좋은 게 아니냐" 하고 말입니다. 한국의 출판계에서 할인

---

[3] 도서정가제에 비판적인 독자들은 조삼모사에 만족하는 '행복한 사람'입니다.
[4] 인터넷서점의 경우 시장장악이 아직 충분히 이루어지지 않았던 초기에는 대가 없이 우수도서를 메인화면에 올려주는 친절을 베풀기도 했지만, 지금은 광고비를 내지 않으면 노출을 해주지 않습니다.

전쟁은 사실상 한국 농업계의 쌀수입 문제만큼이나 중요한 문제였음에도 불구하고, 이를 문제 삼은 사람들은 거의 없었습니다. 도서할인이 어쩔 수 없는 것이라면(즉 대세라면), 쌀 수입도 마찬가지니 원론(예를 들어 식량자급론)만 고집하지 말고 차라리 수입하자고 외쳤어야 논리적으로 균형이 맞지 않았을까요? 전직 대통령의 죽음 앞에서 눈물이 난다고 해서 그것이 '건전한(올바른)' 문학가의 증거일 수는 없는 법입니다.

다시 본래의 문제로 돌아가면, 우리는 여기서 흥미로운 현상을 발견할 수 있습니다. 그것은 바로 홈쇼핑에서만큼은 사실상 무용지물이 되고 있는 '도서정가제'라는 룰입니다. 홈쇼핑에서 판매되는 전집의 경우 설사 그것이 신간이라고 해도 30% 이상의 할인율이 적용되어 팔리고 있습니다. 예컨대 민음사 세계문학전집의 경우는 뒷번호는 모두 신간임에도 구간과 마찬가지로 파격적인 할인율이 일률적으로 적용되고 있습니다. 문제는 이런 행태를 보이는 출판사가 민음사, 창비 등과 같은 한국을 대표하는 출판사라는 점입니다. 겉으로는 한국사회의 발전을 외치고 사회적 진보를 들먹일지라도 모두 출판계의 바깥, 즉 '사회'에나 해당되는 일일 테니 결국 장사에는 장사#土없다 하겠습니다.[5] 문제는 아무리 불법을 저질러도 그에 대한 제재가 솜방망이(과태료 300만원)라는 점입니다.

---

[5] 이는 정확히 문학계에도 해당되는 말입니다. 사회모순에 대해서는 목소리를 높이지만 문학계 내 모순에 대해서는 침묵하며, 그것이 문학인이 세상을 살아가는 이치(에티카)로서 칭송받고 있습니다.

세계문학전집의 구조

둘째는 구입자와 독자의 불일치입니다. 홈쇼핑에서 판매되는 전집류는 아무리 할인하더라도 고가이기 때문에, 실제로 그것을 읽을 사람(학생)이 구입하는 경우보다 그것을 읽히려는 사람(부모)이 구입하는 경우가 많습니다. 애당초 홈쇼핑이라는 것 자체가 가정주부(또는 엄마)를 타깃으로 하는 유통구조를 가지고 있습니다. 이런 독자와 구입자의 어긋남은 일반적인 서점을 통한 유통구조에서는 보기 힘듭니다. 사는 사람과 읽는 사람이 일치하는 경우는 보통 낱권 구매를 선호합니다. 그들은 '책장에 넣을 책'이 아니라 '읽을 책'을 구입하기 때문입니다. 그런 의미에서 홈쇼핑에서 전집 구매시 그것을 꽂을 책장을 사은품으로 증정하는 것인지 모릅니다.

'전집'이란 '완독의 대상'이라기보다는 굳이 읽지 않아도, 즉 가지고 있다는 것만으로도 묘한 만족감을 주는 물건입니다. 그것은 아마 1970~80년대에 유행한 방문판매용 전집류가 중산층 가정의 거실용 장식품이 되었던 것과 유사하다 하겠습니다. 물론 어떤 이들은 이번 세계문학전집의 성공원인으로 입시, 특히 논술시험을 이야기하기도 합니다. 언젠가 조지 오웰의 『동물농장』이 시험의 지문으로 나와서 크게 화제가 된 적도 있었지요. 하지만 세계문학을 읽는 것이 논술시험에 실제로 얼마나 도움이 되는지는 의문입니다. 구매자를 유혹하는 미끼로서 어느 정도 영향을 끼칠 수는 있겠지만, 아무래도 결정적 요소라기보다는 여러 요소 중 하나 정도로 볼 수 있을 것입니다.

따라서 우리는 세계문학전집의 붐을 단순히 논술교육

(입시)과 연결시키는 것으로 정리해서는 곤란합니다. 이 붐에는 그보다 더 근본적인 문제가 도사리고 있기 때문입니다. 그렇다면 이런 질문이 가능할 것입니다. 입시와 관련된 것이 아니라면, 도대체 무엇이 지금의 한국인들로 하여금 세계문학전집에 몰입하게 만들고 있는 것일까? 하필이면 왜 다른 것도 아닌 세계문학전집일까? 저는 이 물음에 대한 답을 '교양'과 더불어 생각하고 싶습니다. 물론 교양에 대한 욕구, 즉 교양충동은 학생문화의 형성과 더불어 존재해 오던 것이기 때문에 완전히 새로운 것은 아닙니다.

따라서 우리는 이것을 답변이 아닌 질문으로 다시 던질 필요가 있습니다. 즉 "1960~70년대에 유행한 세계문학전집이 2000년대에 다시 유행하고 있다", "세계문학전집이 제2의 전성기를 맞고 있다"가 아니라 "왜 1980~1990년대의 독자들은 세계문학(전집)을 찾지 않았는가?"로 말입니다. 하지만 이에 대한 답은 질문만큼 쉽지 않습니다. 그러므로 다소의 우회가 필요하니 여유를 가지고 경청해주시기 바랍니다. 그러면 이런 분위기가 비단 세계문학전집 열풍에 국한된 것이 아님을 알 수 있을 것입니다. 예컨대 이것은 최근 각광을 받고 있는 인문학 열풍과도 무관하지 않습니다.

2 사회과학에서 교양으로

　그럼 구체적으로 이야기해 보도록 하지요. '교양'이란 무엇일까요? 이에 대해서는 뒤에서 자연스럽게 다시 언급하겠지만, 분명한 사실 중 하나는 '책'(독서)이라는 매개체를 떠나서는 '교양'을 이야기할 수 없다는 점입니다. 세상경험을 아무리 많이 한 사람이라도 그를 교양인이라고 부르지 않는 이유는 바로 여기에 있습니다. 그런 의미에서 교양이란 '경험'보다는 '지식'과 관련이 있다는 것을 알 수 있습니다. 그러므로 교양은 지식을 담는 그릇인 책을 파는 출판산업과 떼려야 뗄 수 없는 관계입니다. 교양주의를 생산하는 주체는 항상 출판사였기에 어떤 의미에서 교양 붐이라는 것도 결국 책이 많이 팔림으로써 생기는 현상을 가리키는 말인지도 모릅니다. 다소 막연한 이야기처럼 들릴 수 있으니 구체적인 사례를 들면 다음과 같습니다.

　출판문화와 관련하여 볼 때 지금의 교양 붐은 기본적으로 1980년대에서 1990년대까지 불었던 '사회과학 붐'(90년대 후반의 프랑스철학 붐까지를 포함)이 사그라진 뒤에 만개한 꽃이라 할 수 있습니다. 따라서 이런 변화에 대해 여러 가지 비판이 가능합니다. 그중에서도 특히 출판상업주의가 문제가 될 수 있을 것입니다. 하지만 어디선가 조정환이 지적하고 있는 것처럼, 1980~90년대에 많은 출판사들이 앞다투어 사회과학 서적을 냈던 것은 어떤 사회의식(사명감) 때문이기보다는 당시에는 그런 책이 많이 팔렸기 때문입니다. 즉 어느 쪽이든 출판상업주의에서 자유롭지 않습니다.

물론 그렇다고 해서 '사회과학의 시대'와 '교양의 시대'를 무작정 동일시할 수는 없습니다. 왜냐하면 출판산업의 관점에서만 보더라도 두 시대에는 커다란 차이가 존재하기 때문입니다. 어느 쪽이든 팔리는 책을 지향했다는 점에서는 공통되지만, 전자의 경우는 보다 나은 사회에 대한 희망을 가지고 책을 낸 출판사들이 적잖게 있었으며 메이저와 마이너의 차이도 지금처럼 크지 않았습니다. 물론 고려원이나 김영사와 같은 몇몇 예외는 당시에도 존재했지만 말입니다. 하지만 지금은 그렇지 않은 것 같습니다. 지난날 사회과학과 문학출판으로 유명했던 곳 중 몇몇은 시대의 변화를 잘 포착하여 '교양의 시대'를 대표하는 메이저출판사로 훌륭히 변신했습니다.

우리는 그 한 예를 90년대에(여전히 많은 출판사들이 '사회과학의 시대'와 '문학의 시대'에 미련을 가지고 있던 때에) 미련 없이 '교양의 시대'로 넘어간 창비에게서 찾을 수 있습니다. 창비 웹사이트에 올려진 〈창비 발자취〉에는 그 당시를 다음과 같이 기록하고 있습니다.

90년대에 본사가 연달아 내놓은 『소설 동의보감』, 『나의 문화유산답사기』, 『나는 빠리의 택시운전사』 등 대

세계문학전집의 구조

형 베스트셀러들은 창비가 **딱딱한 사회과학서나 엄숙한 본격 문학서만을 간행하는 출판사가 아니라, 삶에 향기와 윤기를 더해주는 보배로운 책들**을 간행하는 역동적인 출판사임을 새롭게 인식시켜준 계기가 되었습니다.

『소설 동의보감』이나 『나의 문화유산답사기』는 **번역 소설과 각종 외국저작들이 범람하는 상황에서 우리 것을 우리 시각으로 소중하게 보듬고 갈무리함으로써 독자들로부터 폭발적인 호응을 받았습니다.** 특히 유홍준 교수의 『나의 문화유산답사기』는 깊이 있는 인문교양서도 대중독자의 사랑을 받을 수 있다는 선례를 남겼을 뿐 아니라 우리 문화유산에 대한 관심을 대대적으로 불러일으킴으로써 90년대의 중요한 하나의 문화적 경향을 형성하였습니다. (강조는 인용자)

『소설 동의보감』은 1990년에, 『나의 문화유산답사기』는 1993년에 1권이 나와 선풍적인 인기를 얻었습니다. 일반인들도 한의학에 관심을 가지게 되었고, 소위 강남아줌마들도 문화유산들을 답사하며 우리 것의 소중함을 느꼈습니다. 말 그대로 '딱딱하고 엄숙한' 분위기는 사라지고 '향기와 윤기'가 삶에 더해지게 되었습니다. 확실히 이런 책들은 90년대 중반을 넘어서면 '하나의 문화적 경향'을 형성하게 되는데, 저는 이를 '사회과학의 시대에서 교양의 시대로의 전환'으로 봅니다.[1]

---

[1] '교양의 시대'에 가장 성장한 분야 중 하나가 아동서적 시장입니다. 1994년 이후 많은 출판사들이 아동서적 전문 자회사를 설립합니다.

사실 2001년에 출간되어 말 그대로 '교양 붐'을 일으킨 디트리히 슈바니츠의 『교양』은 이런 분위기가 없었다면 성공하지 못했을 것입니다(무려 40만부나 팔렸다고 합니다). 이후 이와 유사한 책이 우후죽순처럼 출간됩니다. 그렇다면 출판시장에서 이와 같은 교양서적이 환영을 받은 이유는 무엇일까요? 이는 지금까지 던진 질문에 대한 또다른 질문이라 하겠는데, 이처럼 반복적인 비슷한 질문을 우리는 보통 우문이라고 말합니다. 따라서 일단 "교양이란 무엇인가?" 하는 질문에서 시작할 필요가 있습니다.

'교양'이라는 말은 문맥에 따라 여러 의미로 사용되기 때문에 쉽게 정의할 수 있는 단어가 아닙니다. 단 앞서 우리는 그것을 책에서 얻는 지식으로 간주한 바 있습니다. 하지만 이 역시 막연하기는 마찬가지입니다. 지식에도 여러 종류가 있기 때문입니다. 예컨대 대학에서 '교양'은 흔히 '전공'(지식)의 반대말로 사용됩니다. 즉 대학 1, 2학년생들은 전공과목을 듣기 이전의 단계로 교양과목을 이수하는데, 이때의 '교양'이란 전문지식이 아니지만 어느 정도 수준이 있는 상식이라는 의미가 강합니다.

그렇다면 전문지식과 상식은 어떻게 다를까요? 이 물음에 대한 일반적인 답변은 전자가 종합적(유기적) 지식을 가리킨다면, 후자는 개별적 부분적(파편화된) 지식을 가리킨다고 할 수 있습니다. 바꿔 말해 전문지식에서 중요한 것은 협소한 지식들의 연관관계(구조)이지만, 상식(교양)에서 중요한 것은 폭넓은 지식들 자체라 하겠습니다. 실제 슈나비츠의 책은 많은 지식(상식)으로 우리에게 지적 포만

세계문학전집의 구조

감을 불러일으키게 만들지만 우리의 관심을 '그 이상으로', 즉 지식의 구조로 이끌지는 않습니다.

아니 교양에 있어 '그리고?'나 '왜?'와 같은 지식의 연쇄만큼 당황스럽고 곤혹스러운 것도 없을지 모릅니다. 비유컨대 교양이란 흘러들어오는 물이 고이는 저수지와 같아서 어느 유명 문학가의 표현처럼 누군가에게 그것을 보이기 위해, 즉 공감에 필요한 이야기꺼리를 위해 필요한 것입니다. 90년대 중반부터 이런 교양충동이 2001년 슈바니츠의 저서를 통해 결정적으로 폭발한 것은 당시 지식생태계의 변화와 무관하지 않을 것입니다. 시야를 조금 넓혀보면, 역사가들은 2001년을 9.11 테러가 있었던 해로 기억할지 모르지만, 우리의 논의에서 그보다 중요한 것은 위키피디아의 탄생이라 하겠습니다.

위키피디아는 일반대중(교양대중)들이 만들어가는 백과사전으로서 항목의 다양성이나 정보의 정확성, 그리고 기술記述에서의 균형감각은 떨어질지 모르지만, 무제한적인 지면과 압도적인 정보량, 그리고 신속한 업데이트(거기다 무료입니다)로 인해 약 250년 가깝게(초판은 1768년) 명성을 이어온 브리태니커백과사전을 불과 10년도 안 돼서 사실상 밀어냈습니다. 그런데 이런 일이 가능했던 것은 단지 인터넷이라는 기술의 발전 때문만은 아닙니다. 무엇보다 지식을 '집적集積하려는 욕망' 없이는 불가능했을 것입니다.

이제 인터넷이 없는 세상을 상상할 수도 없게 되었습니다. 인터넷이 보편화된 것은 놀랍게도 10년 정도에 지나지 않습니다. 우리는 하루가 멀다 하고 접속하여 그곳에서 많은 일들을 하는데, 그중에서 가장 중요한 것은 아마 '검색'일 것입니다. 검색이란 기본적으로 무언가를 '알고 싶다'는 욕망에 바탕을 두고 있습니다. 물론 이전에도 지식충동은 있었습니다. 하지만 접근상의 불편함은 삶과 직접관련이 없는 잉여지식에 대한 접근을 적잖게 방해해(차단해)온 게 사실입니다.

그러고 보면 우리는 인터넷이 존재하기 이전의 모습이 잘 상상이 되지 않을 정도로 '앎(지식)에 대한 욕망'에 사로잡혀 있음을 알 수 있습니다. 그리고 스마트폰의 보급이 활발하게 이루어지고 있는 지금, 이런 욕망은 생리적인 수준으로까지 고착되어 있다 하겠습니다. 그래서 우리는 '무언가'를 알기 위해서 검색하는 것이 아니라, 습관적으로 검색함으로써 우리가 알고자 하는 것이 무엇인지를 역으로 발견하는 지경에 이르렀습니다.

어쨌든 이런 식으로 우리는 항상 지식에 목말라 하는 존재가 되었다고 할 수 있는데, 문제는 그렇게 해서 얻은 지식들이라는 게 대부분 잉여지식이라는 점에서, 그리고 대부분 쉽게 얻어지고 빠르게 폐기되는 지식이라는 점에서, 그리고 자기화가 필요없는 지식이라는 점에서, 엄밀한 의미에서 지식이라기보다는 정보에 가깝다고 해야 할 것입니다. 그렇다면 우리는 혼란을 막기 위해서라도 지식의 넓이보다 깊이에 대한 충동으로 종종 오해되는 '교양충동'이라는 말을 '정보충동'으로 바꿔 부르는 게 나을지도 모르겠습니다.

3 완성에 관한 공부 - 교양에 대하여 I

하지만 자신있게 〈교양충동=정보충동〉이라는 공식을 제시할 수 없다는 데에 교양충동이 가진 복잡성이 있습니다. 정보충동으로서의 교양충동이 비교적 최근에 강조된 것이라면, 본래적인 의미의 '교양충동'이란 다른 곳에 근원을 두고 있기 때문입니다. 아주 기본적인 이야기지만 '교양'에 해당하는 영어단어는 과연 무엇일까요? 당연히 culture입니다. culture라고 하면 우리는 보통 '문화'라는 번역어를 떠올리지만, 원래는 '교양'이라는 의미가 강했습니다. 예컨대 매슈 아널드의 저서 중에 Culture and Anarchy라는 유명한 책이 있는데, 여기서 culture가 '교양'이라고 번역되는 것도 그 때문이지요.

말이 나온 김에 이 책에 대해 잠깐 이야기해 보도록 하지요. 왜냐하면 교양의 중요성을 설파하고 있는 대표적인 저서이기 때문입니다. 그러나 이 책이 나온 시기는 지금의 우리 경우와는 매우 달랐습니다. 아널드는 이 책에서 당대의 교양적 분위기에 대해 다루고 있기보다는 오히려 '교양 없음'(=무질서)을 비판하고 있기 때문입니다.『교양과 무질서』(1869)는 매우 논쟁적인 저서였다고 말할 수 있는데, 그가 붓을 들어 이 책에 실린 글들을 쓴 계기부터가 하이드파크사건이었습니다.

하이드파크사건이란 선거법 개정(노동계급의 정치권 인정)을 둘러싸고 일어난 군중소요사건으로, 간략히 요약하면 다음과 같습니다. 유권자의 확대를 담은 선거법 개정이 의회에서 부결되자 '개혁연맹' 주도의 시위를 두려워한 정부가 사실상 유일한 대규모 집회장소였던 하이드파크를 폐쇄합니다. 그러자 일부 시위자들이 공원의 철책을 무너뜨리고 난입하여 소란을 피웁니다. 이에 군대가 출동하지만 다행히 군중은 이미 해산한 뒤였습니다. 그 후 시위대는 다시 하이드파크에서의 집회 허용을 요청했지만, 정부는 거부했습니다. 이로 인해 전운이 감돌았지만, 존 스튜어트 밀의 중재로 실내집회로 대체되었습니다.

이 사건에 충격을 받은 아널드는 옥스퍼드대학에서의 고별강연에서 교양을 문제 삼게 됩니다. 이 강연은 이후 「교양과 그 적들」이라는 제목으로 잡지에 게재되었다가, 이후 가필되어 「단맛과 빛」이라는 제목을 달고 『교양과 무질서』의 제1장을 차지하게 됩니다. 당시 이 글에 대한 평가는 대체로 부정적이었습니다. '엘리트주의자', '초월주의자'라는 비난에서부터 미래의 교양을 내세워 현재의 개혁을 거부하는 사기술이라는 비판까지 받았습니다. 이에 대해 자세히 설명할 수는 없지만, 어쨌든 분명한 사실 중 하나는 당시의 영국이 무질서를 교양으로 극복하자는 아널드의 주장이 통하는 시기는 아니었다는 것입니다.

그렇다면 그에게 있어 '교양'이란 구체적으로 무엇이었

세계문학전집의 구조

을까요? 아널드는 우선 교양의 동기를 두 가지의 관점에서 바라봅니다. 첫째는 사물을 그 자체로 보려고 하는 정신적 욕망이나 호기심으로서이고, 둘째는 이웃을 사랑하고 혼란을 일소하며 세상을 행복한 곳으로 만들려는 '완성에 대한 사랑'으로서입니다. 그런데 첫째는 둘째의 전제에 불과하기 때문에 첫째만을 교양의 전부로 생각하는 것은 잘못이라고 주장합니다. 그가 교양을 사실상 '완성에 대한 공부'로 정의하는 것도 그 때문입니다.

즉 교양이란 일단 사물에 대한 객관적 인식욕망에서 파생되는 것이지만, 단순히 자신만의 깨달음으로 그치는 게 아니라, 즉 자기완성을 넘어서 인류의 완성으로 나아가야 한다는 것입니다. 말 자체만 놓고 봤을 때는 더할 나위 없이 훌륭한 이야기지만, 그것이 놓인 맥락은 앞서 언급한 것처럼 군중소요(무질서)에 대한 비판에서 나온 것입니다. 그런데 여기서 놓쳐서는 안 되는 것은 이런 '무질서와 교양'이라는 문제설정이 '근대비판'과 관련이 있다는 점입니다.

> 만약 교양이 완성에 관한 공부라면, 그리고 조화로운 완성, 일반적인 완성에 관한 공부라면 그 완성이 무언가를 가지는 것이 아니라 무언가가 되는 것에, 외적인 환경이 아니라 정신과 영혼의 내면적 조건에 존재하는 것이라면, (…) 인류가 실현해야 할 매우 중요한 기능이다. 그리고 이 기능은 우리의 근대세계에서 특히 중요한데, 그것은 이 세계의 전체 문명이 그리스와 로마의 문명보다 훨씬 더 기계적이고 외적이며, 앞으로 더

욱 그런 경향을 띨 것이기 때문이다. (…)

기계장치machinery**에 대한 신봉은 내가 말한 것처럼 우리에게 절박한 위험이다. 더구나 그 기계장치는, 혹은 거기에 무슨 유익이라도 있다면 기여하게끔 되어 있는 목적과 아주 불합리할 정도로 맞지 않는 경우에도 신봉되기 일쑤지만, 기계장치에 무슨 가치가 있기나 한 것처럼 신봉하는 경우가 늘 있다.** 자유란 기계장치가 아니고 무엇인가? 인구는 기계장치가 아니고 무엇인가? 철도는 기계장치가 아니고 무엇인가? 부는 기계장치가 아니고 무엇인가? 심지어는 종교조직들은 기계장치가 아니고 무엇인가?[1]

여기서 우리의 눈길을 끄는 것은 당시 엄청난 속도로 성장하고 있던 물질문명에 대한 비판입니다. 비판의 근거로는 그리스로마와 같은 '조화로운 정신'의 상실이 제시되고 있습니다. 사실 아널드가 최근 20년간의 영국과 엘리자베스의 영국 중 어느 쪽이 위대한가라는 질문을 던지고 후자에 손을 들어주는 것도 후자의 영국은 비록 지금처럼 산업이 발달하지는 못했지만 정신적인 노력이 장대하게 펼쳐졌던 시대라고 생각했기 때문입니다. 이런 입장은 그와 동시대인이었던 칼라일의 다음과 같은 유명한 말과 궤를 같이 합니다.

---

[1] 매슈 아널드, 『교양과 무질서』(1869), 윤지관 옮김, 한길사, 2006, 59-61쪽, 강조는 인용자.

세계문학전집의 구조

만일 다른 나라 사람들이 우리 잉글랜드인을 보고 인도와 셰익스피어 둘 중 어느 것을 포기하겠냐고 묻는다면 어떻게 하겠습니까? (…) 우리는 이렇게 말해야 하지 않겠습니까? **인도야 있든 없든 상관없으나, 셰익스피어 없이는 살 수 없다**고 말입니다! (…)

우리가 살고 있는 이 섬나라 잉글랜드는 머지않아 잉글랜드인의 매우 적은 부분만 남게 될 것입니다. 아메리카에서 남아프리카에서 동과 서로 지구의 반대편에 이르기까지, 지구의 상당 부분을 덮을 색슨 국가가 나타날 것입니다. 그러면 이 모든 지역을 사실상 하나의 나라로 결속시켜, 서로 싸우지 않고 평화롭게 형제처럼 사귀며 돕게 할 수 있는 것이 무엇입니까?[2]

강조된 구절은 흔히 이해되는 것처럼 단순히 셰익스피어에 대한 영국인들의 문화적 자부심을 드러내는 것이 아닙니다. 그보다는 세계 곳곳에 흩어진 식민지를 하나로 통합하고 조화롭게 만들어 줄 정신이 여러 식민지 중 하나에 불과한 인도보다 더 중요하다는 것입니다. 그러므로 칼라일이 애써 셰익스피어를 강조한 것은 물질문명(기계장치)을 부정(거부)하기 위해서라기보다는 그것이 가진 자동성(기계성)을 컨트롤하는 무언가(아널드식으로 말하면 '교양')를 상정하기 위함이라 하겠습니다.

---

2 토머스 칼라일, 『영웅의 역사』, 박상익 옮김, 소나무, 1997, 185-186쪽, 강조는 인용자.

아널드는 바로 이와 같은 컨트롤이 부재한 개인을 속물 Philistine이라고 부르며 비판했습니다. 이는 적어도 그의 눈에 당대의 영국은 '속물들로 가득한 사회'였고 당대의 무질서도 결국 그런 속물들에게서 나온 것으로 보였습니다. 따라서 그도 지적하듯이 교양이란 기본적으로 정신의 문제라고 말할 수 있습니다. 이와 관련하여 그는 흥미로운 이야기를 합니다. 육체와 관련된 무언가에 얽매이는 것은 '길들지 않은 자연의 표시'라는 에픽테투스의 말을 언급하며, 교양이란 달리 말하면 '길든 자연'이라고 표현합니다. 이에 따르면 속물이란 '길들지 않은 자연'(자연성, 동물성)에서 벗어나지 못한 사람을 말한다 하겠습니다. 따라서 다소 어색할지 모르지만 적어도 아널드의 논의를 따라갈 때만큼은 자연과 기계장치를 대립된 것으로서 봐서는 곤란합니다. 어떤 의미에서 그에게 자연과 기계장치는 사실상 같은 것이기 때문입니다.

물론 그렇다고 해서 그가 산업주의를 완전히 부정하는 것은 아닙니다. 다만 정신의 조정(통제)을 받지 않으면 산업주의(기계장치)의 희생물이 될 수 있다는 점을 강조하는 것입니다. 그런데 여기서 흥미로운 것은 그가 자유(주의)마저도 기계장치로 보고 있다는 점입니다. 당시 중간계급이나 민중들이 주장하는 자유주의나 참정권에 대한 요구가 적어도 그에게는 옳고 그름을 떠나 매우 무질서하고 추상적인 것으로 생각되었기 때문입니다. 즉 혼란을 또 다른 조화를 위한 과정으로서 본 것이 아니라 조화 자체를 위협하는 자동장치로 보았던 것입니다.

세계문학전집의 구조

　다른 선의의 친구들은 중간계급 속물주의의 낡은 관행을 통해서가 아니라 이 나라에서는 새롭고 아직 시험해보지 않은 것이지만 자연스럽게 민중의 발길이 쏠리게 되는 방향으로 이 새 세력을 이끌려고 한다. 그것을 나는 자코뱅주의의 방식이라고 부르겠다. 과거에 대한 격렬한 분노, 대규모로 적용된 추상적 혁신체계, 미래를 위한 하나의 합리적인 사회의 형태를 세밀하게 그린 새로운 원리, 이것들이 자코뱅주의의 방식이다.[3]

　물론 아널드는 새로운 변화에 무조건 반대하는 인물은 아니었습니다. 단 추상적 이념에 대한 탐닉에 기반하여 무질서하게 전개되는 것을 반대했을 뿐입니다. 즉 구호나 이념을 추종할 경우 생각(반성)보다 행동이 앞서게 되어 결국 조화가 파괴되고 사회적 혼란이 발생한다고 본 것입니다. 따라서 그런 혼란을 방지하기 위해서라도 교양이 절대적으로 필요하다고 했습니다. 이는 당시 변혁세력들이 자유를 외치고 있지만 실은 자유라는 기계장치에 끌려가고 있을 뿐이며, 그런 의미에서 진정한 자유란 그런 '기계장치로서의 자유'를 넘어선 교양(조화에의 의지)에 의해 비로소 가능하다는 주장입니다.

　그렇다면 그와 같은 교양은 어떻게 얻을 수 있는 것일까요? 이에 대해 아널드는 ① 독서와 ② 관찰, 그리고 ③ 사고로 이성과 신의 뜻에 도달하려는 노력에 의해 획득이 가

---

3 매슈 아널드, 『교양과 무질서』, 80쪽.

능하다고 말합니다.[4] 그런데 여기서 문제는 ②, ③은 ①과 분리해서 생각할 수 없는 것입니다. 이는 그가 교양의 속성을 (스위프트에게 빌려온 표현인) 단맛과 빛으로 요약하고, 전자가 아름다움美을 의미한다면 후자는 지혜로움(지식)을 의미한다고 했을 때 명확히 드러납니다. 결국 아름다움이란 문학(예술)에서, 그리고 지혜로움은 사상(철학)에서 획득될 수 있는 것이기 때문입니다. 하지만 이는 어쩌면 당연한 이야기인지도 모릅니다. 왜냐하면 조화란 결국 매개물을 통해 간접적이 되거나 멀리서 볼 때에만 획득될 수 있는 것이기 때문입니다.

그런데 아널드의 논의를 곰곰이 들여다보면, 그가 정작 말하고 싶은 내용이 기계장치에 이끌려 무질서로 말려들어가는 것을 통제할 권위가 당시 영국에 부재하다는 사실임을 알 수 있습니다. 즉 개개인의 자유는 마음껏 이야기되지만, 정작 그것들을 조정할 공적인 개념이 부재한 현실에 대한 자각이었습니다. 따라서 그가 교양의 최고목표로 '최상의 자아'를 이야기하면서 이를 국가와 연결시키는 것은 어쩌면 자연스러운 일이었는지도 모릅니다.

프랑스 역사가 미슐레는 프랑스는 '징병으로 문명화가 된 야만인의 나라'라고 비판했습니다. 하지만 아널드는 징병에 대한 거부감이 강한 영국인의 경우 개인의지를 넘어선 공적인 의무에 대한 관념 자체가 부재하다며 오히려 프랑스를 부러워했습니다. 그에게 있어 교양이란 어디까지나

---

4 매슈 아널드, 『교양과 무질서』, 108쪽.

세계문학전집의 구조

개인적 자기의지를 넘어선 질서 (조화)였기 때문입니다. 따라서 그가 훔볼트의 책 『정부의 영역과 의무』에 대한 당시 영국인들의 오해를 비판하면서 훔볼트가 개인의 완성을 중요하게 여기는 것은 사실이지만, 그것을 위해 교육에 대한 국가의 통제가 필요하다는 점도 강조한 사실을 애써 상기시켰습니다.[5]

이와 같은 아널드의 주장은 '이미' 강력한 국가가 성립해 있는 오늘날의 관점에서 다소 시대착오적으로 생각될지 모릅니다. 하지만 꼭 그렇게만 볼 수도 없는 것이 지금의 교양문화도 실은 국가와 떼려야 뗄 수 없는 관계에 있기 때문입니다. 때가 되면 인문학의 위기, 문학의 위기를 외치며 국가의 지원을 요구하는 것은 그 때문입니다. 그런 의미에서 교양의 완성이란 결국 국가일지도 모릅니다.[6] 하지만 이런 아널드식 교양 개념은 우리의 그것과는 다소 거리가 있다 하겠습니다. 어찌 보면 영국은 특수한 경우이기 때문입니다. 물론 근원을 따져 물으면 크게 다르지는 않겠지만 말입니다. 따라서 우리는 왔던 길을 되돌아보도록 하겠습니다.

---

[5] 훔볼트는 이 책을 출간 후 프러시아 교육부장관이 되어 공립학교 관리를 국가로 이관시켰고, 교사임용에 있어 국가고시를 실시하고 국립대학을 세우는 등 교육개혁을 단행했습니다.

[6] 1990년대 중반 『나의 문화유산답사기』로 교양 붐을 일으킨 유홍준은 이후 문화재청장에 취임하여 당당히 문화관료가 됩니다.

4 자기도야 – 교양에 대하여 Ⅱ

주지하다시피 아널드가 강조한 '교양'이란 아널드의 개념, 즉 영국의 산물이라기보다는 독일에서 건너온 개념입니다. 그도 레싱과 훔볼트를 직접 언급하고 있습니다. 따라서 '교양'하면 culture보다 Bildung을 생각하는 것은 지극히 자연스럽다 하겠습니다. 그렇다면 Bildung이란 어떤 의미를 갖고 있을까요? 일단 Bildung의 동사형 bilden은 '(~을) 만들어내다'라는 의미를 가지고 있습니다. 그런데 여기서 만들어내는 것은 과연 무엇일까요? 그것은 바로 자기 자신입니다. 따라서 보통 '교양'하면 아널드처럼 무질서에 대항하는 거창한 '조화(완성)에의 의지'보다 한 개인의 인격이나 품위를 떠올리는 것도 이 때문일 것입니다.

따라서 교양이란 말에 접근할 때 우선적으로 감안해야 하는 것은 그 단어에 포함된 '자기도야', '자기인격형성'이라는 의미입니다.[1] 즉 자신을 만드는 것도 어떻게 살 것인지를 결정하는 것도 바로 자기 자신이라는 것이 교양이라는 단어에 내포되어 있습니다. 따라서 혹자는 '교양'의 반대말을 철자 하나만 바꾼 Bindung(유대)이라고 보기도 하는

---

[1] 사실 '교양소설'이라는 것도 이런 맥락에서 나온 것입니다.

세계문학전집의 구조

데(예컨대, 알레이다 아스만Aleida Assmann의 『국민적 기억론』 등에서), 이는 신분이나 혈연, 그리고 지연 등에 얽매여 사실상 자신의 삶을 자신이 선택할 수 없었던 전통사회에서는 '교양'이 전혀 문제시되지 않았다는 뜻이기도 합니다.

하지만 교양에는 두 가지 얼굴이 있습니다. 한편으로는 방금 이야기한 자기도야적 성격이 존재하지만(개인적 성격), 다른 한편으로는 새로운 유대를 형성하는 면(공동체적 성격)도 있습니다. 교양의식은 혈연이나 지연이 아니라 같은 책을 읽은 사람들 간에 서로 호감을 느끼도록 만듭니다. 그렇다면 이렇게 해서 탄생한 공동체는 구체적으로 어떤 것이 있을까요? 우선적으로 들 수 있는 것은 학생공동체입니다. 사실 교양문제를 이야기하면서 학생문화(또는 교육문화)를 이야기하지 않을 수 없습니다. 왜냐하면 그들은 교양의 가장 훌륭한 소비자들로, 책을 통해 자기도야를 하려는 사람들이기 때문입니다.

하지만 이런 교양은 대체로 사회와의 불화라는 요소와 연결됩니다. 지금도 그렇지만 과거 고등교육은 입신출세와 직결되는 것이었습니다. 그런데 구성원의 일부는 그런 입신출세에 왠지 모를 저항감을 가졌습니다. 따라서 공부를 출세의 수단으로 삼는 이들을 속물로 보는 경향이 있었습니다. 이때 교양은 자신과 그들을 구별시키는 일종의 징표와 같았습니다. 그런 면에서 교양은 (적어도 외견상) 공정하게 보이는 입신출세의 구조를 부정하는 심리와 관련이 있었다고 말할 수 있었습니다. 철학서나 문학서를 읽는 것이 입신하는 데 도움이 되었을 리는 만무하니까요.

여기서 우리는 '입신출세에 대한 저항감' 자체가 소수의 특권이었다는 점을 기억할 필요가 있습니다. 즉 그들이 입신출세를 거부한 것은 굳이 취직을 할 필요가 없었거나, 애써 노력하지 않아도 고학력 자체가 어느 정도 생활을 보장해주던 시기였기 때문입니다. 그렇다면 그들의 교양의식이란 어떻게 보면 자신을 다른 계층과 구별 지으려는 욕망, 또는 같은 계층 간의 유대확대에서 나온 것인지도 모른다는 추측을 가능하게 합니다. 물론 이런 설명들이 교양충동의 의미를 충분히 설명하고 있다고 보기는 힘듭니다.

오늘날 우리가 사용하는 '교양'이라는 단어는 여러분도 아시는 것처럼 일본에서 건너온 번역어입니다. 따라서 이 단어의 역사는 여러 면에서 일본근대사에서의 '교양'을 떠올리게 만듭니다. 사실 식민지시기의 고등교육은 대부분 일본유학을 통해 이루어졌습니다. 따라서 우리의 현실을 비추는 거울로서 일본의 예를 살펴보기로 하겠습니다. 일본적 맥락에서 '교양'이라고 하면 바로 떠오르는 것은 '다이쇼大正교양주의'입니다. 메이지 말기부터 구제舊制고교2를 중심으로 인격형성을 위한 교양주의가 유행하였는데, 이때 소위 데칸쇼(데카르트, 칸트, 쇼펜하우어)의 난해한 철학서나 괴테 등의 문학서가 필독서로 간주되었습니다. 뿐만 아니라 종합잡지인 『개조改造』, 『중앙공론中央公論』에 실린 글들이 학생들 사이에서 크게 화제가 되기도 했습니다.

---

2 대학의 교양과정(1, 2학년)에 해당되며 사회적으로 엘리트 대우를 받았습니다.

세계문학전집의 구조

철학자 미키 기요시는 당시 일고一高(도쿄대 교양학부의 전신)에 재학 중이었는데, 그때의 분위기를 다음과 같이 전하고 있습니다.

생각해 보면, 나의 고등학교시대는 제1차 세계전쟁의 시기였다. 나는 '생각해 보면'이라고 말했는데, 이 경우에는 이런 표현이 정확하다. 왜냐하면 나는 감수성이 가장 예민한 청년기에 그와 같은 대사건을 만났으면서도 일부러 생각하지 않으면 바로 떠오르지 않을 정도로 전쟁으로부터 직접적인 정신적 영향을 거의 받지 않고 보냈던 것이다. 단 나만이 아니라 많은 청년들이 그랬던 게 아닌가 한다. 그렇게 생각하면 러일전쟁 때 전쟁이 일어났는지도 모르고 연구실 생활을 계속한 대학자가 있었다는 거짓말 같은 이야기도 충분히 있을 수 있는 일이라고 생각한다. (…)

제1차 세계전쟁이라는 대사건을 만났으면서도 우리는 정치에 대해서도 완전히 무관심했다. 혹은 무관심할 수 있었다. 즉 우리를 지배했던 것은 역으로 저 '교양'이라는 사상이다. 그런데 그것은 정치라는 것을 경멸하고 문화를 중요하게 여기는 반정치적 내지 비정치적 경향을 가지고 있었다. 그것은 문화주의적 사고방식이었다. 저 '교양'이라는 사상은 문학적·철학적이었다. 그것은 문학이나 철학을 특별히 중요시하고 과학이나 기술은 '문화'에 속하지 않고 '문명'에 속하는 것으로 보았기에 가볍게 취급할 수 있었다. 바꿔 말해 다이쇼

시대의 교양사상은 메이지의 계몽사상—후쿠자와 유
키치에 의해 대표되는—에 대한 반동으로서 일어났
다.[3]

다이쇼교양주의에 대한 비판으로서 자주 언급되는 위
부분은 기본적으로 교양주의가 가지고 있었던 반동성을 문
제 삼고 있습니다. 여기서 우리가 주목할 점은 두 가지입니
다. 첫째는 그와 같은 비판적 인식이 전쟁(제1차 세계대전)
에 대한 반응(무자각)에서 도출되었다는 점이고, 둘째는
그런 무자각(교양주의)을 수양(계몽사상)에 대한 반동으
로 해석하고 있다는 점입니다. 그렇다면 다이쇼교양주의
는 도대체 어떻게 탄생한 것일까요? 그것은 국민적 자신감
과 경제적 발전이 가져다 준 풍요와 관련이 있지 않나 합
니다.

저는 러일전쟁(1904~1905)이 당시 일본사회(특히 문학)에
끼친 영향이 얼마나 컸는지에 대해 논한 적이 있는데, 그때
다음과 같은 결론에 도달한 바 있습니다. "일본근대문학을
만든 것은 러일전쟁이었다." 최초의 근대적 장편소설로 평
가받는 시마자키 도손의 『파계』도 일본이라는 국가가 죽느
냐 사느냐 하는 절체절명의 상황(러일전쟁)에서 마치 '종군
기자의 심정'(작가 자신의 표현)으로 쓴 작품이었습니다.
그리고 그와 같은 전쟁에서 승리한 후 일본은 국민적 자유
와 경제적 호황을 누리게 됩니다. 일본근대문학은 이러한
사회적 분위기 가운데서 성립했다고 말할 수 있습니다.

---

3 三木清,「讀書遍歷」,『三木清全集』(第一卷), 岩波書店, 1966, 388-390頁.

세계문학전집의 구조

　요약하면 다이쇼교양주의란 이런 메이지문학 위에서 핀 꽃입니다. 교양은 전쟁을 무시했지만 정작 교양은 전쟁에 의해 가능했던 것입니다. 미키 기요시가 일고시절을 되돌아보며 깜짝 놀란 것은 바로 그와 같은 사실을 자각했기 때문입니다.

　앞서 교양의 특징으로 '자기도야', '인격형성'을 문제 삼았습니다. 하지만 어떻게 보면 이런 것은 후쿠자와 유키치로 대표되는 메이지적 계몽주의에 더 어울린다고 볼 수도 있습니다. 다이쇼가 '교양의 시대'였다면 메이지는 '수양의 시대'였기 때문입니다. '교양'과 '수양', 얼핏 보면 비슷한 것처럼 보이지만 이 둘 사이에는 결정적인 차이가 있습니다. 교양에서 책은 반드시 필요한 물건이지만, 수양에서 책은 부차적인 것에 불과합니다. 왜냐하면 계몽사상에서 '수양'이란 그 자체가 목적이라기보다는 '실천'의 전 단계이기 때문입니다. 하지만 책이 없는 '교양'이란 애초에 상상도 할 수 없는 것입니다.

5 근대문학과 교양주의 – '소세키문화'에 대하여

메이지유신 이후 오랫동안 근대문학이 성립하지 못한 것은 아마 여유롭게 책상에 앉아있을 수 없을 정도로 사회가 혼란스러웠기 때문이기도 하지만, 서구문물과의 '평화의 전쟁'에서 시종 패배했기 때문입니다. 여기서 '평화의 전쟁'이란 소세키의 표현인데, 이에 대해 조금 설명해 보도록 하겠습니다. 소세키는 전쟁을 크게 두 가지로 나눕니다. 하나는 말 그대로 물질적 충돌로서의 전쟁이고, 다른 하나는 바로 평화적인 전쟁입니다. 이때 후자는 당시 거의 모든 분야에 물밀듯이 몰려오던 서양문화(음식, 예절, 학문 등등)와의 문화전쟁을 의미합니다.

한쪽에서는 서양 것이라면 무엇이든 좋다는 풍조가 형성되고, 다른 한쪽에서는 그에 대한 반발로 자국문화가 좋다는 국수주의가 생겨나는 등 혼란이 극에 달했습니다. 그렇다면 소세키는 이런 문화전쟁을 어떻게 보았을까요? 일단 그는 국수주의적 태도에 대해 부정적인 입장을 피력합니다. 왜냐하면 근대화(서구화)는 시대의 추세이기 때문에 이를 거스른다는 것은 시대착오적인 행위일 수밖에 없다고 보았기 때문입니다.

하지만 다른 한편으로 모든 사태를 서양을 기준으로 판단하는 것도 문제가 있다고 덧붙입니다. 왜냐하면 그것은 결코 자기 것일 수 없기 때문입니다. 그리고 이런 상황에서는 결코 위대한 문학작품이 나올 수 없다고 말합니다. 결국 서양모방에 그친다는 말입니다. 여기서 흥미로운 점은 같은 맥락에서 에도시대의 한문학도 지금의 문학과 크게 다르지 않다고 덧붙인 것입니다. 일본은 서양은 물론이고 중국과 비교해서도 그들을 뛰어넘은 것는 고사하고 비슷한 수준의 작품도 만들어내지 못했는데, 그것은 자신의 것이 아니었기 때문이라고 말합니다.

여기서 "그렇다면 자신의 것을 하면 되지 않는가?" 하고 묻는 분이 계실지 모릅니다만, 예나 지금이나 문화의 영향·시대적 변화를 거부하는 것은 결코 현명한 태도가 아닙니다. 소세키가 국수주의자들을 비판하는 것도 그 때문이었습니다. 그렇다면 일본문학은 영원히 중국과 서구의 모방에 그칠 수밖에 없는 것일까요? 이에 대해 소세키는 그렇지 않다고 말하면서 러일전쟁이 마무리되어 가던 즈음에 문제적인 글(정확히는 담화)인 「전후 문학계의 추세」를 발표합니다.

이 글을 우리의 맥락에서 요약하면, 모방에 그쳤던 일본이 청일전쟁과 러일전쟁에서의 승리를 통해 중국과 서양(러시아)에 대해 자신감을 갖게 되었다는 것입니다. 이는 그동안 있어왔던 중국·서구에 대한 추종이나 저항(복고)과는 전혀 다른 차원에 서게 되었다는 것을 의미합니다. 소세키는 전쟁에서 그들을 이겼으니 문학 또한 그들과 동등한 위치에 설 수 있을 뿐만 아니라 그 이상도 될 수 있다는 전망을 피력합니다. 그리고 실제 그의 전망대로 됩니다. 러일전쟁 와중에 『나는 고양이로소이다』를 쓰기 시작한 소세키부터가 종전 이후 걸작들을 연이어 쏟아내며 일본의 국민작가이자 세계적인 작가의 반열에 오릅니다.

하지만 여기서 우리가 강조하고 싶은 것은 러일전쟁이 일본근대문학을 가능하게 했다는 것보다 우리가 아는 일본근대문학이 일종의 '교양'으로서 성립했다는 사실입니다. 실제 다이쇼교양주의를 주도한 인물들 중 상당수는 소세키의 문하생이었고 소세키의 소설들은 교양인들의 필독서가 되었습니다. 사정이 이러했기 때문에 누군가 일본의 문화인들에게 조선과 관련하여 물었다면, 아마 이렇게 대답했을지도 모릅니다. "조선이야 있든 없든 상관없으나 소세키 없이는 살 수 없다"고 말입니다.

그런데 이런 교양주의를 못마땅하게 생각한 사람이 도사카 준입니다. 그는 이와 관련하여 제일 먼저 국민작가의 반열에 오른 이가 왜 시마자키 도손이 아니고 나쓰메 소세키인가? 라는 흥미로운 질문을 던집니다. 그리고 스스로 답하는데, 그것은 시마자키 도손이 소설'만' 썼기 때문이라고 말합니다. 쉽게 말해 그는 소세키가 '소설가 이외의 얼굴'을 가지고 있다는 점에 주목합니다. 즉 소세키는 '단순히' 소설가에 그친 것이 아니라 당대 최고 교육기관(도쿄제대)의 영문학 교수를 역임한 학자이기도 했다는 것입니다. 이는 소세키가 소설가라기보다 당대 최고 수준의 문화

세계문학전집의 구조

인으로 받아들여졌다는 의미입니다. 당시만 해도 소설가는 매우 의심스러운, 그러므로 높은 평가를 받지 못하는 직업이었다는 점을 상기하시기 바랍니다.

문학에 대한 세간의 인식이 낮았던 시기, 한 명의 국민작가가 탄생하기 위해서는 문학가라는 사실만으로는 부족했습니다. 그런데 도사카가 소세키를 들어 말하고 싶었던 것은 "소세키는 어떻게 국민작가가 되었는가?"가 아닙니다. 그보다는 그러한 소세키를 중심으로 형성된 문화주의(교양주의)였습니다.

> 오늘날 만연하는 '교양'이라는 이 문화의 수재다움과 직접 관계가 있다. 아쿠타가와적 교양도 이야기되어야 하지만, 그것은 물론 소세키적 교양으로 거슬러 올라가지 않으면 설명이 불가능하다. 즉 오늘날 보통 교양이라고 생각되는 것은 소세키적 교양이고 '소세키문화'라는 의식에서 유래하는 교양이라는 관념이다. 그러므로 앞에서 말한 것처럼 이 교양은 사상으로서가 아니라 문화로서, 문화의 비판자로서가 아니라 기성문화의 높은 수준에 오른 자로서 존중받는다. 그런데 바로 그렇기 때문에 오늘날 이런 소세키적 · 소세키문화적 교양은 의문시되거나 불신을 받는 것이다.[1]

여기서 문제가 되는 것은 소세키가 아니라 '소세키문화'

---

[1] 戸坂潤, 「現代に於ける'漱石文化'」(1936), 『戸坂潤全集』(第5卷), 勁草書房, 1967, 113頁.

입니다. 물론 이 둘을 명확히 구분하는 것은 쉽지 않습니다. 쇼와시대는 다이쇼교양주의가 출판산업의 형태로 활짝 꽃을 핀 시기입니다. 소위 엔본円本 붐이 일고 이에 자극을 받아 그 유명한 이와나미문고岩波文庫가 간행되어 문학과 지식의 대중화가 이루어집니다(이 부분에 대해서는 뒤에서 다시 언급하겠습니다). 도사카는 이와 같은 출판문화의 융성 속에서 등장한 고급문화(교양문화), 좀 더 구체적으로 말하면 '이와나미문화'에 주목했습니다. 여기서 우리는 이와나미서점의 창업자 이와나미 시게오岩波茂雄 자신이 일찍이 소세키의 문하생이었고, 고서점으로 시작한 이와나미서점이 처음 출판한 책이 소세키의 대표작 『마음』이었다는 점을 떠올릴 수 있을 것입니다.

그렇다면 도사카는 어떤 방식으로 그것을 비판한 것일까요? 그것은 다음과 같은 질문을 던짐으로써입니다. "소설가 이상의 존재로 간주되는 소세키를 우리는 사상가라고 부를 수 있는가?" 그리고 단연코 그럴 수 없다고 말합니다. 그렇다면 그에게 있어 소세키는 어떠한 존재였을까요? '문화인' 이상도 이하도 아니었습니다. 쉽게 말해 그는 "소세키는 사상가인가? 문화인인가?"라는 물음을 통해서 소세키를 둘러싸고 있는 교양주의(문화주의)의 의미를 추궁한 것입니다.

소세키는 사상가가 아니라 오히려 문화인이다. 왜냐하면 사상의 자유라는 것은 새로운 문화를 창설하더라도 반드시 기성문화의 척도·표준을 제공하는 역할까

세계문학전집의 구조

지는 하지 않기 때문이다. 사상은 신문화를 낳지만, 새로운 문화가 매우 새로울 수록 기존 척도에서 보면 결코 문화적으로 보이지 않는 법이다. 그런 의미에서 사상은 문화의 부정이라는 성질조차 가질 수 있다.

그런데 소세키의 경우, 그를 중요하고 큰 존재로 만든 것은 새로운 사상의 탄생이나 구문화에 대한 반달리즘 문화의 창생蒼生과 같은 것이 아니라 어디까지나 기존의, 상식적으로 용인된 의미의 '문화'에서 높은 수준에 있었기 때문이다. 그래서 그는 사상가라기보다 오히려 문화인이다. 그는 문화의 비판자가 아니라 문화의 왕좌이자 문화의 모범이었다. 이것이 소세키의 위대함이다. 세상의 박학한 사람부터 무지한 사람들에 이르기까지 소세키에게 감동하고 그를 본받으려 하는 것은 문화의 내용적 비판자로서의 그가 아니라 문화의 형식적인 최고표준으로서의 그다. 다소 어폐가 있을지 모르지만 천재로서의 그가 아니라 수재로서의 그다.[2]

소세키로서는 이와 같은 비판이 다소 억울할 수 있습니다. 하지만 문화인, 즉 교양인으로서의 면모가 그를 국민작가로 만들었다는 점은 부정할 수 없는 사실입니다. 즉 도사카는 '국민작가'라는 허울 뒤에 숨겨진 교양장치와 그것이 가지고 있는 보수성을 문제 삼은 것이라 하겠습니다. 그가 생각하기에 교양은 결국 기존문화를 향유하는 것이지 그것을 변혁함으로써 한 단계 더 나아가는 것과는 무관

---

2 戸坂潤, 「現代に於ける '漱石文化'」, 위의 책, 113頁.

하기 때문입니다.

그런데 이와나미서점이 교양문화의 확산에만 노력한 것은 아닙니다. 소세키의 책 외에도 마르크스의 저서를 포함하여 사회주의 관련 서적도 출간했습니다. 하지만 도사카가 보기에 그것은 해당 서적이 가진 변혁성에 대한 평가라기보다는 그저 뛰어난 '문화재'의 하나로 간주하는 것에 불과했습니다. 그것은 사실상 내용에 상관없이 '문화적 위용'만 갖추면 무엇이든 받아들이는 것과 모순되지 않았습니다.

> 문화재로서 가치가 있다면 그것은 진실을 갖는 것이기 때문에, 사상으로서 시시할 수 없다고 말할지 모르지만, 그렇지 않다. 왜냐하면 여기서 문화재로 평가되는 것은 기성문화를 그대로 표준화했을 때의 문화재를 말하며 무조건 기성 부르주아문화의 정수이기 때문이다. 학구적 실력도 있고 문화적 기품도 있음에도 불구하고 사상적으로는 왠지 천박한 느낌卑俗感을 주는 것은 바로 이 때문이다.[3]

그리고 바로 그렇기 때문에 이와나미문화는 기성문화의 정수인 아카데미즘과 매우 사이가 좋다고도 말합니다. 바꿔 말하면 이와나미문화라는 것 자체가 가진 '고급성'이란 아카데미즘에 의해 보증되는 면이 있다는 것입니다. 이런 일본 교양문화의 정수로서의 이와나미문화(소세키문화)

---

[3] 戸坂潤, 「現代に於ける '漱石文化'」, 위의 책, 115頁.

에 대한 비판은 여러모로 음미할 점이 있습니다. 한국의 고급문화, 즉 교양주의도 이와 크게 다르지 않기 때문입니다. 하지만 도사카에게도 다음과 같은 질문을 던져야 공평할 것입니다. "당신이 속해 있던 사회주의운동도 어떻게 보면 출판문화산업의 발달과 교양의식의 고양에 기반하여 전개되었던 것은 아닐까?"

6 교양의 존재방식

이제 우리의 상황과 관련하여 이야기를 해보기로 하겠습니다. 오늘날 우리에게 문제가 되는 교양이란 크게 두 가지와 관련이 있는 것 같습니다. 첫째는 세계문학과 인문서와 관련해서이고, 둘째는 그것을 통해 삶에 더해지는 '향기와 운기'와 관련해서입니다. 세계문학을 읽는 것이 교양을 풍부하게 해주는 행위로 간주되고, 인문서를 읽는 것이 살아가는 데에 보탬이 된다는 생각, 이를 교양주의라고 말할 수 있는데, 최근 유행하는 '공부론'이란 실은 이런 교양주의가 가장 노골적으로 표현된 것 이상도 이하도 아니지 않나 합니다.

공부론의 주장은 다음 두 가지로 요약이 가능합니다. 첫째는 공부는 학생 때만 하는 것이 아니라 평생 하는 것이다. 둘째는 공부는 우리의 삶을 풍요롭게 해준다. 그런데 여기서 문제는 "무엇을 공부해야 하는가?"라 할 수 있을 텐데, 이때 당연하다는 듯이 제시되는 것이 바로 문학서와 인문서입니다. 따라서 이들의 공부론은 사실상 '(인)문학' 공부론이라고 해도 무방할 정도입니다. 즉 이들의 관점에서 보았을 때, 책을 읽더라도 자기계발서나 경제경영서를

세계문학전집의 구조

읽는 행위는 공부가 아닌 셈입니다. 어떤 면에서 이것들도 삶을 풍요롭게 해줄지는 모르지만, 세속적이고 물질적인 성공에 치중한 것이기 때문에 교양이 될 수 없다는 것입니다. 그러므로 인문학 공부를 하는 사람들은 실용서를 읽는 사람을 우매한 사람이나 속물로 간주하는 경향이 있습니다.

그런데 여기서 이런 의문이 생깁니다. 인문학을 공부하면 정말 우리의 삶이 나아질까요? 삶이 풍요롭고 윤택해질까요? 아니 보다 직접적으로 말해 문학이나 인문학이 오늘날을 사는 우리를 구원할까요? 차라리 자기계발서를 읽는 것이 현실적으로 더 낫지 않을까요? 물론 이것은 '교양 있는' 질문이 아닙니다. 따라서 우리도 '교양 없는' 답을 하는 대신에 인문학 열풍의 두 가지 측면에 주목하겠습니다. 하나는 인문학 열풍이 기본적으로 출판산업과 관계가 있다는 것이고, 다른 하나는 그런 인문학을 생산하고 가르치는 사람이 별도로 존재한다는 것입니다.

4년제 대학에는 보통 인문대라는 것이 존재합니다. 그리고 그곳에서 가르치는 학문을 보통 인문학이라고 부릅니다. 하지만 엄밀히 말해 인문학은 인문대와 무관한 것입니다. 다소 이상하게 들리겠지만 설명하자면 이렇습니다. 인문대에서는 분명히 인문학에 속하는 것들을 가르칩니다. 하지만 그 안에 전공이라는 것이 있어 서로의 영역을 넘보지 않는 것이 철칙입니다. 따라서 국문학, 영문학, 불문학, 독문학, 중문학, 사학, 철학을 가르치는 곳은 있지만 인문학을 가르치는 곳은 없습니다. 단 외부(주로 국가)의 지원이 필요할 때는 개별 전공을 내세우면 설득력이 떨어지기에

'인문학'의 위기를 외치지만, 그것을 외치는 사람들은 대부분 개별 분야의 전공자들에 불과합니다.

우스운 이야기를 하나 하겠습니다. 10여 년 전에 서울대학교에서는 〈동서양 고전 필독 200선〉이라는 것을 발표한 적이 있습니다. 발표한 곳이 한국교육의 정점에 있는 기관인지라 이 목록은 지금까지도 입시교육은 물론 독서교육과 출판기획, 그리고 인문학공부의 중요한 참고자료가 되고 있습니다. 일단 그 목록을 나열해 보겠습니다.

1. 문학서 100선

『수이전』, 『계원필경』(최치원), 『파한집』(이인로), 『역옹패설』(이제현), 『송강가사』(정철), 『열하일기』(박지원), 『다산시선』(정약용), 『구운몽』(김만중), 『홍길동전』(허균), 『춘향전』, 『혈의 누』(이인직), 『무정』(이광수), 『임꺽정전』(홍명희), 『삼대』(염상섭), 『천변풍경』(박태원), 『고향』(이기영), 『무영탑』(현진건), 『상록수』(심훈), 『탁류』(채만식), 『인간문제』(강경애), 『감자 외』(김동인), 『카인의 후예』(황순원), 『님의 침묵』(한용운), 『김소월 전집』(김소월), 『정지용 전집』(정지용), 『윤동주 전집』(윤동주), 『시경』, 『산해경』, 『도연명 시선』(도연명), 『이백 시선』(이백), 『두보 시선』(두보), 『삼국지연의』(나관중), 『수호전』(시내암), 『서유기』(오승은), 『홍루몽』(조설근), 『유림외사』(오경재), 『노잔유기』(유악), 『아Q정전』(루쉰), 『자야』(마오둔), 『낙타샹즈』(라오서), 『가家』(바진), 『겐지 모노가타리』

세계문학전집의 구조

(무라사키 시키부), 『도련님』(나쓰메 소세키), 『기탄잘리』(타고르), 『천일야화』, 『변신 이야기』(오비디우스), 『일리아드, 오디세이아』(호메로스), 『오레스테스 3부작』(아이스킬로스), 『오이디푸스 왕』(소포클레스), 『메데이아 외』(에우리피데스), 『리시스트라타 외』(아리스토파네스), 『아이네이스』(베르길리우스), 『신곡』(단테), 『데카메론』(보카치오), 『햄릿, 오셀로, 리어 왕, 맥베스』(셰익스피어), 『걸리버 여행기』(스위프트), 『오만과 편견』(오스틴), 『위대한 유산』(디킨스), 『폭풍의 언덕』(브론테), 『테스』(하디), 『젊은 예술가의 초상』(조이스), 『사랑하는 여인들』(로렌스), 『주홍 글씨』(호손), 『여인의 초상』(제임스), 『허클베리 핀의 모험』(트웨인), 『무기여 잘 있거라』(헤밍웨이), 『음향과 분노』(포크너), 『가르강튀아와 팡타그뤼엘』(라블레), 『수상록』(몽테뉴), 『타르튀프 외』(몰리에르), 『페드라 외』(라신), 『고백록』(루소), 『캉디드 외 철학적 콩트』(볼테르), 『잃어버린 환상』(발자크), 『적과 흑』(스탕달), 『보바리 부인』(플로베르), 『악의 꽃』(보들레르), 『잃어버린 시간을 찾아서』(프루스트), 『구토』(사르트르), 『페스트』(카뮈), 『파우스트 (1부)』(괴테), 『도적들』(실러), 『하인리히 폰 오프터딩엔』(노발리스), 『노래의 책』(하이네), 『녹색 옷을 입은 하인리히』(켈러), 『마의 산』(만), 『말테의 수기』(릴케), 『수레바퀴 아래서』(헤세), 『성』(카프카), 『서푼짜리 오페라』(브레히트), 『양철북』(그라스), 『돈키호테』(세르반테스), 『백 년 동안

의 고독』(마르케스),『인형의 집, 유령』(입센),『미스
줄리』(스트린드베리),『카라마조프가의 형제들』(도스
토옙스키),『안나 카레니나』(톨스토이),『아버지와 아
들』(투르게네프),『어머니』(고리키),『개를 데리고 다
니는 여인』(체호프).

2. 사상서 100선

『대승기신론소』(원효),『삼국유사』(일연),『원돈성
불론』(지눌),『매월당집』(김시습),『화담집』(서경덕),
『성학십도』(이황),『성학집요』(이이),『징비록』(유성
룡),『선가귀감』(휴정),『성호사설』(이익),『택리지』(이
중환),『일득록』(정조),『목민심서』(정약용),『북학의』
(박제가),『의산문답』(홍대용),『기학』(최한기),『동경
대전』(최제우),『매천야록』(황현),『한국통사』(박은식),
『조선상고사』(신채호),『주역』,『논어』(공자),『맹자』
(맹자),『대학』,『중용』,『도덕경』(노자),『장자』(장
자),『순자』(순자),『한비자』(한비자),『바가바드 기타』,
『중론』(용수),『법구경』,『육조단경』(혜능),『사기열
전』(사마천),『근사록』(주희),『전습록』(왕수인),『명
이대방록』(황종희),『대동서』(캉유웨이),『삼민주의』
(쑨원),『실천론』(마오쩌둥),『역사』(헤로도토스),『국
가』(플라톤),『정치학』(아리스토텔레스),『의무론』(키
케로),『게르마니아』(타키투스),『고백록』(아우구스
티누스),『군주론』(마키아벨리),『유토피아』(모어),『전
쟁과 평화의 법』(그로티우스),『두 우주 구조에 관한

세계문학전집의 구조

대화』(갈릴레오), 『신논리학』(베이컨), 『방법서설』(데카르트), 『리바이어던』(홉스), 『프린키피아』(뉴턴), 『정부론』(로크), 『신학문의 원리』(비코), 『법의 정신』(몽테스키외), 『사회계약론』(루소), 『범죄와 형벌』(베카리아), 『국부론』(스미스), 『형이상학서설』(칸트), 『역사철학 강의』(헤겔), 『미국의 민주주의』(토크빌), 『실증철학 강의』(콩트), 『권리를 위한 투쟁』(예링), 『종의 기원』(다윈), 『자유론』(밀), 『고대법』(메인), 『자본론』(마르크스), 『차라투스트라는 이렇게 말했다』(니체), 『자살론』(뒤르켐), 『꿈의 해석』(프로이트), 『창조적 진화』(베르그송), 『슬픈 열대』(레비-스트로스), 『생의 비극적 감정』(우나무노), 『일반언어학 강의』(소쉬르), 『프로테스탄티즘의 윤리와 자본주의 정신』(베버), 『옥중수고』(그람시), 『존재와 시간』(하이데거), 『중세사회』(블로크), 『아동지능의 근원』(피아제), 『자본주의, 사회주의, 민주주의』(슘페터), 『예종에의 길』(하이예크), 『심리학과 종교』(융), 『지각의 현상학』(메를로-퐁티), 『생명이란 무엇인가』(슈뢰딩거), 『철학적 성찰』(비트겐슈타인), 『시각예술에서의 의미』(파노프스키), 『인간현상』(샤르댕), 『순수법학』(켈젠), 『진리와 방법』(가다머), 『영국노동계급의 형성』(톰슨), 『인식과 관심』(하버마스), 『부분과 전체』(하이젠베르크), 『지식의 고고학』(푸코), 『과학혁명의 구조』(쿤), 『정의론』(롤즈), 『성과 속』(엘리아데), 『물질문명과 자본주의』(브로델), 『책임의 원리』(요나스).

　문학서 100권과 사상서 100권으로 이루어진 이 〈필독서목록〉이 겨냥하고 있는 것은 대학 초년생 즉 교양과정에 있는 학생입니다. 그런데 목록을 가만히 들여다보면 이 목록을 만드는데 협력한 교수 중 목록의 반의반이라도 읽은 사람이 얼마나 있을지 의문이 듭니다. 물론 자신의 전공과 관련된 책 몇 권은 읽었을 것입니다. 하지만 다른 전공의 책은? 전공 안에서 다시 세부 전공으로 나뉘고, 옆 전공에 눈을 돌리지 않는 것을 전문성 내지 학문적 엄격성으로 간주하는 상황에서 대학에 과연 인문학이라는 것이 존재하긴 하는 것일까요?

　예를 들어 국문학 전공은 크게 문학과 어학으로 나뉩니다. 여기서 문학만을 다시 예로 들면 고전문학, 현대문학으로 나뉩니다. 그리고 고전문학은 다시 고전시가와 고전산문, 그리고 한문학, 민속학으로 나뉩니다. 현대문학도 마찬가지입니다. 일단 시와 소설, 비평, 희곡으로 나뉘고, 거기서 다시 시대나 작가로 나뉩니다. 물론 이런 구분은 학교마다 조금씩 차이가 있습니다만, 어쨌든 분명한 사실은 같은 국문학 전공이라고 해도 어학전공자는 문학에 전혀 관심이 없으며 고전문학 전공자는 현대문학에 무지하다는 것입니다. 물론 이는 그 역도 마찬가지일 것입니다.

　사정이 이러하니 국문학 전공자가 프랑스문학이나 러시아문학을 잘 알 것이라고 생각하는 것은 큰 오산입니다. 톨스토이를 몰라도 비평가 행세를 하는 데 아무 지장이 없습니다. 왜냐하면 그는 '한국문학' 비평가이기 때문입니다. '언캐니'와 같은 개념을 가져와 대충 얼버무리면 됩니다.

세계문학전집의 구조

인문대 내 다른 전공도 국문학과 크게 다르지 않습니다. 독일철학 전공자는 프랑스철학을 모르고 헤겔 전공자는 베르그송에 관심이 없습니다. 이런 사정이니 자연과학이나 경제학은 말할 것도 없을 것입니다.

그럼에도 불구하고 방금 살펴본 200권 정도는 읽어야 교양인, 또는 대학인이라고 말하는 것은 인문학이라는 가면을 쓴 아카데미즘의 대표적 위선이라 할 수 있습니다. 그런 의미에서 그들은 '인문학의 위기'를 운운할 자격이 없는 사람들이라 하겠습니다. 왜냐하면 애당초 대학엔 인문학 같은 것은 존재하지 않기 때문입니다. 따라서 국가가 그들이 원하는 지원금을 넘치도록 줌으로써 자칭 인문학 종사자들이 그것의 분배를 둘러싸고 치고받고 싸우다 자멸하게 두는 편이 나을지 모릅니다. 물론 이런 비판은 지나친 것일 수 있습니다. 굳이 그렇게 하지 않더라도 대학 내 인문대의 위상은 현재 매우 낮기 때문입니다. 아니 인문대라는 것 자체가 해체되고 있습니다.

이는 신자유주의니 뭐니 해서 최근에 생긴 현상이 아닙니다. 사실 그것은 근대교육이 성립한 시기부터 줄곧 있어 온 것입니다. 교양이라는 비실용적인 학문(물론 인문학 호소인들은 장기적인 관점에서는 자신이 하는 일들이 다른 어떤 학문보다 더 실용적·경제적이라고 주장할 것입니다)은 교육체계가 정비되기 시작한 시기부터 위태위태한 상태에 놓여 있었습니다.

말하자면 교양이란 실은 이때(근대국가의 성립기에:

인용자) 제도 바깥에 놓이게 된, 실용성을 인정받지 못
해 자격수여를 허가받지 못한 지식이었다고 말할 수
있다. 교양이란 제도화된 지식의 여백이었고, 역설적으
로 **근대국가에 의해 탄생한 사생아였다. 자연과학과 사
회과학의 대부분은 실용성을 인정받고 국가의 학교교육
안에서 제도화되었는데 애매한 것은 인문학이었다. (…)**
그런데 이런 **제도화를 통해 성립한 교양을 요구하고 또
그것에 사회적 지위를 교묘하게 부여한 것도 요람기의
대중사회였다. 그 때문에 유일한 방법은 바로 지식의 상
품화인 시장화였다.**[1]

이 글을 쓴 야마자키 마사카즈에 따르면, 교양교육이 비
실용적인 것으로 비난을 받은 것은 예나 지금이나 서양이
나 일본이나 마찬가지였습니다. 즉 인문학은 국민국가를
뒷받침하는 근대교육이라는 '기계장치'와 잘 어울리지 못
하여 항상 그 존립이 위태로웠기에 자신의 존재이유를 지
식의 상품화에서 찾을 수밖에 없었습니다. 그렇다면 그것
은 어떻게 가능했을까요? 인문학에 존재하는 독특한 아우
라, 즉 '고상한 지식'으로서의 교양을 통해서입니다. 아이
러니하게도 인문학의 비실용성이 독서시장에서는 실용적
인 것으로서 작용했습니다. 그리고 이런 역설을 통해 그것
은 우리가 반드시 갖추어야 할 어떤 기본덕목이자 '조화로
운 삶'을 꾸려가는 데 꼭 필요한 요소로까지 드높여집니다.

---

[1] 山崎正和, 「'教養の危機'を越えて」, 『This is 読売』, 1999年 3月, 강조
는 인용자.

세계문학전집의 구조

그런데 여기서 단서를 달 필요가 있습니다. 그동안 교양교육이 다른 전문교육에 비해 덜 중요하게 취급되어온 것은 사실이지만, 그렇다고 해서 그것이 가진 이데올로기로서의 영향력을 국가가 무시한 것은 아니라는 사실입니다. 근대국가를 당연한 것으로 받아들이는 국민을 만든 것은 입신출세주의보다는 어떤 '사심 없음'(이를테면 민족주의나 애국심)이기 때문입니다. 따라서 '근대국가의 사생아'라는 표현은 그 의도를 감안한다고 하더라도 정작 그 이면을 가릴 위험이 있습니다. 따라서 우리는 소위 (대학인간이 말하는) '인문학의 위기'란 근대국가 형성기부터 있었던 것이 아니라 근대국가가 완성된 후 상대적으로 이데올로기교육의 효용성이 떨어진 것과 관련이 있다고 봐야 합니다.

즉 국가경제가 지속적으로 성장하고 대학진학률도 계속 증가하던 시기, 다시 말해 인문대 전공자들도 졸업 후 일자리를 찾는 데 큰 어려움이 없던 시기에는(역사상 가장 행복한 세대인 80년대 학번까지가 대체로 그랬습니다) '인문학의 위기' 같은 것은 존재하지 않았습니다. 하지만 경제성장률이 둔화되는 데 반해 대학진학률은 최고치로 증가하자 문제가 생기기 시작했습니다. 새로운 일자리가 생기기는커녕 기존의 일자리마저 위태해졌습니다. IMF 구제금융 이후 집권한 김대중 정부는 청년 실업률을 마사지하기 위해 대학원 정원을 배로 늘리는 정책을 쓰게 되는데, 이는 고학력 인문대 백수들을 양산하는 제도적 토대가 되었습니다. 이런 상황에서 국가의 지원 외에 '인문학의 위기'를 타개할 대안으로 출판시장 진출이 아마 떠올랐을 것입니다.

최근 부는 인문학 붐과 세계문학전집 붐의 배경에는 이와 같은 요인이 작용하고 있다고 봅니다. 왜냐하면 생계걱정이 없는 교수들은 어떻게 보면 출판시장과 거리가 있는 존재들이기 때문입니다(물론 미디어에서 멘토 놀이를 즐기는 사람들도 있긴 합니다). 그들은 고전을 번역하거나 일반 독자도 읽을 수 있는 책을 쓰는 것보다 업적으로 카운트되는 논문 한 편을 더 중요하게 생각하는데, 이 말은 역으로 생각하면 최근 인문서와 번역서의 증가는 이전보다 사회경제적으로 힘든 환경에 처한 연구자들이 많아졌다는 증거가 됩니다.

이런 맥락에서 다카다 리에코는 '교양'의 반대말은 '업적'이라고 시니컬하게 말하기도 합니다.[2] 대학의 교양교육은 시간강사들이 전부 맡고 있기 때문에 교양담론이란 불안정한 위치에 있는 고학력자들에 의해 이루어지고 있다고 해도 과언이 아닙니다. 물론 그들도 업적(소논문 쓰기) 쌓기에 관심이 있지만[3], 대학에서 자리를 잡는 게 현실적으로 힘들다는 것 또한 잘 아는 터라 아예 대학을 떠나 대중과 소통하는 것에서 의미를 찾는 사람들이 늘어가고 있습

---

[2] 高田里惠子, 『グロテスクな教養』, 筑摩書房, 2005, 126-127頁.

[3] 만약 이들이 카운트되는 논문을 쓰지 않으면 어떻게 될까요? 아마 대학시스템을 뒷받침하는 학술생태계 자체가 무너질 것입니다. 그렇다면 잉여교원(시간강사)들은 바로 이 지점에서 보이콧을 하면 어떨까요? 왜냐하면 오늘날의 문제는 단순히 전임 자리를 몇 개 늘린다고 해서 해결될 수 있는 게 아니기 때문입니다. 따라서 단식이나 성명, 시위보다 학계(등재지)를 통해 학문을 수량화하는 데에 앞장서고 있는 학진의 평가시스템을 거부(공격)하는 쪽이 훨씬 효과적이지 않을까요? 물론 그런 일을 할 정도로 학진시스템에서 자유로운 연구자를 찾기는 어렵겠지만요.

니다. '업적'이 같은 전문가 집단만이 알 수 있는 글쓰기와 관련이 있다면, '교양'은 일반대중도 알 수 있는 글쓰기와 관련이 있다 하겠습니다.

오늘날 우리가 말하는 '인문서'란 바로 이런 맥락에서 탄생한 것이 아닐까 합니다. 즉 그것은 문학, 역사, 철학, 사회과학 분야의 서적을 통칭하는 것이라기보다는 전문서적이 아닌 책, 즉 업적과는 무관한 책, 일반독자를 상정한 책을 가리킨다 하겠습니다. 따라서 인문서의 경우 학계의 글쓰기와 달리 엄격한 학제적 구분에서 비교적 자유롭습니다. 하지만 그 때문에 대중의 호기심을 부추기고 그것을 만족시키는 것에 그치는 얄팍한 계몽서도 많습니다. 베스트셀러 인문서 대부분이 그렇습니다.

그런데 가만히 생각하면 일반인들을 위한 이런 책에 '인문서'라는 묘한 타이틀이 붙어 유통되는 곳은 아마 한국과 일본밖에는 없는 것 같습니다. 미디어학자인 하세가와 하지메가 전문가들이 읽는 전문서적도 일반인을 향한 대중계몽서도 아닌 '인문서'를 지극히 일본적인 산물[4]로 간주하는 것도 비슷한 맥락이라 하겠습니다. 그렇다면 우리는 인문서를 인문서답게 만드는 것이 과연 무엇인지 묻지 않을 수 없습니다. 이때 우리는 다시금 '교양'을 그 답으로 제시할 수 있을 것입니다. 왜냐하면 그것은 세상을 더 깊게 이해함으로써 삶을 풍요롭게 할 뿐만 아니라, 더 나은 인격을 갖추는 데 도움이 된다고 믿기 때문입니다. 이런 관점에서 보

---

[4] 長谷川一, 「'教養', ノスタルジアの地政学」, 『創文』, 2004年 1, 2月 참조.

면 출판시장에서 인문학 붐이란 식품·레저 업계의 웰빙 붐과 크게 다르지 않다는 것을 알 수 있습니다.

즉 인문서는 독자를 결코 전문영역으로 인도하지 않습니다. 독자가 인문서를 읽는 목적도 잘(윤택하게) 살기 위함이지 학문을 하기 위함이 아닙니다.[5] 앞서 우리는 교양의 반대말 중 하나로 전문지식을 들었습니다. 하지만 그것을 꼭 학문적인 것으로 제한하여 생각할 필요는 없습니다. 도리어 의미를 확장하여 생계노동에 필요한 지식(전문성)으로 생각하는 편이 더 나을지 모릅니다. 그런데 노동에 필요한 지식이 가장 효율적으로 활용되는 때는 자아(개성)가 최대한 축소되는 경우입니다. 이는 실용적인 지식이 필연적으로 개성의 소모를 불러오기 때문에 아무리 물질적인 혜택이 주어진다고 해도 '주체의 소외감'은 여전히 남게 된다는 뜻이기도 합니다.

그저 사는 것이 문제라면, 즉 물질적 필요가 충족되는 것만으로 충분하다면, 아무도 교양 같은 것에 관심을 기울이지 않을 것입니다. 하지만 '잘' 사는 것이 문제가 되면, 어떻게든 이 소외감은 극복되어야 하는데, 이때 부상한 것이 바로 교양, 그리고 그것을 담고 있다는 인문서라 하겠습니다. 그렇다면 교양은 어떻게 독자를 소외감으로부터 회복시키는 것일까요? 그것은 바로 차이화를 통해서입니다. 전근대적 공동체에서의 노동과 달리 근대적 노동은 개개인을 획일화시킬 뿐만 아니라 개인들 간의 유대를 약화시켜

---

[5] 이것을 정확히 이해한 사람이 소위 인문학 스타강사들입니다.

온 게 사실입니다. 즉 이중으로 소외되어 온 셈입니다. 자신의 노동으로부터만이 아니라 동료들로부터도 소외되었으니까요.

그런 이들이 인문서를 읽는다는 것은 바로 이런 무차별 속 자기소외로부터 스스로를 구원하고 교양공동체에 속함으로써 동질적 유대감을 누린다는 것을 의미합니다. 이렇게 보면 그들에게 존재하는 교양충동이란 외견상 지식충동의 형태를 띠고 있지만 실은 지식 자체보다는 그것을 통해 만들어지는 '차이'를 향하고 있다 하겠습니다.

7 인문학의 종언과 교양의 부흥

여기서 잠시 노버트 위너의 이야기를 들어보도록 하겠습니다. 미국의 수학자이자 사이버네틱스의 창시자로 유명한 그는 주저 『사이버네틱스』(1968)에서 기존의 철학이 대상과 관념의 대립 속에서만 무언가를 생각해 왔는데, 여기에 정보라는 개념을 도입하면 이들 사이의 대립은 무화되고 만다고 주장했습니다.

그리고 한 예로 개구리가 먹이인 벌레를 바라볼 때는 벌레를 바라보는 게 아니라 벌레의 움직임을 바라본다고 말하며, 이는 움직이지 않는 벌레는 벌레로서 인식하지 못한다는 것을 뜻한다고 덧붙입니다. 즉 차이가 존재하지 않으면 개구리에게 있어 벌레라는 대상은 존재하지 않는 것이 됩니다. 가라타니 고진은 이와 관련하여 그것은 비단 개구리에만 해당되는 것은 아니라고 말합니다. 인간도 대상을 바라보는 것 같지만, 실은 차이를 보고 있을 뿐이라는 것입니다. 그러면서 그는 어떤 의미에서 '근대문학의 종언'이란 이런 차이의 소멸을 의미한다고 이야기합니다.

좀 더 설명하자면, 예술이나 문학의 발전은 보통 차별(차이)적 사회구조에 기초하고 있는데, 그와 같은 차별이 소

세계문학전집의 구조

멸하면 자연스럽게 예술·문학도 종언을 고할 수밖에 없다는 것입니다. 그러면서 문학의 종언을 고하는 것은 슬프지만, 어찌 보면 당연한 것이라고 말합니다. 여기서 혹자는 이런 질문을 던질지 모릅니다. 많이 나아진 것은 사실이지만 지금도 여전히 차별이 존재한다고 말입니다. 물론 정당한 지적입니다. 하지만 가라타니는 지금의 차별(차이)은 이전과 달리 상대적인 것이며, 어떻게 보면 오늘날의 빈곤층은 지난날의 빈곤층의 입장에서 볼 때 사치스러울 수도 있다고 주장합니다.

그래서 그는 현 상황(차이의 소멸)을 애석하게 생각한다기보다 적극적으로 환영합니다. 하지만 바로 그렇기 때문에 어떤 면에서 그들은 이중적으로 빈곤하다는 점을 잊지 않고 지적합니다.

현재 '격차사회'라는 것이 활발히 이야기되고 있지만, 이것도 과거와 같은 차이가 아닙니다. 그저 상대적인 가난함에 지나지 않습니다. 과거의 빈곤자에게는 사치스럽게 보일 것입니다. 한편 **과거의 빈곤 계층이나 피차별 계층에는 일종의 빈곤문화가 있었습니다. 가난하지만 어떤 의미에선 풍요로웠습니다. 그런 의미에서 지금의 신新빈곤자는 이중으로 빈곤합니다.** 그들은 문화를 생산할 힘을 가지고 있지 않습니다.[1]

---

[1] 柄谷行人, 「可能なる人文学」, 『論座』, 2007年 3月号 [가라타니 고진, 「가능한 인문학」, 조영일 편, 『가능한 인문학』, 비고, 2022, 238쪽, 강조는 인용자].

　참고로 위 발언은 최근 일본출판계에서 부각된 '인문학의 위기', 즉 인문서가 팔리지 않는 현상에 대한 발언 중에 나온 것입니다. 간단히 말해 그는 현재 일본에서 인문서가 팔리지 않는 이유를 사회적 차별(차이)이 소멸했기 때문이라고 봅니다. 그러므로 인문서가 팔리지 않는 현상을 비관하기보다는 긍정해야 한다고 말합니다. 그리고 과거에 인문서가 많이 팔린 것이 오히려 이상한 현상으로, 경제적 풍요와 대학진학률 증가에 따른 일종의 문화현상에 불과했다고 주장합니다. 이는 인문서가 많이 팔린다고 해서 그것이 인문학 발전의 증거는 아니라는 말이기도 합니다. 실제로 소위 '팔리는 인문서'를 보면 시대적 동향에 지나치게 민감한(즉 대중영합적) 측면이 많은 게 사실입니다.

　이렇게 보면 가라타니는 사실상 '인문학의 종언'을 선언하고 있다고 볼 수 있습니다. 그렇다면 그는 문학에 대해서와 마찬가지로 인문학에 대해서도 기대를 완전히 접은 것일까요? 그렇지는 않습니다. 흔히 오해되는 것과는 달리 그는 인문학만이 아니라 문학에 대해서도 기대감을 완전히 접은 것은 아닙니다. 다만 그의 기대감은 문학이나 인문학 자체라기보다는 '와야 할 개인'을 향하고 있습니다. 즉 앞으로 '가능한 인문학'(그리고 가능한 문학)은 외부의 원조(국가의 지원)에 의해서가 아니라(그것은 문학·인문학의 좀비화만 가속화시킬 뿐이기 때문에), 환경과 여건이 아무리 나쁘더라도 인문학(문학)을 하겠다는 사람에 의해 이루어질 것이라고 주장합니다.

세계문학전집의 구조

    가장 간단한 방법은 국가의 지원금에 기대는 것입니다. 예를 들어 아메리카에서는 작가가 대학에서 가르칠 수 있도록 함으로써 지원을 해왔습니다. 독일에서는 작가에게 장학금을 줍니다. 하지만 나는 그런 것이 훌륭하다, 부럽다고 전혀 생각하지 않습니다. (…) 전통예능이라면 상관이 없지만 문학을 지원금으로 유지해서 무엇을 어쩌자는 것일까요. 생활이 힘들어도 문학을 하겠다는 사람이 있으면 문학은 살아남을 것입니다. 그래서 나는 내버려 두라고 말합니다.[2]

    그러면서 그는 최근 일본에서 엄청나게 증가한 오버닥터[3]를 문제 삼습니다. 우리의 경우도 마찬가지라 할 수 있는데, 그렇다면 가라타니는 이에 대해 어떤 처방을 내리고 있을까요? 먼저 그는 이들을 절대로 구제해서는 안 된다고 말합니다. 그리고 그는 일본의 대학이 이런 지경에 이른 것 자체가 대내외 지원금 때문이라고 성토합니다.

    최근 대학에 오버닥터가 많은데, 어떻게 하면 좋을까요? 나도 아는 학생이 많기에 상담을 하면 난처하기 그지없습니다. 물론 '인문'계 학생들이지요. 대학 전체가 감소하고 있는데 특히 '인문'계는 더 작아지고 있습니다. 앞으로 학위를 받아도 대학에 자리는 없을 것입

---

2 가라타니 고진, 「가능한 인문학」, 위의 책, 241-242쪽.
3 Over Docter. 박사학위를 받았지만 대학에서 정규직 자리를 얻지 못한 사람을 가리키는 말. 잉여박사라고도 한다.

니다. 일시적으로 지원을 한다고 해도 문제를 뒤로 미룰 뿐입니다. **애당초 이런 사태가 발생한 것 자체가 지원금 때문입니다.**

지금 단계에서는 아직 그것을 개인의 문제나 불운, 능력의 부족, 연줄의 부재라는 차원에서 생각하지만, 해결은 구조적으로 무리입니다. 그렇다면 스스로 알아서 할 수밖에 없지 않나 합니다. 어떻게든 학문을 계속 하고 싶다면 말입니다. (…)

오늘날의 대학시스템에서 학문은 불가능합니다. 근원적으로 사고하는 것이 불가능합니다. 곧바로 성과를 내야 하기 때문입니다. 이것은 '인문'계에 치명적입니다. (…) 박사논문 등도 빨리 써야 하는데 패스하기 쉬운 것은 세분화된 테마입니다. 하지만 그런 것은 금방 낡은 게 됩니다. 더구나 **애초에 그런 시시한 일을 하려고 대학원까지 갈 필요가 있을까요?**

정말로 학문을 하고 싶다면, 스스로 그 형태를 만들어내면 되지 않을까요? (…) 그래서 **당분간은 내버려두면 된다고 생각합니다. 구제할 필요는 없습니다! 그리고 무언가가 시작되는 역전을 기다리는 것입니다.**[4]

남의 이야기처럼 들리지 않습니다(웃음). 오버닥터 문제는 사실 일본보다 우리 경우가 더 심각한 것 같습니다. 다만 일본과 다른 점은 인문학만이 아니라 문학에도 많은

---

[4] 가라타니 고진, 「가능한 인문학」, 위의 책, 243-244쪽, 강조는 인용자.

세계문학전집의 구조

공적 자금이 투입되고 있다는 점입니다. 특히 문학계의 경우는 그런 지원을 일종의 권리로까지 여기고 있습니다. 하지만 일본에서는 상상도 못하는 일입니다. 기본적으로 일본의 문학인들에게는 국가의 지원금을 받는다는 개념 자체가 없습니다. 최근 일부에서 그와 비슷한 이야기가 나오고 있습니다만, 문학인들의 공감을 전혀 얻고 있지 못합니다. 국가가 왜 내 책을 사주고 원고료를 주겠다는 것인지 이해를 못합니다.

그리고 일본의 경우 최근 인문서가 잘 팔리지 않게 되었지만, 한국의 경우는 꼭 그렇지만은 않은 것 같습니다. 하지만 여기서 주의할 점은 가라타니가 말하는 인문서와 우리가 문제 삼고 있는 인문서가 조금 다르다는 점입니다. 우리의 경우 인문서란 대체로 일반인을 대상으로 한 인문교양서를 가리킵니다. 우리도 소위 인문학 원전들이 많이 팔린다고 말하기는 힘듭니다. 사회과학의 시대와 비교하면, 거의 팔리지 않는다고 말할 수도 있습니다.

가라타니는 차이(차별)가 소멸했기 때문에 인문서가 읽히지 않는 것은 당연하다고 말합니다. 그러나 아이러니한 점은 바로 그 때문에 교양충동을 충족시켜주는 '인문서'가 팔린다는 것입니다. 이전의 문학이나 예술의 목표는 차별을 철폐하는 것이었습니다. 따라서 그것은 혁명의 형태를 띨 수밖에 없었습니다. 그렇다면 차별이 사실상 사라진 지금은 무엇이 가능할까요? 역으로 (가공적인 형태로나마) '차이'를 만들어내는 것이라 할 수 있는데, 당연히 그것은 혁명과는 무관합니다. 왜냐하면 그것은 기성질서의 또 다른 위계화에 불과하기 때문입니다. 즉 진영옹호 내지 정권교체가 전부가 됩니다.

가라타니는 신빈곤층의 경우 '이중으로' 가난하기 때문에 문화를 만들어낼 힘을 가지고 있지 못하다는 점을 지적합니다. 그런데 바로 그 때문에 여유있는 계층은 그런 빈곤층으로부터 스스로를 차이화할 필요성을 강하게 느끼게 됩니다. "〈사는 것〉에서 〈잘 사는 것〉으로", 즉 "교양으로"라는 구호도 그와 무관하지 않을 것입니다. 앞서 우리는 매슈 아널드의 교양론을 살펴보면서 '교양'의 개념이 독일에서 왔음을 지적한 바 있습니다. 그런데 흥미로운 것은 독일에서 '교양' 개념을 사실상 집대성했다고 할 수 있는 헤겔의 경우 아널드와 달리 그것이 가진 부정적인 면도 지적하고 있다는 점입니다. 예컨대 헤겔은 다음과 같이 말하고 있습니다.

> 교양(도야)은 한편으로는 오로지 외적 상태 즉 퇴폐의 일부로, 다른 한편으로는 목적을 위한 단순한 수단으로 간주되고 있다. 하지만 그런 배경에는 전자의 경우 자연상태의 순박함이나 미개민족 풍습의 단순함이라는 이미지(표상)가 있고, 후자의 경우 다양한 욕구, 그것의 만족, 개개의 특수한 생활의 향수享受나 쾌적함 등을 절대적 목적으로 간주하는 감각이 있다. 이는 양쪽의 관점 모두 정신의 본성이나 이성의 목적에 무지하다는 증거이다.[5]

---

5 ヘーゲル, 『法権利の哲学』, 三浦和男外訳, 未知谷, 1991, 358頁.

세계문학전집의 구조

헤겔에게 있어 교양이란 일차적으로 '직접적인 자기로부터의 이탈'이나 '특수성에서 보편성으로 가는 과정'을 의미합니다. 따라서 그에게 있어 '교양인이란 자신의 특수성을 방기하고 보편적인 원칙에 따르는 사람'입니다. 하지만 『정신현상학』에서 교양은 '자기소외된 정신'으로서 '인륜'이라는 '참다운 정신'과 '도덕성'이라는 '자기를 확신하는 정신'의 중간적인 또는 과도적인 단계라는 위치를 부여받고 있습니다. 즉 헤겔식 발전도식의 2단계, 즉 대자 · 반성 · 본질 · 외화 · 분열에 해당하는 부정성이라고 볼 수 있는데, 문제는 다음 단계로 넘어가지 못할 경우, 바꿔 말해 그 자체로 만족하는 경우라 하겠습니다.

즉 차이를 위해 교양이라는 형식 자체를 목적으로 삼을 경우, 바꿔 말해 교양에 대한 페티시에 머물 경우, '쇠약한 엘리트 취미'나 '기교적인 지적 박약'(로버트 솔로몬의 표현)에 그칠 위험이 있습니다. 우리가 교양으로서의 세계문학전집 붐을 문제 삼는 것도 이 때문입니다.

8 세계문학전집의 기원

세계문학전집에 대해 말하기로 했는데 이야기가 너무 옆길로 샌 것 같습니다. 하지만 이제까지의 이야기가 세계문학전집과 전혀 무관하지 않다는 것 정도는 이해해 주시리라고 생각합니다. 자 그럼 이제 본격적으로 세계문학전집에 대해 이야기해 보겠습니다. 이미 짐작하셨을 테지만 세계문학전집 붐에 대한 저의 입장은 대체로 부정적입니다. 이는 '세계문학전집의 붐'이라는 현상에 대한 것이기도 하지만, 그것을 넘어서 '세계문학전집이라는 형식' 자체에 대한 것이기도 합니다.

우선 현재 출간되고 있는 세계문학전집의 가장 큰 문제점으로 출간계획이 공개되고 있지 않다는 점에서 찾고 싶습니다. '전집'이라는 형식은 폐쇄적 출판물의 대표적인 예입니다. 즉 그것은 권수를 자유롭게 늘리거나 줄일 수 있는 시리즈물과는 다릅니다. 그중에서도 세계문학전집과 같은 종합전집은 새로운 자료가 발굴됨으로써 권수가 추가될 수 있는 개인전집과도 다릅니다. 즉 세계문학전집에서 가장 중요한 것은 어떤 작가를, 그리고 어떤 작품을 넣을 것인가입니다. 즉 목록결정이 전집의 만들기의 대부분을 차지한다고 해도 과언이 아닙니다.

전체를 몇 권으로 할지, 또 언어별·나라별로 몇 권씩을 배분할지, 그리고 어떤 작가에게 얼마만큼의 권수를 분배할지, 또 어떤 작품을 넣을지 이리저리 고려해야 할 점이 매우 많습니다. 특정시기에 발행된 전집은 필연적으로 그 시기의 세계관이나 문학관이 직간접적으로 반영될 수밖에 없기 때문에, 자연스럽게 국가별·작가별 중요도에 변화가 있기 마련입니다. 따라서 우리는 세계문학전집의 목록을 확인하는 것만으로도 그것이 만들어진 시기의 문학관을 역으로 유추하는 게 가능합니다. 즉 목록 자체가 시대의 거울 역할을 하는 것입니다. 따라서 전체를 총 몇 권으로 하고 어떤 작가의 무슨 책을 낼 예정인지 보여주는 목록조차 제시할 수 없는 '전집'은 말만 전집이 되는 셈입니다.

제가 민음사판 세계문학전집에 가진 가장 큰 불만은 바로 여기에 있습니다. 물론 자체적으로는 목록을 가지고 있을 것입니다. 그렇다면 왜 공개하지 않는 것일까요? 짐작컨대 그것은 필요(시장의 사정)에 따라 빼거나 더하기 위함일 것입니다. 물론 여기서 '필요에 따라'의 주체는 편집위원이라기보다는 출판사입니다. 다시 한 번 강조하지만 '전집', 특히 세계문학전집의 완성도는 단순히 번역이 얼마나 좋은가, 얼마나 많이 팔렸는가, 초역이 얼마나 들어있는가에 의해 결정되는 것이 아닙니다. 그것은 목록에 의해 결정됩니다.

세계문학전집에서 목록의 중요성을 강조하는 이유는 해당 목록이 여러 외국문학을 모아놓은 단순한 리스트가 아니기 때문입니다. 세계문학전집을 만든다는 것은 ① 우리로서는 거의 유일하게 근대문학에 대한 절대평가를 시도해볼 수 있는 기회이자 ② 거시적인 시각에서 세계문학(근대문학)을 우리식으로 갈무리하고 한국문학을 냉정하게 바라보는 기회이기도 합니다. 즉 세계문학전집을 만드는 것 자체가 고도의 비평행위라 하겠습니다. 자국문학에 대해 절대평가를 하는 것은 현실적으로 불가능합니다. 평가를 내리는 사람들이 그것으로 생활을 꾸려가는 상황이라면 더욱 그렇습니다. 평가의 공정성이 생계의 절박함을 이길 리는 만무하기 때문입니다.

그건 그렇고 앞서 지금의 붐이 60~70년대 제1차 세계문학전집 붐의 반복이라는 점을 지적했습니다. 그런데 정음사판 세계문학전집이나 을유문화사판 세계문학전집을 접하신 분들 중에 혹시 이런 의문을 가지셨던 분은 없으신가요? "어떻게 이런 목록을 짤 수 있었을까? 편집위원들은 이 작품들을 다 읽고 선정한 것일까?" 저의 판단으로 아마 그랬을 것이라고 생각합니다. 그렇다면 어떻게 그것이 가능했을까요? 이유는 비교적 간단합니다. 첫째는 편집위원 대부분이 일본어에 능통했으며, 둘째는 그들의 독서편력이 전공으로 세밀하게 분화된 아카데미적 교육과 무관하게 이루어졌기 때문입니다. 따라서 이 전집들에서 보이는 일본어판 세계문학전집과의 유사함은 비판되어야 할 사항이기 이전에 현실적 조건이었는지도 모릅니다.

그런데 이것이 의미하는 것은 생각보다 의미심장합니다. 왜냐하면 일본식 사유방식은 비단 일본어로 읽느냐 마느

세계문학전집의 구조

냐, 또는 일본어로 창작하느냐 마느냐에 의해 전달된다기보다는 일본식 문학관 (즉 목록)에 의해 전달된다고 해도 과언이 아니기 때문입니다. 따라서 정음사 · 을유문화사판 세계문학전집을 읽고 자라난 세대들은 본의 아니게 일본 작가들과 똑같은 '문학적 세례'를 받았다는 주장도 가능합니다. 이를 좀 더 밀고 나가면 애당초 '세계문학전집'이라는 발상 자체가 특정 시기 일본인들에 의해 발명된 것이라는 점을 상기할 필요가 있습니다. 즉 근대문학의 발상지인 유럽에는 '세계문학전집'이라는 것 자체가 아예 존재하지 않습니다. 정전목록이나 고전시리즈 정도만 존재할 뿐입니다.

> 세계문학전집이라는 장치가 쇼와 초년에 발명되고, 전집이 전국의 어지간한 가정에 비치되고, 그 집의 아이가 읽고, 그리고 다른 집 아이도 빌려 읽습니다. 물론 도서관도 몇 종류의 세계문학전집을 구비했습니다. 만약 이 세계문학전집이 없었다면, '제1차 전후파'도 '제3의 신인'도 오에 겐자부로도 무라카미 하루키도 없었을 것입니다. 그 정도로 결정적인 힘을 끼친 것이 번역물 전집입니다.[1]

저는 일본근대문학사에서 가장 중요한 사건으로 두 가지를 꼽습니다. 첫째는 러일전쟁입니다. 왜냐하면 앞에서 잠

---

[1] 丸谷才一 · 鹿島茂 · 三浦雅士, 『文学全集を立ちあげる』, 文藝春秋, 2006, 10頁.

깐 다룬 것처럼 일본근대문학은 러일전쟁을 통해 사실상 본 궤도에 올랐다고 말할 수 있기 때문입니다. 물론 근대 문학의 기원을 문제 삼는다면 그 이전까지 올라갈 수 있지 만(가라타니 고진은 청일전쟁 전후로 봅니다), 문학적 판 단의 기준변화라는 관점에서 본다면, 일본근대문학은 러일 전쟁 이후에 시작되었다고 봐야 합니다. 실제 러일전쟁을 기점으로 나쓰메 소세키, 시마자키 도손, 구니키다 돗포, 다 야마 가타이 등이 활발한 작품활동을 펼치게 됩니다.

그리고 이들의 영향하에서 다이쇼교양주의가 만개합니 다. 대표적인 인물로 아쿠타가와 류노스케를 들 수 있습니 다. 그리고 『나의 문화유산답사기』의 원조격이라고 할 수 있는 와쓰지 데쓰로和辻哲郎의 『옛절 순례古寺巡礼』(1919)와 같은 책이 출간되어 독자들의 큰 환영을 받습니다. 자국의 문화유산에 눈을 뜨게 된 것입니다. 참고로 아쿠타가와와 와쓰지 모두 소세키의 문하생이었습니다.

하지만 다른 관점에서 보면, 다이쇼교양주의의 영향력 은 생각만큼 크지는 않았습니다. 왜냐하면 그것을 소비하 는 계층이 여전히 소수의 학생들로 제한되어 있었기 때문 입니다. 이처럼 독자가 한정되었던 데에는 여러 가지 이유 가 있겠지만, 무엇보다도 중요했던 것은 책값이었습니다. 당시 책은 매우 고가여서 일반인들이 쉽게 사서 볼 수 있 는 물건이 아니었습니다.

이런 상황에서 일본은 커다란 자연재해를 만나게 되는 데, 그것이 바로 관동대지진(1923)이었습니다. 저는 이 지 진을 러일전쟁 다음으로 일본근대문학에 큰 영향을 준 사

세계문학전집의 구조

건으로 생각하는데, 이때 무려 14만 명의 사상자가 발생했습니다. 이는 약 2년에 걸쳐서 행해진 러일전쟁의 사망자 수(병사자 포함 약 12만 명)를 훨씬 능가하는 것이었습니다. 그런데 재해는 러일전쟁과는 약간 다른 의미에서 일본에 활력을 불어넣게 됩니다. 재건에 막대한 예산이 투여됨으로써 일본경제가 활기를 띠게 된 것입니다(물론 이런 인위적 경기부양은 이후 커다란 후유증을 불러일으킵니다). 그런데 이는 출판계라고 해서 예외는 아니었습니다. 지진으로 출판계는 큰 타격을 입었습니다. 하지만 도산 직전의 개조사改造社가 모험적으로 시도한 『현대일본문학전집』이라는 기획물이 대히트함으로써 큰 전환점을 맞게 됩니다. 앞서도 잠깐 언급한 엔본円本이 탄생한 것입니다.

메이지·다이쇼시대만 하더라도 책이라는 물건은 일반인들이 쉽게 구해서 볼 수 있을 만큼 저렴하지 않았습니다. 따라서 문학시장도 매우 협소했습니다. 초판은 수백 부를 찍는 게 보통이었고 1000부가 팔리면 떡을 돌릴 정도였다고 합니다. 이런 상황이었기 때문에 문학가도 신문에 글을 쓰지 않고서는 생계를 꾸려가기가 현실적으로 힘들었습니다. 하지만 엔본의 등장으로 사태는 일변하게 됩니다. '엔본'이란 책의 가격을 권당 1엔으로 했기에 생긴 명칭인데, 당시로서는 파격적인 가격이었다고 합니다.[2] 이런 가격을 책정할 수 있었던 것은 이전까지와는 다른 판매전략을 세웠

---

[2] 당시 대졸자 초임이 50엔 정도였기에 저렴하다고 말할 수는 없지만, 과거와 비교하면 이제 소장이 가능한 물건이 되었습니다. 참고로 엔본은 평균 500쪽 내외의 2단 조판으로 꽤 고급스러운 양장본이었습니다.

기 때문입니다. 소위 박리다매 전략입니다.

그런데 엔본에 대해 이야기할 때 놓쳐서는 안 되는 내용이 하나 있습니다. 엔본의 성공을 단순히 가격에서만 찾아서는 곤란합니다. 왜냐하면 그런 가격을 실질적으로 가능하게 한 것이 따로 있기 때문입니다. 그것은 바로 '전집'이라는 형식입니다. 즉 개조사의 〈현대일본문학전집〉은 단행본이 아니라 매달 한 권씩 배본되는 전권예약제(사실상 세트)로 판매되었습니다. 이는 전례가 없었던 모험적 판매방식이었습니다. 실제 개조사는 자본금이 거의 바닥나 있었기 때문에 예약금을 받아서 그것을 제작비로 쓸 생각을 하고 있었습니다. 다시 말해 예약자 수가 적으면 망할 수밖에 없는 프로젝트였습니다. 그런데 놀라운 일이 일어납니다. 예약자가 무려 23만에 달한 것입니다. 빅히트였습니다.

그러자 이에 자극을 받은 다른 출판사들도 앞다투어 엔본 형태의 전집을 내기 시작했는데, 이것이 바로 소위 엔본붐입니다. 이 시기 출간된 대표적인 전집을 들자면 다음과 같습니다(맨 오른쪽 숫자는 예약자 수입니다).

〈현대일본문학전집〉 전63권, 改造社 (1926~1931) 25만

〈세계문학전집〉 전57권, 新潮社 (1927~1932) 40만

〈세계대사상전집〉 전126권, 春秋社 (1927~1933) 10만

〈메이지다이쇼문학전집〉 전60권, 春陽堂 (1927~1932) 15만

〈현대대중문학전집〉 전40권, 平凡社 (1927~1932)

〈마르크스·엥겔스 전집〉 전20권, 改造社 (1928~1930)

세계문학전집의 구조

여기서 우리의 관심을 끄는 것은 당연히 신조사에서 나온 〈세계문학전집〉입니다. 왜냐하면 이 전집은 사실상 최초의 '세계문학전집'으로서 앞의 표현을 빌리자면 처음으로 '발명'된 것이기 때문입니다. 물론 이에 이의를 제기할 분이 있으실지 모르겠습니다. 왜냐하면 이 세계문학전집 전에도 신조사는 〈세계문예전집〉(1920~1926)이라는 36권짜리 전집을 이미 내놓은 적이 있기 때문입니다. 그리고 더 올라가면 다이쇼 초기(1912~1916) 박문관에서 나온 12권짜리 〈근대서양문예총서〉도 있습니다. 그러나 수록된 작가나 작품, 그리고 선정목록을 고려하면, 오늘날 우리가 가지고 있는 세계문학전집의 이미지는 신조사판 〈세계문학전집〉이 만들어낸 것이라고 해도 과언이 아닙니다.

예컨대 박문관판 전집의 경우, 가격도 1엔 30전으로 저렴하고 또 수록 작가 역시 플로베르, 도스토옙스키, 톨스토이 등 2/3 정도는 오늘날 우리가 세계문학전집에서 만나는 작가로 편성되어 있으나 작품목록을 보면 도스토옙스키의 경우 『죽음의 집의 기록』이, 톨스토이의 경우 『결혼의 행복』이 수록되어 있으며(즉 대표작이 아닙니다), 또 전집이라고 하기에 지나치게 규모가 적은 12권으로 이루어져 있습니다.

그리고 신조사판 〈세계문예전집〉은 세계문학전집의 일종의 시험판 같은 것으로, 지금의 관점에서는 다소 이해가 가지 않는 선정이 다소 눈에 띠지만(예컨대 발자크에게 1권이 배정된 데 반해, 메레시콥스키에게는 무려 2권이나 배정되어 있습니다), 오늘날과 비교해도 대체로 무난한 목록입니다. 물론 위고, 졸라, 톨스토이, 롤랑 등 19세기 소설 중심이라는 한계는 있었지만 〈근대서양문예총서〉보다는 확실히 나았습니다. 하지만 엔본 붐에 의해 도중에 중단되었고, 이후 〈세계문학전집〉으로 흡수되었기 때문에 최초라고 하기에는 무리가 있습니다. 가격도 무려 2엔 50전이나 했습니다.

그에 반해 신조사판 〈세계문학전집〉은 1엔이라는 저렴한 가격에 무려 57권이라는 규모로 완간되었습니다. 이 전집 목록을 살펴보면, 우리는 이전의 유사 전집들과 결정적인 차이점을 발견할 수 있습니다. 즉 기존 전집들이 대부분 19세기 소설로만 구성되었던 데 반해, 이 전집은 그 이전 문학까지 폭넓게 포함함으로써 사실상 오늘날의 세계문학전집과 유사한 형태를 가지고 있습니다. 1권에서 10권까지의 목록만 들면 다음과 같습니다.

① 단테의 『신곡』, ② 보카치오의 『데카메론』, ③ 셰익스피어의 『걸작집』, ④ 세르반테스의 『돈키호테』, ⑤ 밀턴의 『실락원』, ⑥ 몰리에르 · 코르네이유 · 라신의 『불란서 고전극집』, ⑦ 스콧의 『아이반호』, 드 퀸시 『복수자』 ⑧ 루소의 『고백록』, ⑨ 괴테의 『파우스트』 외, ⑩ 실러 · 클라이스트 · 헤벨 · 그릴파르처의 『독일 고전극집』.

이런 식으로 제1기 38권만 해서 무려 2만 페이지 약 120명의 작품을 싣고 있었고, 제2기에는 콘래드, 토마스 만, 싱

세계문학전집의 구조

클레어 등 동시대 작가의 대표작까지 확장되었습니다. 그래서인지 이 전집은 한반도에도 많이 유입되어 지금도 헌책방에서 종종 보이는 일어전집 중 하나로, 1960~70년대 정음사 · 을유문화사의 세계문학전집이 가장 많이 벤치마킹한 전집 중 하나라는 추측을 가능하게 합니다.[3]

---

3 정음사 · 을유문화사가 세계문학전집을 출간하기 시작한 것은 1959년입니다. 정음사는 1972년에, 을유문화사는 1975년에 각각 100권으로 완간했습니다. 자세한 리스트는 자료로 첨부한 〈한일 세계문학전집 목록〉을 참조하시기 바랍니다.

9 반복으로서의 세계문학전집

그렇다면 우리의 세계문학전집은 언제 탄생한 것일까요? 그것은 일본보다 꽤 늦은 1960년대입니다. 이 '늦음'에 대해서는 다시 언급하겠습니다. 그렇다면 왜 이 시기에 세계문학전집이 나왔고 또 인기를 끌었던 것일까요? 소위 제1차 세계문학전집 붐이란 1960~1970년대 정음사와 을유문화사에서 발간한 세계문학전집의 유행을 가리키는 것으로, 정확히 박정희의 집권시기와 일치합니다. 즉 좋든 싫든 세계문학전집은 개발독재에 의한 고도성장기와 정확히 포개집니다.

주지하다시피 1961년 5·16 쿠데타로 사실상 권력을 손에 넣은 박정희는 1979년까지 긴 '박정희시대'를 이어갑니다. 이는 수많은 반대에도 불구하고 우여곡절 끝에 3선 개헌(1969년)으로 장기집권 체제를 구축했기에 가능했던 것입니다. 하지만 그의 장기집권은 정치적 노림수만으로는 불가능했을 것입니다. 경제발전과 그로 인한 생활환경의 개선이 정권 지속에 큰 역할을 했습니다. 그렇다면 경제발전은 어떻게 가능했던 것일까요?

세계문학전집의 구조

이는 중요한 대외정책 두 가지와 관련이 있습니다. 하나는 1964년에 시작되어 약 8년간 무려 325,517명이나[1] 참여한 베트남파병으로, 이는 소위 '월남특수'를 만들었습니다.[2] 다른 하나는 1965년에 조인된 한일협정으로, 이에 의거하여 1966년에서 1975년까지 대일청구권자금으로 5억 달러가 들어왔습니다. 둘 다 떳떳한 돈이라 보기 힘들지만, 어쨌든 이를 통해 개발독재에 필요한 자금을 어느 정도 확보할 수 있었고, 이를 기반삼아 국가 주도의 중공업화를 시도할 수 있었습니다. 박정희가 그와 같은 마인드를 가질 수 있었던 이유를 그가 일찍이 관동군 장교였다는 점에서 찾기도 합니다. 이는 박정희가 소위 '만주체제'를 전후 한국에 이식시켰다는 주장인데, 결정적이라고 보기에는 다소 무리가 따르지만, 완전히 무관하지는 않다는 점에서 재고의 가치는 충분히 있다고 생각합니다.

그건 그렇고 분명한 사실은 세계문학전집 붐이 경제의 고도성장과 관계가 있다는 것입니다. 물론 이는 지나치게 경제적인 관점일 수 있습니다. 예컨대 〈세계문학전집〉이라는 '기획' 자체에 무게중심을 두면, 우리는 경제적 발전 이전, 즉 4·19혁명과의 관계에 주목할 필요가 있습니다. 4·19혁명이 가진 의의로는 여러 가지를 들 수 있지만, 가장

---

[1] [한국전쟁의 경우 약 3년 1개월 동안 벌어졌으며, 2025년 기준으로 현 남한의 군병력은 450,000명 정도입니다.]

[2] 이때 수출과 군납만 약 2억 1,560만 달러, 무역 외 수입은 6억 5,190만 달러에 달했습니다. 이 외에도 미국에게서 특별국제개발국의 차관공여를 받았을 뿐 아니라, 한국기업은 동남아시아 진출의 교두보를 닦았습니다. 이 모두가 박정희 정권의 개발독재를 가능하게 한 기반이 되었습니다.

중요한 것은 소위 4·19세대의 등장이라 할 것입니다. 왜냐하면 그들이 사실상 '전후한국'을 만들었다고 해도 과언이 아니기 때문입니다. 적어도 문화적인 측면에서는 그러합니다. 실제로 4·19세대는 문화계와 출판계에 새로운 바람을 몰고 왔는데, 그 바람은 그들이 일본어를 할 줄 모른다는 것과 깊은 관계가 있었습니다.

'일본어를 모른다'는 것, 이것이 가진 의미는 우리가 막연히 생각하는 것 이상입니다. 그리고 사실 이것은 앞서 던진 물음("왜 한국에서는 1960년대가 되어서야 비로소 세계문학전집을 갖게 되었는가?")에 대한 답이기도 합니다. 단도직입적으로 말해 세계문학전집이 일본에 비해 매우 늦게 등장한 것은 거의 모든 지식인(당연히 문학인 포함입니다)이 일본어에 능통했기 때문입니다. 따라서 굳이 한국어로 번역할 필요를 느끼지 못했습니다. 경제적으로 말하면 애당초 수요 자체가 없었던 것입니다. 이런 한국의 일본어 의존에 대해서는 가라타니 고진도 일찍이 언급한 적이 있습니다.

꽤 오래전이지만, 한국에서 일본어를 입학시험에서 제외시키려는 움직임이 있었습니다. 이유는 일본어에는 문화적 가치가 없기 때문이라는 것이었습니다. 그러나 한국은 일찍이 일본어문헌에 몰래 의존해 왔습니다. 일본인이 쓴 것보다도 일본어로 번역된 외국문헌이 중요했습니다. 무언가를 할 때 일본어를 읽을 수 있다면, 대부분의 문헌이 입수가 가능합니다. 그리고 바로

세계문학전집의 구조

한글로 번역할 수 있습니다. 그러나 지금까지 그것을
숨겨왔습니다. 이와 같은 것을 한국의 지인이 내게 말
해주었습니다.[3]

그런데 일본어를 모르는 4·19세대가 등장하여 한국어
판 세계문학전집의 수요층이 된 것입니다. 사실 정음사·
을유문화사 세계문학전집이 겨냥한 독자란 바로 이들이었
다고 해도 과언이 아닙니다.

그런데 여기서 우리가 모른 체해서는 안 되는 것이 있습
니다. 그것은 앞에서도 언급한 것처럼 제1차 부흥기의 세
계문학전집이 많은 긍정적인 역할을 했음에도 불구하고
기본적으로 일어판 세계문학전집을 복제한 것이라는 사실
입니다. 이는 단순히 목록상의 유사점에 그치지 않습니다.
거기에는 우리로서는 말하기 껄끄러운 '중역'이라는 문제
도 포함되어 있습니다. 물론 정음사·을유문화사 세계문
학전집이 전부 일본어중역이라고 볼 수는 없습니다. 그러
나 상당수의 작품이 그런 혐의에서 자유롭지 않은 것 또한
사실입니다. 이는 당대의 현실적 조건을 감안하면 불가피
한 측면이 있었습니다. 지금처럼 대학에 외국문학과가 충
분히 있었던 것도 아니어서 원어에서 직접 번역할 수 있는
인력이 매우 부족했습니다.

따라서 이 두 전집이 끼친 영향은 이와 같은 문제점과는
별도로 볼 필요가 있습니다. 왜냐하면 어떻게 보면 이 전집
이 4·19세대로 하여금 외국문학을 전공하도록 만들었다

---

3 柄谷行人外, 『必読書150』, 太田出版, 2002, 33-34頁.

고 볼 수도 있기 때문입니다. 즉 1960~70년대 세계문학전집은 일어판에 의존한 한계는 있었지만, 어찌됐든 '세계문학' 그리고 '세계문학전집'이라는 관념(형식)을 새로운 세대에 심는 데는 성공했습니다. 실제로 이후 70년대 신구문화사판 〈현대세계문학전집〉, 그리고 80년대 4.19세대들이 참여한 중앙일보사판 〈오늘의 세계문학〉, 벽호(지학사)판 〈오늘의 세계문학〉, 범한출판사판 〈현대의 세계문학〉, 주우(학원사)판 〈세계문학〉 등도 기본적으로 여기서 벗어나지 못하고 있다고 해도 과언이 아닙니다.

4·19세대들은 정음사·을유문화사판 세계문학전집의 영향을 받았지만 그것이 가진 한계 또한 감지하고 있었습니다. 그러므로 그들은 작품의 재선정과 원어번역을 통해 그것을 극복하고자 했습니다. 그런데 그것은 과연 극복되었을까요? 다시 말해 일본어를 모르고(또는 무시하고) 서구어만 공부함으로써(또는 읽고 번역함으로써) 일본어판 세계문학전집의 흔적을 지울 수 있었을까요? 이에 대한 저의 판단은 반반입니다.

먼저 그들은 정음사·을유문화사판에는 들어가 있지 않던 지역의 문학(소위 3세계의 문학)과 새로운 작가들(소위 동시대 작가들)에 집중함으로 나름대로 차별화를 꾀했고, 그 점에서는 확실히 일본판 세계문학전집의 흔적을 일부 씻어냈다고 볼 수 있습니다. 하지만 여전히 '세계문학', '세계문학전집'이란 관념에서 사로잡혀 있었다는 점에서 완전히 벗어났다고 보기 힘듭니다. 이는 소위 '한국근대문학'이라는 것 자체가 일본근대문학의 영향하에서 탄생했다는

세계문학전집의 구조

점과 무관하지 않을 것입니다.

이런 의미에서 저는 '탈'일본이나 '한국적' 세계문학전집이라는 것 자체가 애당초 불가능한 기획이라고 생각합니다. 앞서든 80년대 세계문학전집이 정음사·을유문화사판만큼 성공하지 못한 이유도 실은 거기에 있다고 생각합니다. 독자들의 눈에는 그런 전집들이 왠지 세계문학전집'처럼' 생각되지 않았던 것입니다. 하지만 여기서 주의할 점은 그와 같은 실패가 단순히 기존목록을 부정했기 때문에 생긴 것만은 아니라는 점입니다. 즉 4·19세대의 주도로 출간된 80년대의 전집은 지금 봐도 전공자나 전문가급 고급독자가 아니라면 읽기 부담스러운 작품이 꽤 포함되어 있음을 알 수 있습니다.

물론 그것은 그들이 외국문학(주로 서구문학)을 전공했기 때문에 가능했던 것입니다. 이런 맥락에서 한글세대가 한국사회의 주도권을 잡은 후 생긴 중요한 변화 중 하나로 '세계문학의 전문화'를 말할 수 있을 것입니다. 그리고 그것은 일반독자도 비교적 쉽게 접할 수 있는 작품들 위주로 수록해 어느 정도 일반성을 갖추었던 세계문학전집을 소수의 전문가나 일부 문학청년들에게 환영받는 '80년대식 세계문학전집'[4]으로 대체시켰습니다. 이런 변화를 저는 다음과 같이 이해합니다. 1960~70년대 세계문학전집에서는 '교양'과 '전문지식' 사이의 간격이 그리 크지 않았다면, 80

---

[4] 특정한 지역과 언어에 국한된 것이지만, 중앙일보사에서 나온 『소련·동구 현대문학전집』, 『중국현대문학전집』 등도 비슷한 예로 들 수 있습니다.

년대 전집의 경우는 그 간격이 크게 벌어지게 되었다고 말입니다.

여기서 우리가 문제 삼을 수 있는 것은 대략 두 가지입니다. 첫째는 후자의 전집에서 엿볼 수 있는 전공 간 장벽의 등장입니다. 이는 물론 한국식 아카데미의 독특함과 관련이 있으며, 정음사·을유문화사판 전집을 읽고 자라난 4·19세대에서는 그나마 적게 나타나지만(즉 세부보다 전체, 개성보다 조화에 더 큰 의미를 부여했습니다), 그들의 제자 세대에 이르게 되면, 예를 들어 불문학 전공자가 독일문학을 모르는 것이 매우 자연스러운 일로 받아들여지게 됩니다. 그리고 이런 문학의 '전문화'는 이후 문학평론계에서 외국문학전공자의 씨가 마르는 현상으로도 나타납니다.

따라서 오늘날의 전집 붐을 정음사·을유문화사판 전집의 '반복'으로 보는 관점이 어느 정도 설득력이 있다고 하겠습니다. 이는 단순히 책이 많이 팔리고 있다는 것만을 의미하지 않습니다. 그것은 판매량보다는 목록상의 유사성에서 명확히 나타납니다. 하지만 반복은 차이에 의해서만 가능하다는 사실을 잊어서는 안 됩니다. 따라서 우리는 이 모두를 고려하여 최근의 세계문학전집이 가진 의미를 다음 세 가지로 요약해볼 수 있을 것입니다. 첫째는 '억압된 일본형 세계문학전집의 귀환'이고, 둘째는 '종합적 문화감각의 종언'이며, 셋째는 '전문화된 문학'의 고착화입니다.

반복이 일종의 형식이라면, 세계문학전집은 형식이고 교양충동은 내용이라 할 수 있을 것입니다. 그리고 반복이 '억압된 것의 귀환'이라면, 제2차 세계문학전집 붐에서 귀

세계문학전집의 구조

환한 것은 '목록'일 것입니다. 하지만 여기서 우리가 놓쳐서는 안 되는 것은 그것(반복)이 억압된 '모든 것'의 귀환을 가리키는 것은 아니라는 점입니다. 따라서 어쩌면 이 반복을 통해 (가라타니의 표현을 빌리자면) '이중으로' 억압된 무언가가 있을 수도 있다는 사실입니다.

10 '세계문학전집'이라는 감옥

이런 질문을 던져 보지요. 지금 독서계에서 환영받고 있는 세계문학전집에는 전체를 조망하는 시점 같은 것이 존재하긴 하는 것일까요? 예컨대 정음사·을유문화사판 세계문학전집은 여러 한계에도 불구하고 적어도 편집위원들이 목록을 완전히 장악하고 있었습니다. 그렇다고 오늘날의 전집은 어떠할까요? 그런 장악력이 과연 존재하긴 할까요? 편집위원을 보면 보통 영문학, 불문학, 독문학, 러시아문학, 스페인문학에 1명씩 배정되어 있습니다. 그리고 여기에 중문학, 일문학이 1명씩 포함되곤 합니다.

즉 각자가 맡은 언어권이나 국가의 작품을 선별하는 방식인데, 이런 분업은 효율성이라는 면에서는 적극 권장할 만하지만, 정작 세계문학전집을 만드는 데 있어서는 최악의 방식이라 하지 않을 수 없습니다. 왜냐하면 그것은 기껏해야 대학에 있는 여러 외국문학 전공자 간의 작업배분이거나 그들이 전공한 언어의 문학을 적당히 '모아놓은 것'에 불과하기 때문입니다.

세계문학전집의 편집위원이란 특정 언어에 능통하고 해당 국가의 문학을 조금 더 읽었다고 해서 할 수 있는 게 아

세계문학전집의 구조

닙니다. 목록 전체를 통제할 수 있는 시야의 소유자, 다시 말해 전공의 장벽을 자유롭게 넘나들 수 있는 능력의 소유자만이 할 수 있는 것인데, 문제는 그런 사람이 매우 드물고 그마저도 점점 사라지고 있다는 점입니다. 그런 점에서 최근 유행하는 세계문학전집은 말만 세계문학전집이지 외국문학 전공자 몇 명이 모여서 만든 사실상 〈추천도서목록〉에 불과합니다.

따라서 이번 세계문학전집 붐에서 우리가 발견할 수 있는 것은 기껏해야 출판산업적인 의미 정도일지 모릅니다. 예나 지금이나 세계문학을 통해 독자들이 얻는 것이 교양이라 할 때, 1차 부흥기의 경우 만든 사람이나 읽는 사람이나 모두 교양의 소유자였습니다. 또 교양과 전문지식의 거리가 그리 멀지 않았습니다. 물론 그것은 당시 고등교육기관이 많지 않았던 것과 관련이 있을 것입니다. 하지만 오늘날의 교양은 소비자의 강박관념에 가깝다 하겠습니다.

현 세계문학전집의 문제점으로 '분업의 자연화'만 있는 것이 아닙니다. 편집위원의 유명무실화 또한 존재합니다. 예컨대 지금 우리가 전집 붐의 표본으로 삼고 있는 민음사 판 전집의 경우, 분업적 문학지식을 넘어서 통합적 교양을 갖춘 사람이 두 명이나 참여하고 있음에도(김우창, 유종호), 정작 목록을 보면 도저히 그들이 선정한 것이라 생각할 수 없는 책들이 더러 눈에 들어옵니다.

『삼국유사』나 『무진기행』은 그렇다손 치더라도 사강의 『브람스를 좋아하세요』까지 목록에 들어가 있습니다. 그런데 이보다 심각한 것은 200권이 넘어선 이 전집의 전체적인 인상이 중구난방이라는 것입니다. 이는 이 전집이 편집위원들에 의해 꾸려지고, 즉 통제되고 있지 않다는 것을 보여줍니다. 결론적으로 편집위원들은 얼굴마담을 하면서 그저 이름만 빌려주고 있는 셈입니다. 마치 기술자격증을 빌려주고 수수료를 받는 것처럼 말입니다.

이것이 의미하는 것은 하나입니다. 지금의 세계문학전집이 대학 중심의 문학적 분업체제와 편집부 중심의 상업주의에 의해 굴러가고 있다는 것입니다. 즉 비평적 역량의 총결집 같은 것과는 무관합니다. 물론 그것은 90년대 중반부터 강화된 교양에의 욕구(교양충동)에 의해 추동된 이후, 인문서의 부흥 및 인문교양강좌의 성황과 연동하며 성공을 구가하고 있는 것처럼 보입니다. 그런데 그것이 1차 부흥기처럼 무언가를 바꿀 수 있을까요? 아니면 그저 소비되는 데 그칠까요?

여기서 우리는 지금까지와는 정반대 방향에서 이 문제에 접근해 볼 필요가 있습니다. 즉 부흥기 이전에 주목하는 것입니다. 2000년대가 세계문학전집 붐이 일어난 시기라는 말은 역으로 그 이전에는 침체기였다는 말이 됩니다. 물론 앞서 지적한 것처럼 출간된 종수만 따지면 80년대 쪽이 도리어 붐이었는지도 모릅니다. 하지만 결론적으로 그것들은 독자들의 환영을 받지 못했습니다. 이와 관련해서 우리는 이미 '문학의 전문화'를 문제 삼은 바 있습니다. 하지만 그것은 원인의 일부에 지나지 않습니다. 따라서 다음과 같은 질문을 던질 필요가 있습니다.

세계문학전집의 구조

"1960~70년대에 유행하던 세계문학전집이 왜 갑자기 80년대에 힘을 잃게 되었을까?"

저는 제1차 세계문학전집이 4·19혁명에서 시작되어 박정희 정권 시기에 붐을 이루었다고 말했습니다. 같은 의미에서 1차 부흥기의 종언은 박정희의 몰락과 함께 시작되었다고 말할 수 있습니다. 하지만 박정희 정권의 몰락 자체가 문화적 분위기를 완전히 바꿀 만큼 결정적인 영향을 끼쳤다고는 생각하지 않았습니다. 하지만 5.18민주화운동은 그렇지 않았습니다. 4·19로 시작된 제1차 부흥기는 5.18로 인해 사실상 종언을 고하게 됩니다. 이때 큰 역할은 한 것이 소위 '5·18세대'[1]입니다.

4·19혁명의 경우 결론적으로는 미완으로 끝났지만, 정권을 무너뜨린 경험은 4·19세대들에게 강한 자신감을 심어주었습니다. 그에 반해 5·18민주화운동은 5·18세대들에게 전혀 다른 것을 심어주었는데, 그것은 바로 죄책감이었습니다. 따라서 박정희 정권 때에 시작된 경제적 성장이 전두환·노태우 정권 때 정점에 도달했음에도 불구하고, 그것의 향유를 뜻하는 '교양'에 대한 거부(저항)가 일종의 분위기로서 형성되어 있었습니다.

이를 앞서의 논의와 연결시켜 이야기하면 5·18세대들은 교양 대신에 수양을 선택하게 되었다는 것을 의미합니다. 이는 개인적 인격의 완성(자기도야)보다는 사회적 대

---

[1] 이 표현이 '4·19세대'에 비해 상대적으로 어색한 이유는 이후 그들이 보여주는 변화무쌍한 모습 때문입니다.

의(정의추구)를 앞세운다는 점에서 미키 기요시식으로 말하면, '교양주의에서 계몽주의로의 역전'을, 도사카 준식으로 말하면 '주류문화나 기성질서에 대한 비판적 거부'를 의미한다고 볼 수 있습니다. 따라서 이 세대의 상당수는 사실상 대학생이기를 포기하는 형태로 대학시절을 보내게 됩니다. 즉 지금의 대학생처럼 출석과 시험에 연연하는 것은 치사한 짓으로서 경멸의 대상이 되었습니다.

하지만 당시 그들이 대학을 사실상 해방구로 만들고 대학을 떠나 공장에 위장취업까지 할 수 있었던 것은 다시 학교로 돌아가 졸업장만 받으면 취업이 가능했던 행복한 시기였기 때문이라는 비판도 있습니다. 충분히 가능한 비판이라고 생각합니다. 60년대만큼은 아니지만 80년대 초반만 하더라도 대학에 진학한 것 자체가 사회적으로 선택을 받은 징표였기 때문입니다. 즉 그들이 (노동자와 농민을 계몽한다는) 엘리트의식을 가지고 있었던 것은 낮은 대학 진학률과 관련이 있었습니다.

그런데 5·18세대의 엘리트의식과 4·19세대의 엘리트의식 사이에는 큰 차이가 존재합니다. 후자가 교양문화의 소비자(이후에는 생산자가 됩니다)로서 등장했다면, 전자는 그것을 거부함으로써 자신의 정체성을 유지했다는 점입니다. 물론 이는 역사의 주체로 민중(또는 노동자)을 설정하고 자기 안에 존재하는 속물의식(또는 엘리트의식)을 비판하는 것을 일종의 사명으로 생각했던 '이중적' 엘리트의식과 관련이 있습니다. 어쨌든 이런 문화는 80년대를 풍미하고 90년대 초반까지 명맥을 유지합니다.

세계문학전집의 구조

하지만 90년대 중반이 되면 사태가 일변하여 5·18세대의 저항문화는 사실상 소멸하게 됩니다. 그 과정을 간단히 정리하면 이렇습니다. 엘리트 대학생들은 오랫동안 사회여론 형성에 있어 매우 중요한 역할을 담당했습니다. 하지만 대부분 국소적이었고 운동의 연속성을 뒷받침할 만한 조직력을 가지고 있지 못했습니다. 그런데 6월 항쟁의 도화선이 된 이한열 장례식을 계기로 전대협(전국대학생대표자협의회)이라는 전국적인 대학생조직이 만들어진 후 독특한 학생문화를 형성하게 됩니다. 그리고 1993년 한총련(한국대학총학생회연합)으로 발전적 해소에 도달하지만 (출범식에 약 8만 명이 모였다고 합니다), 1996년 연세대에서 일어난 폭력시위로 인해 치명적인 타격을 받고 이듬해 법원에서 이적단체로 규정되기에 이릅니다. 그리고 이후 사실상 와해의 수순을 밟게 됩니다.

오늘날의 대학에서 확인할 수 있는 '학생운동의 부재(소멸)'는 흔히 이야기되는 것처럼 한총련(전대협)이라는 학생조직에 존재한 친북성향이나 조직의 경직화, 그리고 폭력적인 시위 때문이기도 하지만, 그보다는 그런 조직을 시대착오적으로 만든 사회적 변화 때문이라 할 수 있습니다. 그렇다면 어떤 변화가 일어난 것일까요? 제일 먼저 문제 삼을 수 있는 것은 대학진학률의 엄청난 증가와 더불어 생겨난 엘리트의식의 소멸입니다.

70년대에 25% 수준에 불과했던 진학률은 90년대 초반까지만 하더라도 30%선을 유지했지만, 90년대 중반부터 급속히 상승하더니(김영삼 정부 시절에만 무려 25%나 증

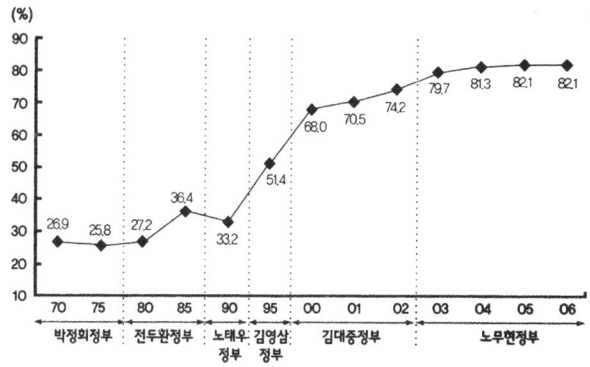

『2006 교육통계분석자료집』, 한국교육개발원

가했습니다), 김대중 정부 시절에 다시 20%가 증가하여 마침내 고교졸업생 중 무려 80%나 대학에 가게 됩니다(참고로 1990년대 중후반에 나타난 20~30대 여성독자의 증가는 한편으로는 엘리트 독자의 소멸을 뜻하기도 하지만, 다른 의미에서는 새로운 교양인구의 증가를 가리킨다고 할 수 있습니다).

그렇다면 왜 이 시기에 갑자기 대학진학률이 증가한 것일까요? 거기에는 여러 가지 이유가 있지만, 주범으로 지목되는 것은 사실상 지금의 교육체계를 만든 5·31 교육개혁(1995년)입니다. 이 교육개혁의 성과에 대해서는 찬반양론이 존재하는데, 대학 설립이 인가제에서 준칙제로 바뀜으로써 신설 대학이 대폭 늘었고[2], 대학정원도 대학자율에 맡겨짐으로써 대학생 수가 급증한 사실만큼은 부정할 수 없습니다. 그래서 10년 동안에 사립대학은 1.5배, 대학생은

---

[2] 기존의 전문대학에 '전문'이라는 단어를 넣지 않아도 되었기 때문에 2년제 대학 역시 급증했습니다.

세계문학전집의 구조

2배가량 늘게 되었습니다.

방금 전 우리는 1996년에 연세대 폭력시위가 있었고, 다음해인 '1997년'에 대법원으로부터 이적단체로 규정된 사실을 살펴보았습니다. 그런데 '1997년'은 IMF 구제금융이 결정된 해이기도 합니다(12월 3일). 사실 그 이전까지는 높은 경제성장률 때문에 대학시절을 데모만 하며 보내더라도, 1년 정도 마음을 잡고 도서관 출입을 하면 별 어려움 없이 취직을 할 수 있었습니다. 하지만 1997년 이후에는 상황이 완전히 바뀌게 됩니다.

사회적 대의는 차치하고 자신의 앞가림조차 하기 힘들게 되자 캠퍼스는 사실상 취업훈련소로 바뀌었고, 출석 따위는 전혀 신경쓰지 않던(그보다 더 중요한 민중과 민족이 있기에!) 패기는 철없음과 불성실함의 증거로 간주되기에 이르렀습니다(이제 출석·학점은 반드시 관리해야 할 대상이 되었습니다). 이와 더불어 공무원과 초중등교사가 인기직업으로 각광을 받게 됩니다. 당연히 엘리트의식 따위는 온데간데없이 사라졌고 소시민적 생존(또는 행복)이 최고의 가치로서 등장했습니다. 거리에서 돌을 던지거나 민족해방(NL)이니 민중민주(PD)니 하며 밤을 새며 논쟁을 하는 것보다 졸업 후의 진로(취업)나 가족주의(가족을 지키는 것)가 최우선 과제가 되었습니다. 이런 상황에서 대학이라는 공동체가 붕괴되는 것은 정말이지 시간문제였다고 말할 수 있습니다.

그런데 우연일까요? 민음사 세계문학전집은 바로 이 즈음, 그러니까 IMF 구제금융을 받아들이고 1년도 되지 않은 1998년 8월부터 출간되기 시작합니다. 사실 1998년은 여러모로 뜻깊은 해입니다. 김대중 정부가 출범한 후 소위 햇볕정책으로 금강산관광이 시작된 해이자, 스타크래프트가 출시된 해이자, 한국 최대의 인터넷서점인 YES24[3]가 본격적으로 영업을 시작한 해입니다. 김대중 정부의 등장은 민주세력(또는 스스로를 좌파로 생각하는 사람들)의 활동을 크게 위축시켰으며[4], 스타크래프트의 등장은 PC방을 우후죽순 생기게 만들어 길을 잃은 대학생들을 흡수했습니다. 또 YES24로 대표되는 인터넷서점은 불과 몇 년만에 대학 앞에 하나 정도는 있던 사회과학서점은 물론 대부분의 동네서점(약 3,000개)을 문닫게 만들었습니다.

그리고 이것들만큼 중요하다고 볼 수는 없지만, 1998년은 가라타니 고진이 편집하던 잡지 『비평공간』이 한국을 특집으로 삼아 「한국의 비평공간」이라는 대담을 게재한 해이기도 합니다. 대담 자체는 그 전 해(1997년)에 행해진 것으로, 문학사적으로 보았을 때 가라타니 고진이 한국문학과 본격적인 만남을 가진 시기였습니다. 가라타니는 그 해 6월 한국을 방문하여 6월 24일 김우창과 「한일 비판적 지성의 만남」이라는 제목의 대담을 한 후, 6월 26일 민족문학작가회의에서 「미의 지배」라는 강연을 합니다. 그리고 11월 다시 한국을 방문하여 경주에서 열린 제4차 한일문

---

[3] YES24는 1998년 6월 인터넷서점 웹폭스WebFox로 서비스를 시작했지만, 다음해에 지금의 YES24(주)로, URL도 www.yes24.com으로 바꾸었고, 2000년 중소기업청 벤처기업으로 지정되었습니다.

[4] 하지만 주류 정치권에 편입됨으로써 가장 영향력 있는 기득권층이 됩니다. 이들은 소극을 비극으로 비극을 희극으로 만드는 재능이 있습니다.

세계문학전집의 구조

학심포지엄(4일~6일)에 참가한 후, 8일 우카이 사토시鵜飼哲와 함께 창비사를 찾아가 백낙청, 최원식과 대담을 합니다.[5] 그리고 얼마 후인 21일, 한국정부는 IMF에 구제금융을 공식적으로 요청합니다.

여기서 우리가 주목하고 싶은 것은 가라타니가 이 해에 초기부터 꾸준히 참여해온 한일문학심포지엄을 사실상 끝난 것으로 간주했다는 점입니다. 물론 이 심포지엄은 그 이후에도 가라타니가 불참한 상태로 두 번이나 더 열립니다. 그렇다면 그는 왜 그렇게 생각했던 것일까요? 그것은 애초에 그가 왜 한국에 관심을 갖게 되었는지를 생각하면 의외로 쉽게 답을 얻을 수 있습니다. 저는 가라타니가 한국에서 행한 첫 발표(1993년의 제2차 한일문학심포지엄)에서부터 '근대문학의 종언'이라는 테제를 제출했다는 점을 강조해 왔는데, 물론 이때의 종언은 어디까지나 일본문학에 국한된 것이었습니다. 이 점에서 보면 그가 한국에 관심을 가지게 된 것은 한국문학은 일본문학과 다르다고 생각해서가 아니었을까요?

만약 그렇다면 그가 1997년까지 한국문학과 열심히 교류한 후 사실상 관심을 접은 것은 혹시 한국문학도 거기서 예외일 수 없다는 인식 때문은 아니었을까요? 1997년을 기준으로 한국의 출판시장을 살펴보면 주목할 만한 특징을 하나 발견할 수 있는데, 그것은 바로 국내작가의 영향력 감소와 외국작가의 영향력 확대입니다.[6] 이런 변화가 몇몇 유

---

5 자세한 내용은 『가라타니 고진과 한국문학』(2008)을 참조 바랍니다.
6 「81년 이후 25년간 베스트셀러」, 〈동아일보〉, 2005년 10월 22일자 참조.

명작가(예를 들어 파울로 코엘류나 무라카미 하루키)에 국한되지 않는다는 데에 문제의 심각성이 있었습니다.

즉 여기서 말하는 외국작가에는 소위 고전적인 작가도 포함됩니다. 예를 들어 코난 도일, 제인 오스틴, 조지 오웰, J. D. 샐린저 등이 많이 팔렸습니다. 그런 의미에서 세계문학전집 붐은 정확히 이런 흐름(한국문학의 위축과 외국문학의 성장) 가운데 있다는 주장이 가능합니다. 저는 다른 글에서 2000년대의 일본문학 붐을 4·19혁명 이후의 일본문학 붐의 '반복'이라고 주장한 바 있는데, 세계문학전집 붐에도 그와 비슷한 반복이 존재한다고 말할 수 있습니다. 어떤 의미에서 이 두 가지는 완전히 별개의 붐이라고 말할 수 없습니다. 물론 전자의 붐이 후자의 붐보다 복잡한 감정이 들게 하는 측면이 있지만요.[7]

여하튼 여기서 우리가 분명히 말할 수 있는 것은, 세계문학전집 붐이 '한국문학의 영향력 상실'(가라타니 고진 식으로 말하면, '근대문학의 종언')과 근본적으로 연결되어 있다는 사실입니다. 근대문학이 네이션-스테이트와 밀접한 관련이 있다고 했을 때, 그것은 개별 국민(민족)문학이 그 나라의 언어와 국경, 그리고 체제에 의해 보호받고 있다는 의미이기도 합니다. 따라서 자국의 작가는 기본적으로 외국작가보다 유리한 위치에 있습니다. 한국의 문학평론가가 한국문학만 평하는 '한국문학'평론가인 이유는 그 때문입니다.

---

[7] 이에 대해서는 『한국문학과 그 적들』(2009)에 수록된 「비평과 반복」을 참조하기 바랍니다.

세계문학전집의 구조

　그런데 1997년 즈음해서 이제 그와 같은 메리트가 사라지게 되었습니다. 우리는 이를 단순히 IMF 구제금융 이후에 이루어진 신자유주의화의 결과라고 정리해서는 곤란합니다. 다른 분야는 몰라도 문학만큼은 이미 오래 전부터 완전히 개방되어 있었기 때문입니다. 따라서 우리는 그와 같은 변화의 원인을 외부보다는 내부에서 찾아야 합니다. 이 점을 놓치면 우리는 세계문학전집 붐을 한국문학의 세계화와 혼동할 위험이 있습니다. 실제로는 후자가 가진 허구성을 전자가 노골적으로 드러내는 것인데도 불구하고 말입니다.

　그렇다면 내부적 변화란 무엇일까요? 앞서 우리는 그것을 '교양충동'이라는 단어로 요약한 바 있습니다. 반복하자면 교양충동은 크게 두 가지 방식으로 작동합니다. 하나는 지식축적을 통해서이고, 다른 하나는 교양공동체를 형성함으로써입니다. 다시 말해 핵심독자층이었던 엘리트독자의 소멸이 지식을 자신과 타인을 구별시켜주는 '차이정보'로서 욕망하게 만들었다면, 그와 더불어 생긴 청년문화(대학생문화)의 붕괴는 20~30대 독자들을 소외시켜 스스로에게 의미를 부여할 수 있는 새로운 상상적 공동체를 갈망하도록 만들었습니다.

　교양충동의 등장이 엘리트의식 내지 공동체의식의 소멸과 밀접한 관련이 있다고 한다면, 지금의 세계문학전집 붐과 인문서나 인문학강좌의 붐은 사실상 근대문학이나 인문학의 종언을 의미하는 것 이상도 이하도 아닐지 모릅니다. 앞서 저는 1차 세계문학전집 붐이 일본어를 하지 못하는 '새로운 세대'의 등장과 더불어 시작되었다고 했는데, 맥락은 다르지만 2차 세계문학전집 붐도 마찬가지가 아닌가 하는 생각이 듭니다. 왜냐하면 2차 세계문학전집 붐은 외국어에 대한 강박관념에서 자유로운 새로운 세대의 등장과 함께 시작되었다고 말할 수 있기 때문입니다. 차이가 있다면, 4·19세대의 경우 일본어를 대신할 다른 언어를 선택했지만, 지금 세대의 경우 애당초 언어에는 무관심하며 그저 번역된 교양을 소비하는 것에 만족하고 있기 때문입니다.

따라서 최근 학계에서 이루어지고 있는 '세계문학' 논의는 번지수를 잘못 찾아도 한참 잘못 찾은 것이라 할 수 있습니다. 왜냐하면 그것은 ① 괴테가 말하는 '세계문학'과는 전혀 무관하고, ② 한국문학의 영향력 상실이라는 문제에는 눈을 감은 채 이루어지고 있었기 때문입니다. 따라서 지금 우리에게 필요한 것은 '한국문학의 세계화'와 같은 관료적 발상이 아니라 오히려 다음과 같은 물음이라 하겠습니다.

"교양의 시대에 문학은 과연 가능할까?"

일본어판 서문

본서 『세계문학의 구조』는 '세계문학'이 본격적으로 화두로 등장한 2010년 즈음을 배경으로 하여 쓴 것이다. '세계문학'이 한국에서 화제가 된 것은 2005년 즈음부터였다고 할 수 있는데, 그 중심에는 민음사판 세계문학전집의 대성공(1,000만부 이상 팔렸다)이 있었다. 이후 내로라하는 출판사들이 너나 할 것 없이 세계문학전집을 기획하기 시작했고 2010년 즈음에는 그야말로 '세계문학전집'의 춘추전국시대가 펼쳐졌다.

덕분에 인구가 5천만 명밖에 되지 않은 한국은 무려 10여 종에 달하는 세계문학전집을 가진 나라가 되었다. 말 그대로 '세계문학'공화국이 된 셈이다. 그런데 이 시기는 한국문학의 침체가 되돌릴 수 없을 만큼 악화된 시기이기도 하다. 즉 한국에서 '세계문학'의 성공은 독자들이 한국문학을 외면하고 외국문학을 읽게 되었다는 것을 뜻했다. 따라서 한국에서 이루어진 세계문학의 붐은 한국이 '세계문학'의 거대한 수입국이라는 의미 이상도 이하도 아니었다.

세계문학의 구조

  그런데 아이러니하게도 당시 한국은 경제적으로나 문화적으로나 세계적인 성공을 거두고 있었다. 삼성으로 대표되는 한국기업의 세계시장 석권과 한류로 불리는 대중문화의 세계적 유행은 한국인들로 하여금 강한 자부심을 가지게 했고 "한국적인 것이 세계적인 것!"이라는 이야기까지 자연스럽게 나왔다. 하지만 문학인은 마냥 가슴 뿌듯해 할 수만 없었는데, 왜냐하면 K-POP이나 K-드라마의 경우 중동은 물론 남미에서까지 사랑을 받고 있었던 데에 반해, 한국문학은 수출은커녕 자국에서조차 읽히지 않는 형편이었기 때문이다.

  이런 상황에서 한국의 문학인들은 "우리도 무언가를 해야 한다!"는 강박관념에 사로잡혔고, 그런 분위기 가운데에서 제기된 것이 소위 '세계문학론'이었다. 백낙청을 위시한 『창작과비평』 진영이 그 흐름을 이끌었다고 할 수 있는데, 이에 화답이라도 하는 듯이 학계에서도 '세계문학' 관련 행사가 연이어 열렸다. 그래서 새삼스럽게 괴테가 말하는 세계문학이란 세계적인 문학이 아니라 지식인들 간의 연대를 의미한다느니, 『공산당선언』에도 세계문학이라는 표현이 나오는데 그것은 이런 의미라느니 하는 논의가 이루어졌고, 그와 더불어 '번역'를 둘러싼 이론적 · 실천적 이야기들도 활발히 오고갔다.

  하지만 나는 그런 분위기에 강한 위화감을 느꼈다. 왜냐하면 그와 같은 학술적·비평적 알리바이가 지향하는 바가 자못 분명했기 때문이다. 사실 그들의 관심은 세계문학 자체에 있다기보다는 '한국문학의 세계화'에 있었다. 즉 삼성의 스마트폰이나 K-POP처럼 한국문학도 해외에 수출되어 널리 읽히기를, 그리고 이왕이면 노벨문학상을 비롯한 해외 유수의 문학상을 받기를 원했다.

여기서 이런 질문을 던져볼 수 있을 것이다. 그렇다면 그동안 한국에서 세계적인 작가가 나오지 못한 이유는 무엇일까? 이에 대한 답변으로 두 가지가 가능할 것이다. 하나는 인정하기는 싫지만 한국문학의 수준이 낮기 때문이라는 것이고, 다른 하나는 한국문학은 이미 세계적인 수준에 이르렀지만 불리한 조건(비서구어라는 것과 서구중심주의) 때문이라는 것이다.

물론 한국의 문학인이라면 대부분 두 번째 답변을 고를 것이다. 그런데 사실 이것은 선택의 문제가 될 수 없다. 설사 첫 번째 답변이 진실이라고 해도 그렇게 말한다는 것은 스스로를 부정하는 것이기 때문이다. 그런데 어떤 의미에서 한국문학의 수준은 그다지 중요하지 않을 수도 있다. 왜냐하면 그동안 한국문학은 이와는 상관없이 매우 중요한 역할(국어교육을 통한 국가이데올로기의 보급과 확대)을 수행해왔고 앞으로 해갈 것이기 때문이다. 그리고 문학인들은 그 과정에 직간접적으로 참여함으로써 생계를 꾸려왔고 앞으로도 꾸려갈 것이기 때문이다.

따라서 한국의 문학인들은 그동안 다음과 같이 주장해온지도 모른다. "한국문학은 이미 세계적인 수준에 이르렀다. 문제는 주변어라는 태생적 한계와 오만한 서구중심주의다. 그런데 이는 일개 작가나 문단이 해결할 수 있는 문제가 아니다. 그러므로 국가가 팔을 걷고 나서야 한다." 따

세계문학의 구조

라서 '한국문학의 세계화'라는 문제는 이제 불공정한 세계 문학계를 올바르게 바로잡는 일이 된다. 어떻게? 체계적인 번역출판과 여러 가지 이벤트를 통해서다.

2001년 마침내 한국문인들의 오랜 염원인 한국문학번역원이 만들어졌는데, 이곳의 원장인 김성곤[2012~2017년 재임]은 이 기관의 설립취지와 관련하여 다음과 같이 서술한 바 있다.

> 한국문학번역원은 한국문학과 문화를 전 세계에 알리는 시대적 소명을 적극 수행하기 위해 2001년 문을 열었습니다. (…) 대중문화매체인 텔레비전 드라마나, 서구문화가 혼합된 K-POP만으로는 한국문화를 제대로 알리기 어렵기 때문에, **한류가 만들어 놓은 실크로드를 따라 이제는 한국문학이 세계로 진출할 때가 되었습니다.** (강조는 인용자)

그리고 사업을 적극 추진한 결과 15년간 무려 1,200권이 넘는 한국문학이 외국어로 번역되었다. 놀라운 성과가 아닐 수 없다. 덕분에 유명작가라면 10여 권의 외국어 번역서를, 그렇지 못한 작가도 한두 권의 번역서는 가지게 되었다. 또 작가들은 해외도서전이나 문학행사(대부분 해외대학 한국어문학과와의 연계를 통해 이루어지는) 참가라는 명목으로 사비를 들이지 않고 해외여행을 할 수 있게 되었다. 그러므로 적잖은 한국문인이 해외에서의 사인회나 강연회 경험이 있다. 2000년 이후 한국문학은 '한류가 만들어 놓은 실크로드를 따라 세계로 진출'하고 있는 셈이다. 따라서 종종 자신을 세계적인 작가로 착각하는 사람이 등장하는 것도 자연스럽다.

하지만 여기에는 미스터리가 하나 존재한다. 그것은 바로 그런 지원에도 불구하고 막상 해외에 나가보면 서점에서 한국작가의 책을 찾아볼 수 없다는 점이다. 도대체 어떻게 된 일일까? 여기에 사용된 트릭은 의외로 단순하다. 번역소개가 민간이 아닌 국가기관에 의해 이루어졌기 때문에 출판된 것 자체에 의의를 두는 성과주의로 흐를 수밖에 없었다. 따라서 번역자도 외국인과 해당 외국어 전공자인 한국인이 공역이라는 이름으로 한 쌍이 되었고(적절한 외국인 번역자를 찾기 힘들기 때문에 이루어진 고육지책이다), 현지의 출판사(대부분 영세한 출판사다) 역시 제작비 지원에 혹해서 일단 출간은 했지만 적극적으로 유통하려고 하지 않았다. 일부를 시장에 유통시켜도 반응이 거의 없었기 때문에 판매대에서 사라졌다.

이런 분위기에서 나는 한국문학과 세계문학의 관계를 근본적으로 음미할 필요성을 느꼈다. 국가까지 나서서 보호하고 육성해야 할 한국문학이란 도대체 무엇이며, 그것이 목표로 삼고 있는 '세계문학'이란 도대체 무엇인지, 만약 한국문학이 세계적인 수준이 이르지 못했다면, 그 이유는 무엇인지, 또 세계문학이 되려면 어떻게 해야 하는지 등에 대해서 말이다. 하지만 이런 물음들은 나로 하여금 최종적으로 다음과 같은 질문과 마주하게 만들었다. "근대문학이 우리에게 꼭 필요한 존재인가? 아니 근대문학은 인류에게 있어 보편적 예술양식인가? 혹시 그것은 특정한 시기 특정한 역사적 경험을 공유한 국가에서만 발전한 예술이 아닐까? 만약 그것이 사실이라면 근대문학, 그리고 그것의 세계화로서의 '세계문학'에 대한 강박관념은 우리가 옹호하려는 엄밀한 의미의 '문학적인 것'과 가장 거리가 먼 것이 아닐까?"

애당초 괴테가 말하는 세계문학이 '자국의 문화를 전 세계를 알리는 시대적 소명'에서 나왔을 리 없다. 아니 바로 그런 것이야말로 어떤 의미에서 괴테가 지양하고자 했던 민족문학이라고 말할 수 있다. 따라서 '세계문학의 구조'를 밝힌다는 것은 일단 '현실로서의 세계문학'(세계화를 지향하는 문학)의 구조를 밝히는 것이지만, 그에 그치지 않고 도래해야 할 '이념으로서의 세계문학'을 촉진하는 것일 수밖에 없다. 아직 문학에 미련이 있고 문학이 우리에게 무언가를 해줄 수 있다고 믿는 사람이 존재한다면, 바로 여기서 다시 시작해야 하지 않을까?

2016년 10월 8일
서울에서
조영일

『세계문학의 구조』에 대하여

가라타니 고진

가라타니 고진

나는 2003년 「근대문학의 종언」이라는 에세이를 발표했다. 그것이 곧바로 한국어로 번역되었다는 이야기를 들었다. 그로 인해 한국문단에서 수년 간 큰 논쟁이 있었다는 이야기를 듣긴 했지만, 내용 자체는 잘 알지 못했다. 사실 일본에서는 큰 반응이 없었는데, 설령 있었다고 해도 그에 대응할 생각이 내게는 없었다. 솔직히 말해 그것은 이제 나는 문학비평을 하지 않을 생각이니까 원고청탁을 하지 말라는 선언에 지나지 않았다.

하지만 한국에서는 사정이 달랐다. 일찍이 『일본근대문학의 기원』을 환영한 사람들 중 많은 이들이 내 생각에 반발하며 근대문학은 끝나지 않았다고 주장했다. 그래서 논쟁이 일어났다. 나는 1990년대에 한일작가심포지엄에 여러 번 참가했지만 한국의 문학상황에 대해서는 잘 모른 채로였다. 다만 다음과 같은 사정만큼은 서서히 알게 되었다. 군사정권 시대에 문학은 그것에 대항하는 몇 안 되는 수단 중 하나였고 학생운동은 민중운동을 대행하는 것이기도 했다. 문학과 학생운동은 90년대의 민주화와 더불어 자유롭게 되었지만, 역으로 그때까지 가지고 있던 절대적 존재이유를 잃게 되었다. 하지만 그와 같은 현실을 인정하는 것은 쉽지 않았다.

『세계문학의 구조』에 대하여

일본에서도 문학이나 좌익운동이 특별한 의미를 가진 것은 미소냉전 체제하에서 양쪽 모두를 부정하거나 그것들을 탈구축하는 입장을 취하고 있었기 때문이다. 하지만 그와 같은 '제3의 길'은 소련의 붕괴, 그리고 자본주의의 세계화가 진행되어감에 따라 성립하지 않게 되었기 때문에 존재이유를 상실했다. 한국에서 일어난 사태도 그와 무관하지 않다. 나는 처음에 일본에는 없는 것을 한국의 문학에 기대했지만, 회의에 참여하면 할 수록 한국에서도 조만간 문학의 존재이유가 사라질 것이라고 생각했다. 그리고 문학이 앞으로 계속 의미를 가지기 위해서는 지금까지와는 다른 인식과 태도가 필요하게 될 것이라고 생각했다.

하지만 나 자신은 더 이상 문학비평에 얽매이고 싶지 않았다. 그래서 '근대문학의 종언'을 굳이 이야기하면서 다니고 싶지 않았다. 하물며 그것을 한국인에게 설명하고 싶은 생각은 없었다. 그래서 한국의 문학자가 한국문학은 일본의 상황과 다르다고 말하면 특별히 반대하지 않았다. 그저 그들이 문학의 존재이유를 보여주면 그것으로 충분했기 때문이었다. 사정이 이러했기에 나는 이 논쟁이 어떻게 끝났는지 최근까지 알지 못했다. 이 시기의 논쟁에서 나를 옹호한 사람이 그것을 『가라타니 고진과 한국문학』(2008)이라는 책으로 정리했다는 것도 몰랐다. 또 그가 내 책을 많이 번역했다는 것조차 몰랐다.

조영일과 처음 만나 이야기를 나눈 것은 동일본대지진(2011)이 일어나기 전으로 서울에 갔을 때였다. 그리고 내가 한국에서 일어난 논쟁의 대략적인 내용을 알게 된 것은

2년 전으로, 한국어 블로그를 운영하는 다카이 오사무가 번역한 『가라타니 고진과 한국문학』의 초고를 훑어보고 나서다. 내가 특별히 흥미를 가진 것은 이 책의 속편이라고 할 수 있는 『세계문학의 구조』(2011)의 번역초고를 읽었을 때였다. 여기서 내 자신이 지난날 어중간하게 내버려둔 근대문학의 문제가 철저하게 사고된 것을 발견했다.

예를 들어 한국에서 근대문학은 끝나지 않았다는 다수파의 주장에 대해 조영일은 애당초 한국에는 근대문학이 없었다고 말한다. 그가 생각하기에 근대문학은 내셔널리즘을 경유하여 제국주의에 이르는 역사적 과정을 경험한 곳에서 성립한다. 그러므로 한국에는 근대문학은 없었다. 애당초 없는 것이 없어질 리가 없지 않은가. 이와 같은 것을 이야기하는 책이 한국에서 격한 공격을 받았을 것이라는 점은 쉽게 상상이 가능하다.

하지만 그의 주장은 내게도 생각지 못한 관점이다. 일본의 근대문학에 관해 확실히 나는 그 기원을 청일전쟁이나 러일전쟁의 '전후'에서 발견했다. 하지만 나는 근대문학이 본질적으로 그와 같은 제국주의전쟁과 깊은 관련이 있다는 점을 생각한 적이 없었다. 한편 조영일은 이런 인식을 더욱 밀고 나가 서구의 '근대문학'도 나폴레옹에 의한 제국주의적 세계전쟁 이후, 일종의 '전후문학'으로서 성립했다고 말한다. 그런 의미에서 그는 근대문학을 일본이나 한국만이 아니라 '세계문학의 구조'로서 파악하려고 했다.

나는 문학비평을 그만두고 '세계사의 구조'에 대해 생각했는데, 그는 문학을 그야말로 세계사적으로 다시 본 것이

『세계문학의 구조』에 대하여

다. 그가 말하는 '세계문학의 구조'는 그런 점에서 내게 매우 계발적인 작업이었다. 한국에서는 그의 작업이 '가라타니 이론'의 응용으로 폄하되는 것 같지만, 그렇지 않다는 것은 읽어보면 명확하다. 대담하고 날카로운 고찰을 읽고 나는 이 사람은 타고난 비평가구나 생각했다. 내가 이런 식으로 생각하는 일은 거의 없다. 이 책은 한국문학이나 일본문학을 이해하는 데에 도움이 되겠지만, 이런 것을 넘어 무엇보다 그와 같은 인식을 읽고 있으면 통쾌하다. 독자도 틀림없이 그렇게 느낄 것이다.

비고판 후기

"만배는 더 잘 알 테죠!"

- 카프카의 「선고」 중에서 -

『세계문학의 구조』는 서문에서 밝힌 것처럼 2010년 문예지에 발표한 글들을 묶은 것이다. 본론에 해당하는 부분은 『오늘의 문예비평』에 4회에 걸쳐 발표되었고 보론은 『작가세계』에 발표되었다. 그리고 이듬해인 2011년 6월에 단행본으로 간행되었다. 즉 필자가 30대 중반에 쓴 책이다.

이 책이 나온 2011년은 어떤 시대였을까? 국내적으로 보면 한미 FTA 비준안이 야당(현 여당)의 강한 발발 속에서 처리되고, 갤럭시S2가 출시되어 스마트폰 판매량이 처음으로 피쳐폰 판매량을 추월하고, 우면산 산사태가 일어나고, 아덴만 여명 작전이 벌어지고, 종편이 개국한 해다.

국외적으로 보면 중동에서 반정부 시위가 확산되고(소위 아랍의 봄), 오사마 빈 라덴이 사살되고, 동일본 대지진(후쿠시마 원자력 발전소 사고)이 일어나고, 월가 점령 시위가 벌어지고(이때 지젝이 유명한 연설을 했다), 스티브 잡스가 사망한 해다. 물론 『세계문학의 구조』는 이런 사건들과 직접적인 관련은 없다.

흔히 과거에 읽은 책을 다시 읽으면 다른 느낌을 받는다고 한다. 책은 그대로일지라도 지금의 '나'가 과거의 '나'와 같지 않기 때문에 발생하는 일이다. 책의 가치는 시간에 의해 풍화된다는 말도 아마 이와 관련이 있을 것이다. 실제 한때 독자의 사랑을 많이 받은 책 중 기억에서 잊혀진 책이 적지 않다. 이것들은 온오프라인 중고서점에 한가득 쌓여있는

세계문학의 구조

나머지 현재 '매입불가' 상태다. 하지만 꾸준히 생명력을 유지하고 있는 책도 있는데, 그것은 그 책이 가진 문제의식이 여전히 유효하다는 의미가 아닐까 한다.

오늘날 우리는 역사상 유례가 없는 정보의 홍수 속에 살고 있다. 하지만 역설적이게도 생각은 다양해지기는커녕 오히려 단순화되고 있는 것 같다. 이는 정보의 증가 속도가 이해의 속도를 크게 앞지른 결과라 할 텐데, 우리시대의 미덕이 이해보다 소비인 것도 이런 이유에서일 것이다.

이런 상황에서 전통적인 의미의 책이 과거와 같은 영광을 누릴 수 없는 것은 어떻게 보면 당연하다 하겠다. 즉 '근대문학의 종언'이란 실은 '책의 종언'인 셈이다. 그러고 보면 인간이 책이라는 매체를 대량으로 향유하게 된 것은 인류사로 볼 때 매우 짧은 시기로, 근대문학이 영향력을 가진 시기와 대체로 일치한다고 말할 수 있다.

한때 '텍스트'라는 단어가 '작품'이라는 단어를 밀어내고 왕좌를 차지한 적이 있었다. 그때 우리는 '작품'이라는 단어를 시대착오적이고 기만적인 물건처럼 취급했다. 그래서 모두가 입만 열면 텍스트 텍스트 했다. 하지만 언제부터인가 텍스트라는 말이 사라지기 시작했다. 그리고 그 자리를 '콘텐츠'가 차지해 갔다. 덕분에 이제 팩트보다는 진실, 다시 말해 선호하는 콘텐츠가 중요해졌다. 내 소비에 저항하는 팩트는 이제 거추장스러운 것이 되었다. 따라서 내가 믿는 것과 다른 팩트가 있으면 선험적 해석을 통해 소비가능한 진실로 만들려고 한다. 이런 상황에서 책이 살아남는 유일한 길은 스스로를 콘텐츠화하는 것인지도 모른다.

　실제로 현재 인기있는 책들 중 상당수는 전통적인 의미의 책이라기보다는 콘텐츠에 가까운 것들이다(문학도 예외는 아니다). 그중 일부는 팬들의 '굿즈'가 되었고 일부는 나라를 빛내는 'K-콘텐츠'가 되었다. 이런 상황에서 14년 전에 나온 책을 재출간한다는 것은 여간 고민이 되는 일이 아닐 수 없다. 그래서 이런 질문을 던져 보았다. "『세계문학의 구조』는 2025년에도 여전히 읽을 만한 가치가 있는 책일까?"

　이것은 정확히 "이 책이 제기한 문제는 해소되었는가?" 하는 물음과 이어진다. 해소되었다면 재출간의 의미는 크게 퇴색될 수밖에 없다. 그렇다면 손길이 닿지 않는 어둑한 서고에 잠들어 있는 것만으로 충분하다. 사실 책이라는 물건만큼 효율성이 떨어지는 물건도 없다. 지나치게 많은 공간을 차지하고 생산과 운송에 너무 많은 비용이 든다. 즉 탄소 발자국을 크게 남기는 물건이다(따라서 도서관·서재는 공간낭비이고 전자책 구독서비스는 친환경이라는 주장도 가능하다).

　그래서 14년만에 다시 읽어보았다. 그리고 다음과 같은 결론에 이르렀다. 이 책의 문제제기는 여전히 유효하다고. 마음에 들지 않는 부분도 있고 지금 다시 쓰면 다르게 쓸 것 같은 부분도 있었지만 애써 수정하지는 않았다. 단 본래의 논지와 맥락을 바꾸지 않는 선에서 거친 문장을 전체적으로 다듬고 장, 절 제목의 일부를 수정했다. 내용을 약간 보충한 부분도 있다(주로 주를 추가하는 방식으로). 이는 내용수정과는 무관한, 2025년의 독자를 위한 약간의 배려 이상도 이하도 아니다.

세계문학의 구조

  사실 이것은 어쩔 수 없는 일이기도 했다. 2025년의 관점
에서 2011년에 출간된 책을 수정한다는 것은 의미도 없고
불가능에 가까웠다. 50대인 내가 30대의 나를 마음대로 할
수는 없는 법이다. 다만 『세계문학의 구조』를 출간한 이후
로도 나는 동일한 주제로 여러 편의 글을 썼다. 그중에는 올
해에 쓴 것도 있다. 하지만 이것들을 본서에 추가하는 대신
에 별도의 책으로 내기로 했다(일부는 이미 『한국문학의 구
조』로 출간되어 있다). 따라서 필자의 현재 관점이 궁금한
사람은 이 책들을 참조하면 된다.

  본서는 2011년에 출간되었을 당시 문단이나 언론의 주목
을 거의 받지 못했다. 그런데 그로부터 5년 후 우연한 기회
에 이 책의 일부(제4장)가 일본의 문예지 『문학계文學界』
(2016년 7월호)에 실리게 되었다. 필자로서는 전혀 예상하
지 못한 일이었다. 이때 가라타니 고진이 같은 지면에 「『세
계문학의 구조』에 대하여」라는 글을 기고하기도 했다. 그
후 일본문단에서 내 글이 화제가 되었다는 소식을 들었다.
그리고 얼마 후 일본의 여러 출판사로부터 『세계문학의 구
조』를 내고 싶다는 연락이 왔다. 그리고 이와나미서점岩波書
店에서 일본어판 『세계문학의 구조』(2016)가 간행되었다.

  그러자 이번에는 나카모리 아키오中森明夫, 후쿠시마 료
타福嶋亮大, 이케다 유이치池田雄一 등 유수의 평론가들이
서평을 써주었다. 이는 국내에서는 경험하지 못한 것이었
다. 뿐만 아니라 가토 노리히로加藤典洋가 주관하는 (전문
가 중심의) 독서회에서 『세계문학의 구조』를 가지고 토론
을 했다. 이는 독서회에 참여한 모 평론가가 번역자를 통

해 논의된 내용(가토 노리히로의 코멘트를 포함)을 전해 주었기 때문에 알게 되었다.

그리고 이를 계기로 데뷔작 『가라타니 고진과 한국문학』의 일본어판 출간이 결정되었고 일본의 문예지 『스바루すばる』(2017년 2월호)와 단독인터뷰까지 했다. 이후 도쿄대에서 열린 '근대문학의 종언'에 대한 국제심포지엄(2019년 11월 30일)의 초청을 받았고, 일본어판 『가라타니 고진과 한국문학』 출간기념 이벤트로 진보초에서 열린 가라타니 고진과의 합동강연(2019년 12월 1일)에 참석하게 되었다. 그리고 〈마이니치신문〉과 인터뷰를 하고[1], 이듬해 도쿄대에서 열린 '동아시아에서 세계문학의 가능성' (2020년 2월 11일)이라는 심포지엄에 초청을 받아 기조강연을 했다.[2]

돌이켜 생각하면 『세계문학의 구조』가 일본에서 큰 관심을 받은 것은 이전까지 일본인에게 '세계문학'은 당연한 것이었지 의심의 대상이 아니었기 때문이 아닐까 한다. 일본문학은 오래 전부터 세계적으로 읽히고 있었고 노벨문학상도 이미 두 번이나 받은 바 있었다(비서구권에서는 유일하다). 국가의 체계적인 지원[3]도 없이 말이다.

---

[1] 〈每日新聞〉, 2020년 1월 15일자.

[2] 이때의 강연들은 이후 일본의 문예지에 발표된 후 『한국문학의 구조』(비고, 2022)에 수록되었다. 배경과 관련해서는 이 책의 〈후기〉와 웹진 〈콜리그〉와의 인터뷰(https://colleague.co.kr/INTERVIEW)를 참조하기 바란다.

[3] 참고로 많은 나라들이 출판을 통해 자국문화를 알리는 프로그램을 가지고 있다. 독일과 프랑스 등이 대표적인데 일본도 예외는 아니다. JF(일본국제교류기금)은 '번역 및 출판 지원 프로그램'을 운영하고 있는데, 예산과 지원 규모 면에서 한국문학번역원에 비할 바는 아니다.

세계문학의 구조

하지만 『세계문학의 구조』의 일본어판이 출간된 후 일본에서도 '세계문학'을 둘러싼 연구가 본격적으로 이루어지고 있는 것 같다. 대표적인 성과물로 『세계문학은 만들어진다: 1827-2020』와 『세계문학의 아키텍쳐』[4]를 들 수 있겠다. 두 책 모두 매우 꼼꼼한 학술서인데, 서구중심적 시각에서 크게 벗어나고 있지 못하다는 점이 조금 아쉽다 하겠다.

그런데 일본의 이런 분위기와 달리 한국에서는 정반대 현상이 일어나고 있는 것 같다. **이제 아무도 "세계문학이란 무엇인가?"라는 질문을 하지 않는다.** '세계문학에 대한 논의' 자체가 완전히 소멸되었다. 노벨문학상 수상 이후 세계문학은 이제 당연한 것이 되었다. 왜냐하면 한국문학을 세계문학이라고 생각하게 되었기 때문이다. 물론 변하지 않은 것도 있다. 문학에 대한 정부의 지원이 그것이다. 최근 지원 확대의 필요성이 더욱 힘을 얻고 있는데, 그 근거는 물론 노벨문학상 수상이다. 이는 국가의 지원이 있었기에 한국문학이 세계문학이 될 수 있었다는 이야기지만, 다르게 말하면 국가의 지원 없이는 앞으로 세계문학이 불가능하다는 이야기이기도 하다. '포스트 노벨'[5]의 시대에 '포스트'란 과연 어떤 의미일까?

어쨌든 이 모든 것은 본서 『세계문학의 구조』가 출간된 이후에 일어난 일이다. 필자는 이 책 덕분에 두 가지 사실을

---

[4] 秋草俊一郎, 『「世界文学」はつくられる: 1827-2020』, 東京大学出版会, 2020; 福嶋亮大, 『世界文学のアーキテクチャ』, PLANETS, 2025.

[5] 한국문학번역원에서는 최근 「포스트 노벨 시대 한국문학 해외진출 활성화 방안」이라는 글로벌 문학포럼을 개최했다(2025년 7월 3~4일). 논의내용은 '한국문학의 세계적 확산을 위한 중장기 전략 모색'이었다.

깨닫게 되었다. 하나는 한국어로 쓴 비평도 해외에서 읽힐 수 있다는 것이고, 다른 하나는 문학교류에서 국가의 개입이 필수는 아니라는 것이다. 물론 좋은 게 좋은 거 아니냐고 말하는 사람이 많다는 것은 잘 알고 있다. 또 그 성과로 한국문학이 노벨문학상을 받은 사실도 잘 알고 있다. 하지만 나는 오래 전부터 이에 강한 위화감을 가지고 있었다. 그렇다고 지원을 받는 작가나 출판사를 비난하고 싶지는 않다. 그저 언제부터인가 모두가 자연스럽게 여기는 것이 실은 전혀 자연스러운 것이 아니라고 말하고 싶을 뿐이다.

초판과 비고판의 큰 차이점은 일본어판 서문과 가라타니 선생의 「『세계문학의 구조』에 대하여」가 추가된 것이다. 이 두 편의 글이 두 판본 간의 시간적 간극을 조금은 메워줄 것으로 생각된다. 그리고 참고자료로 한일의 대표적인 〈세계문학전집〉 목록과 후쿠시마 료타 씨가 쓴 서평의 일부를 첨부했다.

마지막으로 개정판을 준비하며 고정수 씨와 김상혁 씨의 도움이 있었다. 그들은 오탈자 수정부터 중요한 오류를 바로잡는 데까지 많은 도움을 주었다. 이들의 노력이 『세계문학의 구조』를 읽는 독자들에게도 전달될 수 있었으면 한다.

"맑은 가을 하늘이 더욱 푸르고 드높게만 느껴졌다."[6]

2025년 11월 7일
항소를 포기한 날

---

[6] 에머슨의 말을 빌리자면, "꺼삐딴 리가 지배하는 사람은 모두 작은 꺼삐딴 리다."

[자료] 한일 세계문학전집 목록

* 저자명이나 작품명 중 일부는 오늘날 일반적으로 통용되는 것으로 변경했다(어색하지만 짐작이 가능한 것은 그대로 두기도 했다). 일부 전집의 경우 재판을 찍으면서 권수가 변경되거나 작품 자체가 대체된 경우도 있는데, 여기서는 모두 초판 완간 목록을 기준으로 했다.

● 신조사新潮社 〈세계문학전집〉 (1927~1932)

권수	연도	저자	작품명
제1기 01권	1929	단테	『신곡』
제1기 02권	1930	조반니 보카치오	『데카메론』
제1기 03권	1929	셰익스피어	『셰익스피어 걸작집』
제1기 04권	1927	세르반테스	『돈키호테』
제1기 05권	1929	존 밀턴	『실낙원』
제1기 06권	1928	몰리에르 코르네이유 라신	『프랑스 고전희곡집』
제1기 07권	1929	월터 스콧 토머스 드 퀸시	『아이반호』, 『복수자』
제1기 08권	1929	장 자크 루소	『고백』
제1기 09권	1927	요한 볼프강 폰 괴테	『파우스트』, 『젊은 베르테르의 슬픔』, 「헤르만과 토로테아」, 「스텔라」, 「에그몬트」
제1기 10권	1930	실러, 헤벨 클라이스트 그릴파르처	『독일 고전희곡집』 (「군도」, 「빌헬름 텔」, 「펜테질레아」, 「유디트」, 「금양모피」)
제1기 11권	1929	에드가 앨런 포 너새니얼 호손	『포 걸작집』 / 『주홍글자』
제1기 12~14권	1927- 1928	빅토르 위고	『레 미제라블』(1~3) · 『사형수 최후의 날』, 『에르나니』

신조사 〈세계문학전집〉 (1927~1932)

제1기 15~16권	1927- 1928	알렉상드르 뒤마	『몽테크리스토 백작』(1~2)
제1기 17권	1930	오노레 드 발자크	『외제니 그랑데』, 『사촌 베트』
제1기 18권	1928	찰스 디킨스	『두 도시 이야기』 『어려운 시절』
제1기 19권	1929	에밀 졸라	『나나』 『꿈』
제1기 20권	1927	귀스타브 플로베르 기 드 모파상	『보바리 부인』 『여자의 일생』
제1기 21권	1927	이반 투르게네프	『아버지와 아들』, 『처녀지』, 「첫사랑」
제1기 22권	1928	표도르 도스토옙스키	『죄와 벌』
제1기 23권	1927	레프 톨스토이	『부활』 외
제1기 24권	1928	안톤 체호프 막심 고리키 니콜라이 고골	『러시아 3인집』 (『체호프 선집』, 『밑바닥』, 「첼카쉬」, 「대장 블리바」, 「코」)
제1기 25권	1928	시엔키에비치	『쿠오 바디스』
제1기 26권	1927	헨리크 입센	『입센집』
제1기 27권	1928	크누트 함순 비에른스티에르네 비에른손 라겔뢰프	『북유럽 3인집』 (『굶주림』, 「아르네」, 「신네베 솔바켄」, 「장갑」, 「지주집 이야기」, 「늪텃집 처녀」)
제1기 28권	1928	스트린드베리	『치인의 고백』, 『죽음의 무도』
제1기 29권	1929	토마스 하디 조셉 콘래드	『테스』, 『청춘』 외
제1기 30권	1928	뒤마 피스 알퐁스 도데 가브리엘 단눈치오	『춘희』, 『사포』, 『죽음의 승리』

한일 세계문학전집 목록

제1기 31권	1927	하우프트만 아르투어 슈니츨러 모리스 마테를링크	「쓸쓸한 사람들」, 「직조공들」, 「마부 헨셸」, 「윤무」, 「아나톨」, 「녹색 앵무새」, 「모나 반나」, 「침입자」, 「펠레아스와 멜리장드」
제1기 32권	1929	아나톨 프랑스 장 루이 필립 앙리 바르뷔스 앙드레 지드	『현대프랑스 소설집』 (「타이스」, 「크랑크비유」, 『몽파르나스의 뷔뷔』, 『지옥』, 『좁은 문』)
제1기 33권	1928	버나드 쇼 존 골즈워디 존 밀링턴 싱	『영국 및 아일랜드 희곡집』 (「인간과 초인」, 「성녀 잔 다르크」, 「악마의 제자」, 「법의 바퀴자국」, 「승리자와 패배자」, 「작은 남자」, 「태양」, 「패배」, 「플레이보이」, 「바다로 가는 기사」)
제1기 34권	1928	에드몽 로스탕 프랑수아 드 퀴렐 로맹 롤랑 폴 제랄디 앙리 벡 알프레드 드 뮈세	『프랑스 근대 희곡집』 (「시라노 드 베르주라크」, 「성 녀의 이면」, 「무리 지은 늑대 들」, 「로베르와 마리안느」, 「까마귀 떼」, 「로렌자초」)
제1기 35권	1929	헤르만 주더만 하신토 베나벤테 헤르만 헤이에르만스 프랑크 베데킨트 오스카 와일드 레이디 그레고리 로드 던세이니 레오니트 안드레예프 안톤 체호프 니콜라이 고골	『근대 희곡집』 (「고향」, 「사랑받지 못한 여자」, 「유대인 거리」, 「봄의 눈뜸」, 「살로메」, 「구민원 병실」, 「산 의 신들」, 「뺨을 맞은 '그'」, 「곰」, 「검찰관」)

신조사 〈세계문학전집〉 (1927~1932)

제1기 36권	1929	스탕달 외	『근대 단편소설집』 (프랑스 20편, 영미 8편, 독일 10편, 러시아 11편, 남북구 15편)
제1기 37권	1930	라마르틴 외	『근대 시인집』 (프랑스 시편, 영국 시편, 아메리카 시편, 독일 시편, 러시아 시편, 남구 시편, 북구 시편)
제1기 38권	1929	일리야 에렌부르크 그레브 알렉세예프 게오르크 카이저 루이지 피란델로 카렐 차페크 요세프 차페크 미하일 프리슈빈	『신흥新興 문학집』 (「트러스트 D.E.」, 「앞에 서 있는 자의 그림자」, 「아침부터 한밤중까지」, 「작가를 찾는 여섯 인물」, 「곤충들의 생활」, 「알파토프의 청년시절」)
제2기 01권	1932	모리스 바레스	『뿌리 뽑힌 사람들』 『베레니스의 정원』
제2기 02권	1930	폴 부르제	『제자』 외 1편
제2기 03권	1931	앙리 드 레니에 조르주 뒤아멜	『타오르는 청춘』 『심야의 고백』
제2기 04권	1930	스탕달	『적과 흑』
제2기 05권	1931	샬럿 브론테	『제인 에어』
제2기 06권	1931	조지프 콘래드 올더스 헉슬리	『로드 짐』, 『크롬 옐로우』
제2기 07권	1931	H. G. 웰스	『토노 벙기』
제2기 08권	1930	업튼 싱클레어	『사람들은 나를 목수라 부른다』 『100% 애국자』
제2기 09권	1931	시어도어 드라이저 잭 런던	『제니 게르하르트』 『하얀 송곳니』
제2기 10권	1930	헤르만 주더만	『고양이 다리』, 『우수부인』

한일 세계문학전집 목록

제2기 11권	1932	토마스 만	『부덴브로크가 사람들 1』
제2기 12권	1930	베른하르트 켈러만	『터널』 외 2편
제2기 13권	1930	미하일 아르치바셰프	『최후의 선線』
제2기 14권	1931	알렉산드르 쿠프린	『결투』, 『구덩이』
제2기 15권	1932	레오니드 레오노프	『오소리』
제2기 16권	1932	루이지 피란델로 그라치아 델레다	『죽은 파스칼』 『악의 길』
제2기 17권	1930	비센테 블라스코 이바녜스	『지중해』 외 3편
제2기 18권	1931	요한 보예르	『거짓말의 힘』, 『인생』, 『세계의 얼굴』
제2기 19권	1932	토마스 만 하인리히 만	『부덴브로크가 사람들 2』 『운라트 선생 또는 어느 폭군의 종말』

● 정음사 〈세계문학전집〉 (1959~1972)

권수	저자	작품명
1	불핀치	고대신화
2	호메로스	일리아드 외
3	조반니 보카치오	데카메론
4	제프리 초서	캔터베리 이야기
5	미겔 데 세르반테스	돈 키호테
6	윌리엄 셰익스피어	4대 비극/ 로미오와 줄리엣
7	존 밀턴	실락원 / 투사 삼손
8	프레보 / 메리메 / 뒤마 피스	마농 레스코 / 콜롱바 / 춘희
9	장 자크 루소	참회록
10	요한 볼프강 폰 괴테	파우스트 외
11	제인 오스틴 / 조지 엘리어트	오만과 편견 / 사일러스 마너
12	스탕달	적과 흑
13	오노레 드 발자크	종매 베트
14	에드거 앨런 포 / 호손	검정 고양이 / 일곱 박공의 집
15	찰스 디킨스	두 도시 이야기 / 크리스마스 캐럴
16	투르게네프	부자 / 전야 / 첫사랑 외
17	에밀리 브론테 / 콘래드	폭풍의 언덕 / 어둠의 속
18	귀스타브 플로베르	보봐리 부인 / 성 앙투안의 유혹
19	표도르 도스토옙스키	죄와 벌
20	표도르 도스토옙스키	카라마조프가의 형제들 (1)
21	표도르 도스토옙스키	카라마조프가의 형제들 (2)
22	레프 톨스토이	유년시대 외
23	레프 톨스토이	부활
24	입센 / 스트린드베리 / 비에른손/ 라겔뢰프 / 함순	북구선집
25	마크 트웨인	톰 소여의 모험 / 허클베리 핀의 모험
26	에밀 졸라	나나 외
27	토머스 하디	테스 외
28	아나톨 프랑스	목마른 신들 / 무희 타이스 외
29	기 드 모파상	여자의 일생 / 벨아미
30	폴 부르제	정오의 악마 외
31	오스카 와일드	도리언 그레이의 초상 외

한일 세계문학전집 목록

32	조지 버나드 쇼	인간과 초인간 외
33	앙드레 지드	좁은 문 / 배덕자 외
34	드라이저 / 캐서	제니 게르하르트 / 어느 청춘
35	시마자키 도손 / 시가 나오야 / 다니자키 준이치로	파계 / 암야행로 / 치인의 사랑
36	헤르만 헤세	향사 / 크놀프 외
37	서머싯 몸	크리스마스 휴일 / 거짓된 생활
38	토마스 만	선택된 인간 / 토니오 크리거 외
39	릴케 / 카롯사	말테의 수기 / 의사 기온
40	D. H. 로렌스	무지개
41	펄 벅	여인의 전당 / 인생항로
42	장 콕토 / 라디게	협잡꾼 토마 / 육체의 악마 외
43	앙드레 말로	인간조건 / 정복자
44	앙리 드 몽테를랑	젊은 여성들
45	윌리엄 포크너	음향과 분노 / 불멸의 인간상
46	에리히 마리아 레마르크	개선문
47	어니스트 헤밍웨이	누구를 위하여 좋은 울리나
48	토머스 울프	그대 다시는 고향에 못 가리
49	장 폴 사르트르	자유의 길 / 벽 외
50	알베르 카뮈	이방인 / 페스트 / 전락 외
51	제임스 조이스	율리시즈 (1)
52	제임스 조이스	율리시즈 (2)
53	샤를 보들레르	악의 꽃
54	D. H. 로렌스	채털리 부인의 사랑
55	알렉상드르 뒤마	몽테 크리스토 백작[1]
56	알렉상드르 뒤마	몽테 크리스토 백작[2]
57	알렉상드르 뒤마	몽테 크리스토 백작[3]
58	오노레 드 발자크	골짜기의 백합 / 고리오 영감
59	레프 톨스토이	안나 카레니나 (1)
60	레프 톨스토이	안나 카레니나 (2)
61	헨리 밀러	섹서스
62	아서 밀러 / 오닐 / 인지 외	세일즈맨의 죽음 외
63	레프 톨스토이	전쟁과 평화 (1)
64	레프 톨스토이	전쟁과 평화 (2)
65	레프 톨스토이	전쟁과 평화 (3)
66	싱클레어 루이스	엘머 갠트리

정음사 〈세계문학전집〉 (1959~1972)

67	로맹 롤랑	매혹된 영혼 (1)
68	로맹 롤랑	매혹된 영혼 (2)
69	로맹 롤랑	매혹된 영혼 (3)
70	샬럿 브론테	제인 에어
71	빅토르 위고	레 미제라블 (1)
72	빅토르 위고	레 미제라블 (2)
73	빅토르 위고	레 미제라블 (3)
74	펄 벅	대지 (1)
75	펄 벅	대지 (2)
76	로맹 롤랑	장 크리스토프 (1)
77	로맹 롤랑	장 크리스토프 (2)
78	로맹 롤랑	장 크리스토프 (3)
79	존 스타인벡	에덴의 동쪽 (1)
80	존 스타인벡	에덴의 동쪽 (2) / 불만의 겨울
81	레프 톨스토이	크로이체르 소나타 외
82	레프 톨스토이	하지 무라트 외
83	레프 톨스토이	어둠의 힘 외
84	마거릿 미첼	바람과 함께 사라지다 (1)
85	마거릿 미첼	바람과 함께 사라지다 (2)
86	발자크	풍류해학담
87	푸시킨 / 레르몬토프	대위의 딸 / 현대의 영웅
88	안톤 체호프	벚꽃 동산 외
89	투르게네프	처녀지 외
90	단테	신곡 (1)
91	단테	신곡 (2) / 신생
92	빅토르 위고	93년 / 사형수 최후의 날
93	마르셀 프루스트	잃어버린 시간을 찾아서
94	빅토르 위고	파리의 노트르담
95	니콜라이 고골	죽은 농노 / 광인일기 외
96	니콜라이 고골	타라스 불리바 / 감찰관 외
97	알렉산드르 솔제니친	암병동
98	아쿠타가와 류노스케 / 가와바타 야스나리 / 이노우에 야스시	코 / 나생문 / 이즈의 무희 / 돈황 외
99	로스탕 /보마르세 / 클로델	시라노 드 베르주라크 /피가로의 결혼 / 마리아에게 알림 외
100	프란츠 카프카	성 / 심판

한일 세계문학전집 목록

● 을유문화사 〈세계문학전집〉 (1959~1975)

권수	저자	작품명
1	어윈 쇼	젊은 사자들
2	존 스타인벡	분노의 포도처럼
3	버지니아 울프	댈러웨이 부인 / 올란도
4	르네 마릴 알베레스	이십세기의 지적 모험
5	조르주 베르나노스	어떤 시골 신부의 일기 / 카르멜회 수녀들의 대화
6	올더스 헉슬리	연애대위법
7	블레즈 파스칼	팡세
8	서로이언 / 앤더슨	인간희극 / 어두운 청춘
9	D. H. 로런스	날개 돋친 뱀
10	헤르만 헤세	유리알 유희
11	그레이엄 그린	권력과 영광 / 밀사
12	토머스 하디	귀향 / 여인의 환상
13	존 골즈워디 / 아서 윙 피네로/ 조지 버나드 쇼 외	근대 영국희곡선
14	T. S. 엘리엇	엘리엇 선집
15	귀스타브 플로베르	살람보 / 순정
16	헨리크 시엔키에비치	쿠오 바디스
17	베이컨 / 램 / 칼라일 / 기싱 / 체스더튼 / 어빙 외	영미 수필선
18	단테 알리기에리	신곡
19	딩링(丁玲)	여병자전 / 홍두 / 이혼
20	아르투어 슈니츨러 외	근대독일단편집
21	제임스 조이스	소년 예술가의 초상 / 더블린 사람들
22	샬럿 브론테	제인 에어
23	허먼 멜빌	백경
24	니콜라이 고골리	죽은 혼 / 외투
25	찰스 디킨스	데이비드 커퍼필드
26	버트런드 러셀	서양의 지혜
27	서머싯 모음	인간의 멍에
28	존 밀턴	실락원 / 복락원
29	월터 스콧	아이반호

을유문화사 〈세계문학전집〉 (1959~1975)

30	요한 볼프강 폰 괴테	파우스트 / 젊은 베르테르의 슬픔
31	장 자크 루소	참회록
32	R. 워렌, A. 어스킨 編	현대 영미단편선
33	나쓰메 소세키	나는 고양이다 / 도련님
34	라빈드라나트 타고르	타골 선집
35	윌리엄 셰익스피어	셰익스피어 (1)
36	강봉식 편역	그리스·로마 신화
37	윌리엄 새커리	허영의 시장
38	윌라 캐더	나의 안토니아 / 대주교의 죽음
39	기 드 모파상	여자의 일생 / 피에르와 장
40	조반니 보카치오	데카메론
41	마크 트웨인	톰 소여의 모험
42	에리히 마리아 레마르크	개선문 / 서부전선 이상없다
43	스탕달 외	프랑스 단편선
44	표도르 도스토옙스키	백치
45	마거릿 미첼	바람과 함께 사라지다
46	토마스 만	부덴브로크 일가
47	스탕달	파르므의 수도원
48	오노레 드 발자크	사라진 환상
49	어니스트 헤밍웨이	무기여 잘 있거라 / 노인과 바다 외
50	프리드리히 니체	잠언집
51	시어도어 드라이저	아메리카의 비극
52	미겔 데 세르반테스	돈키호테
53	이반 투르게네프	사냥꾼의 수기 / 루진 / 아샤
54	존 골즈워디	포사이트가
55	앙드레 지드	씨앗 한 알이 죽지 않으면 / 배덕자
56	헤르만 주더만	우수부인 / 외나무다리
57	카뮈 / 사르트르	반항인 / 문학이란 무엇인가
58	존 러스킨	예술경제론 / 깨와 백합 외
59	토머스 칼라일	영웅숭배론 / 과거와 현재
60	공자 / 맹자	동양의 지혜(논어, 맹자, 중용, 대학)
61	표도르 도스토옙스키	죄와 벌
62	구우 / 유악	전등신화 / 노잔유기
63	J. B. 프리스틀리	좋은 친구들
64	토머스 울프	천사여 고향을 보라
65	헤르만 블로흐	베르길리우스의 죽음

한일 세계문학전집 목록

66	알렉상드르 뒤마	삼총사
67	라퐁텐	라퐁텐 우화
68	아널드 베넷	어느 자매의 생애
69	이창배 외 역	이십세기 시선
70	윌리엄 셰익스피어	셰익스피어 (2)
71	지영재 편역	중국 시가선(시경 / 초사 / 악부 외)
72	싱클레어 루이스	메인 스트리트
73	에밀 졸라	목로주점·나나
74	솔 벨로	허조그
75	대니얼 디포	로빈슨 크루소의 모험
76	윌리엄 포크너	팔월의 빛
77	게르하르트 하우프트만	기독광
78	조지 오웰	동물공화국 / 1984년 외
79	해리엇 비처 스토	엉클 톰스 캐빈
80	시몬 드 보부아르	제2의 성
81	레프 톨스토이	부활
82	프랑수아 모리악	사랑의 사막 / 테레즈 데케루 / 독사떼
83	F. 스콧 피츠제럴드	낙원의 이쪽 / 위대한 개츠비 외
84	앙리 바르뷔스	포화 / 광명
85	랠프 왈도 에머슨	에머슨 선집
86	귄터 그라스	양철북
87	괴테 / 실러 / 레싱 외	독일고전희곡선
88	아리시마 다케오	어느 여자
89	베르너 베르겐그루엔 / 막스 프리슈	대폭군과 재판 / 호모 파베르
90	비센트 블라스코 이바녜스	묵시록의 네 기사
91	요한 볼프강 폰 괴테	시와 진실
92	앙드레 모루아	사랑의 풍토
93	아서 코난 도일	바스커빌가의 사냥개
94	나쓰메 소세키 외	일본 단편문학선
95	프리드리히 후고 외	근대시문학론
96	귀스타브 플로베르	감성교육
97	슈니츨러 / 츠바이크 외	오스트리아 문학선
98	조지프 콘래드	로드 짐
99	무라사키 시키부	겐지 이야기
100	그림 형제	독일민담설화집

[발췌] 새로운 문학적 커뮤니케이션으로
후쿠시마 료타

(…)『세계문학의 구조』에는 직업적 타성이 전혀 느껴지지 않는 날카롭고 생동감 넘치는 비평이 전개되고 있어 일본평단에도 큰 자극이 될 것이다.

본서의 주요 논점은 네 가지다. (1) 칸트=가라타니 고진의 '세계공화국'론에 대응하는 괴테의 '세계문학'론을 '규제적 이념'으로 삼는 입장에서 '한국문학의 세계화'(…)라는 움직임을 비판한다. (2) 근대문학이 영·불·독·미·노·일 등에서만 발달하고 한국에서는 그렇지 못한 이유를 명확히 한다. 저자에 따르면 근대문학은 내셔널리즘을 경유한 제국주의 전쟁과 식민지의 부富를 필요로 하는데, 한국에는 그런 조건이 없었다. (3) 근대문학을 '전후문학'으로 규정한다. 예를 들어 일본에서는 러일전쟁의 '전후'에 근대의 주요작품들이 나타나고, 러시아에서는 나폴레옹전쟁의 '전후'에 일어난 데카브리스트의 반란이 푸시킨에서 톨스토이의 『전쟁과 평화』에 이르는 근대문학의 기원이 되었다. (4) 국민문학의 조건을 재검토한다. 저자는 시바 료타로의 『언덕 위의 구름』에서의 노기 마레스케와 이문열의 『불멸』에서의 안중근의 묘사방식을 비교하면서 후자는 안중근의 '신화'를 보존함으로써 역으로 한국의 국민문학=국민서사시의 취약함을 증명했다고 본다. (…)

본서는 다양한 생각을 불러일으키는 책으로, 독자는 이 논쟁적인 저작을 '사유의 도구상자'로 자유롭게 활용할 수 있을 것이다. 물론 그것이 가능한 것은 사유의 맹점을 선명하게 부각시키는 비평적 광학장치가 조영일에게 있기 때문이다. 한일문학을 세계문학으로부터 멀리서 바라봄과 동시에, 세계문학이 참칭하는 '보편성'에 대해서도 한국의 위치에서 예리하게 의문을 던지는 것—, 뛰어난 비평의 조건이 이런 콘텍스트의 이동임은 굳이 말할 필요가 없다. 한일비평의 보다 풍요로운 상호교류도 예감케 하는 필독의 책이다.*

* 福嶋亮大, 「新たな文学的コミュニケーションへ」, 『新潮』, 2017年 3月号.

세계문학의 구조

조영일

초판 1쇄 펴낸날 2025년 12월 8일

펴낸곳   비고
주   소   경기도 광명시 광오로 17번길 9-1 201호
출판등록 2019년 5월 3일 제2019-000008호

트위터 @vigo_books
이메일 vigobooks@naver.com

ISBN 979-11-989970-1-2 03800

값 24,000원